MW01515578

Mars et Vénus
Ensemble pour toujours

DU MÊME AUTEUR
aux Éditions Michel Lafon

Les hommes viennent de Mars, les femmes viennent de Vénus

Mars et Vénus en Amour

Mars et Vénus refont leur vie

Mars et Vénus : 365 jours d'amour

Les enfants viennent du paradis

John Gray

Mars et Vénus Ensemble pour toujours

Un nouveau défi pour le couple : durer

Traduit de l'américain par Igor Surmanev

Titre original : *Mars and Venus together forever*
Publié en accord avec Linda Michaels
Liberary Agents, Inc.

Cette édition de *Mars et Vénus, ensemble pour toujours*
est publiée par les Éditions de la Seine
avec l'aimable autorisation des Éditions Michel Lafon
© 1998, Mars Productions Inc. pour l'édition américaine
© Michel Lafon, 2001, pour la traduction française

Ce livre est dédié avec toute ma tendresse
et ma plus profonde reconnaissance
à mes parents, David et Virginia Gray.

Leur amour indéfectible, leur confiance
et leurs encouragements continuent à me soutenir
et à me fortifier sur mon chemin d'enseignant,
de mari et de père.

Introduction

Dans les années cinquante, alors que j'étais enfant, mon père a avoué à ma mère qu'il avait une maîtresse. Ce qui n'avait été au départ qu'une passade s'était transformé en une liaison sérieuse. Il demandait le divorce.

Ma mère, qui adorait mon père, en fut profondément blessée. Mais, au lieu de lui faire partager sa tendresse en lui montrant combien elle l'aimait et avait besoin de lui, elle resta stoïque. Le plus affectueusement possible néanmoins, elle lui dit : « Si c'est ce que tu veux, c'est d'accord, je t'accorde le divorce. Mais donnons-nous un mois pour réfléchir, ensuite tu décideras. »

C'est alors que le sort s'en mêla, puisque une semaine plus tard, ma mère s'aperçut qu'elle était enceinte de leur septième enfant. Devant cette nouvelle responsabilité, mon père choisit de ne pas la quitter. Ma mère s'en trouva très heureuse. Pas un mot ne fut prononcé à propos de « l'autre ». Par la suite, mon père continua à avoir des aventures en dehors de notre ville, mais ils n'abordèrent plus jamais le sujet.

Même s'ils n'ont jamais divorcé, un tournant essentiel avait été pris dans leurs relations. Ils se témoignaient toujours réciproquement amour et soutien, mais quelque chose n'était plus là. Leur vie de couple ne possédait plus la grâce piquante et espiègle des premiers temps.

9

Lorsque je suis arrivé à l'âge adulte, j'ai fini par avoir vent des liaisons épisodiques de mon père. Quand je lui en ai parlé, il m'a déclaré : « Ce qu'on ne sait pas ne peut pas faire de mal. » Et j'eus beau le presser de questions, il refusa de m'en dire davantage.

Je me suis rendu compte que c'était sa manière de se justifier. Comme il ne voulait pas faire de peine à ma mère, il essayait de rationaliser en se disant que plus il se montrait discret, moins elle avait de chances d'être blessée.

Il avait raison jusqu'à un certain point. Ma mère ne semblait pas affectée par ses infidélités : elle n'en discutait jamais avec lui et n'exigeait pas qu'il y mette un terme. Ce dont ni l'un ni l'autre ne se rendait compte, c'était que les fragiles et tendres sentiments d'affection qui les liaient risquaient peu à peu de s'évanouir. À l'instar de nombreux couples, ils estimaient, à tort, tout à fait normal la disparition du désir physique et de la passion après plusieurs années de mariage.

À la mort de mon père, ma mère et moi avons trouvé dans ses affaires une photo de lui avec une de ses maîtresses. Aussitôt les yeux de ma mère se sont remplis de larmes, des larmes qu'elle n'avait pas versées du vivant de son mari. Et je savais pourquoi elle pleurait.

Je comprenais son chagrin devant cette image qui nous le montrait si ouvert et décontracté en compagnie d'une autre femme. Il y avait dans ses yeux une étincelle qu'ils avaient jadis partagée tous les deux et qui s'était progressivement éclipsée de leurs relations.

J'étais moi aussi attristé de n'avoir jamais connu mon père aussi heureux. Certes il avait toujours été affectueux, mais trop souvent de mauvaise humeur, irritable ou déprimé. Alors que sur ce cliché, dans son monde secret, il rayonnait de charme, de gentillesse et de gaieté. Il était le père que j'avais rêvé de côtoyer et de prendre pour modèle.

Lorsque je demandai à ma mère pourquoi à son avis il avait éprouvé l'envie d'avoir des aventures extraconjugales, elle m'a répondu : « Ton père et moi nous nous aimions beaucoup. Mais avec les années je suis devenue une mère, et ton père voulait une femme. » Je fus sidéré qu'elle soit à ce point résignée devant l'infidélité de son mari. Elle ajouta : « J'ai admiré ton père d'être resté. Ç'a été un grand sacrifice de sa part. Même si ses désirs étaient impérieux, il ne nous a pas abandonnés pour autant. »

Ce jour-là, je suis remonté à la source de la trahison de mon père : il avait cessé d'être attiré par ma mère et ne savait pas quoi faire. Comment partager les responsabilités d'une famille tout en préservant le désir qu'il y avait eu entre eux ? Comment ramener la passion et la joie dans leurs relations ? S'il l'avait su, il n'aurait pas renoncé, et ne l'aurait pas trompée.

J'ai aussi perçu que ma mère avait fait tout son possible. Elle qui était imbattable sur le chapitre de l'amour maternel n'était en revanche guère versée dans l'art de perpétuer l'amour dans le couple. Elle suivait en cela les traces de sa mère et de la mère de sa mère. Après tout, leur monde ne ressemblait pas au nôtre, il était régi par d'autres lois.

À l'époque où ma mère était jeune, entre la crise de 1929 et la Deuxième Guerre mondiale, il y avait des problèmes autrement plus graves et pressants que de veiller à l'épanouissement affectif et sentimental des uns et des autres. Les gens ne montraient pas leurs émotions : ma mère était trop occupée à élever six enfants et, plus tard, sept, pour se mettre à l'écoute de ses sentiments. Et même si elle l'avait fait, elle n'aurait jamais songé à s'en ouvrir à mon père, tout comme elle n'aurait pas su s'y prendre pour s'épancher librement sans le voir aussitôt se mettre sur la défensive.

Lorsque mon père décida de ne pas la quitter, elle éprouva un immense soulagement à l'idée que la cellule familiale allait être préservée. Tout comme ses aïeules, elle faisait passer la famille avant ses propres exigences. Mon père, lui aussi, négligea ses aspirations personnelles en restant marié afin de respecter ses engagements vis-à-vis des siens, mais, tout comme ses ancêtres mâles, il n'en continua pas moins à avoir des aventures. Et pourtant, malgré tout, ma mère m'a affirmé qu'ils s'aimaient énormément et que leurs liens s'étaient même resserrés au fil des années.

L'histoire de mon père et de ma mère est celle de nombreux couples de la génération de nos parents et de nos grands-parents. Nous autres hommes et femmes d'aujourd'hui, nous voulons, nous attendons et nous exigeons davantage de nos unions. Étant donné que les fondements même du mariage ont été bouleversés, nous ne convolons plus pour assurer notre survie et notre sécurité, mais pour connaître l'amour, la passion romanesque et le bien-être affectif. De nos jours, les règles et les stratégies suivies par nos parents afin de préserver leur couple sont obsolètes sinon carrément contre-productives.

Hélas, on pourrait dire que nous sommes tous hautement qualifiés pour mener des vies conjugales identiques à celles de nos géniteurs, pour la bonne raison qu'au cours des dix-huit ans ou plus passés en leur compagnie nous avons appris inconsciemment à nous comporter et à réagir comme eux. Ainsi, le vécu de notre enfance et de notre jeunesse a une forte influence sur la qualité de nos relations à l'âge adulte.

Ils avaient beau nous aimer tendrement, nos parents ne pouvaient pas nous apprendre ce qu'eux-mêmes ignoraient. Ils étaient incapables de proposer des solutions à des problèmes qui n'existaient pas de leur temps. Nous sommes, nous, leurs héritiers, des pionniers cheminant sur des terres encore inexplorées, confrontés à des obstacles d'un genre nouveau qui appellent des stratégies inédites. Nous devons non seulement développer des compétences appropriées, mais en outre nous employer à désapprendre ce qui nous a été transmis. Et quelles sont ces leçons et ces règles qu'il nous est impératif d'assimiler et de respecter ? De quoi avons-nous besoin pour nous sentir comblés ?

La femme moderne ne dépend pratiquement plus de son conjoint pour assurer sa subsistance et sa protection sur le plan matériel. Mais elle compte sur lui pour lui garantir un confort émotionnel. L'homme moderne pour sa part attend plus qu'une gardienne du foyer et une mère pour ses enfants. Tout en refusant d'être materné ou infantilisé, il veut que sa partenaire réponde à ses besoins affectifs.

Je ne dis pas que nos parents ne souhaitaient pas être soutenus de la sorte ; ce n'était tout simplement pas prioritaire pour eux. Maman s'estimait déjà heureuse si papa travaillait et subvenait aux dépenses du ménage. Papa s'estimait heureux si maman s'occupait de son intérieur et des enfants sans le harceler constamment.

Ce qui était bon pour nos parents ne l'est plus pour nous. Nous ne sommes plus disposés à de tels renoncements. Nous demandons et méritons un bonheur, une intimité et une passion durables avec un partenaire unique. À défaut, nombre d'entre nous sommes prêts à sacrifier notre mariage. L'épanouissement personnel passe désormais avant l'unité de la famille.

Des statistiques récentes couvrant l'ensemble des États-Unis ont révélé qu'en moyenne deux mariages sur quatre se terminent par un divorce, et ce taux est en augmentation (en Californie, c'est déjà trois sur quatre). Plus de cinquante pour cent des écoliers américains sont issus de foyers brisés, et plus de trente pour cent d'enfants naissent hors mariage. La violence familiale, la criminalité, la drogue et l'usage des psychotropes n'ont jamais été si élevés. Et c'est sans hésitation que l'on imputera à la destruction de la famille ces chiffres alarmants.

L'émergence de ces problèmes nous pousse à nous interroger. Devons-nous revenir en arrière, nier nos désirs et placer tout d'un coup la famille au premier plan ? Devons-nous, uniquement par égard pour les autres, supporter une union dont nous ne tirons aucune satisfaction émotionnelle ? Alors que ces stratégies ont réussi à assurer notre survie par le passé, leur emploi devient inconcevable dès lors que notre priorité est le développement harmonieux de soi.

Dans la plupart des cas, la solution n'est pas de divorcer ou de se sacrifier, mais d'apprendre à créer des unions et des mariages qui favorisent ce développement.

Ce n'est ni mal ni narcissique d'exiger davantage que nos parents. La vérité, c'est que le monde a changé et que nous n'avons plus les mêmes valeurs.

Notre société qui, dans une large mesure, garantit notre survie et notre sécurité matérielle, est aussi amenée à nous accorder le droit d'être nous-mêmes.

Notre principale motivation n'étant plus nos besoins vitaux, mais des exigences d'un ordre supérieur, nous attendons plus de nous-mêmes et de la vie en général.

Et par conséquent, nous comptons sur la relation de couple pour nous fournir le soutien émotionnel qui nous permettra de construire notre individualité.

Dans cette aspiration de toute une génération à

« être soi », les femmes cultivent le côté masculin de leur nature tandis que les hommes tendent à reconnaître leur facette féminine. Les femmes ne se contentent plus d'être seulement des mères et des gardiennes du foyer ; elles veulent jouer un rôle hors de la sphère domestique. Les hommes quant à eux souhaitent ne plus être seulement des guerriers et des machines à travailler ; ils veulent avoir des relations d'amour et de tendresse avec leur compagne, davantage de loisirs et une plus grande participation à l'éducation des enfants.

L'ancestrale distinction entre part masculine et part féminine est brusquement devenue floue, entraînant confusion et frustration. À ce stade, il n'est pas toujours facile d'obtenir le soutien affectif nécessaire de son partenaire.

Alors que les statistiques font apparaître que des millions de couples sont au bord du naufrage, *Mars et Vénus ensemble pour toujours* démontre avec clarté et simplicité pourquoi les problèmes relationnels dans la vie conjugale sont inévitables et propose un certain nombre de concepts et de conseils pratiques qui vous permettront de développer des talents nouveaux dans l'art de créer des unions plus amoureuses et plus gratifiantes.

Pour ceux d'entre vous qui vivent dans une entente déjà formidable, cette habileté vous permettra de la parfaire. Vous apprendrez à arrondir les angles, à atténuer les dissentiments, à ramener la passion des premières années. Des milliers de couples qui ont participé à mes séminaires sur les relations de couple ont été littéralement stupéfaits et ravis de découvrir qu'ils éprouvaient l'un pour l'autre des sentiments passionnés qu'ils avaient jusque-là ignorés. Et ces nouvelles compétences non seulement améliorent la qualité d'une union déjà excellente, mais vous assurent aussi que votre amour continuera à grandir au fil du temps.

Si vous êtes célibataire, ce livre sera pour vous une révélation. Sa lecture vous donnera l'espoir de voir vos relations s'améliorer. Elle vous permettra de repérer vos erreurs passées sans vous sentir ni coupable ni méchant(e). Elle vous aidera à pardonner à ceux qui vous ont blessé(e) ou déçu(e). En ayant une conception claire et nette des erreurs des autres, en comprenant qu'ils ne pouvaient peut-être pas faire mieux, vous vous libérerez de la marée des rancœurs accumulées. Cette nouvelle ouverture vous permettra d'avancer dans la vie le cœur plus léger et de trouver le ou la partenaire idéal(e). En outre, grâce à vos aptitudes fraîchement acquises, vous éviterez de détourner involontairement de vous cette personne et de provoquer des difficultés inutiles.

Si vous vivez en ce moment une situation pénible, ce livre vous montrera que vous n'êtes pas le ou la seul(e) dans ce cas. En général, vous vous apercevrez que ni vous ni votre partenaire n'êtes fautif. Vous n'avez tout bonnement jamais acquis les techniques indispensables pour assurer l'entente dans le couple.

Combien de fois ai-je vu des gens au bord du divorce retomber amoureux comme par miracle ? En prenant conscience de leurs erreurs et en les admettant, ils ne se sentaient plus ni impuissants ni désespérés. Le fait d'avoir compris la nature de leur problème leur permettait d'une part de ne plus chercher à accuser leur conjoint et d'autre part de mettre en application leurs nouvelles connaissances. Vu la rapidité des effets de cette méthode, leur vie de couple était vite profondément transformée.

Après vingt-trois ans de mariage, Linda et Daryl étaient sur le point d'abdiquer et de signer les papiers du divorce. Comme tant de couples, ils n'avaient pas vraiment envie de se séparer, mais chacun n'arrivant pas à obtenir de l'autre ce dont il avait besoin, ils en avaient conclu qu'ils n'avaient pas le choix. Tout ce qu'ils savaient, c'était que s'ils restaient ensemble, c'était la mort affective pour l'un comme pour l'autre. Une fois qu'ils eurent assimilé de nouvelles compétences relationnelles, tout changea !

Ce que Linda a appris : « J'avais toujours pensé que mon mari ne m'aimait pas ou ne faisait pas attention à moi quand il ne faisait pas ce que j'attendais de lui. Je désespérais en me disant que je n'aurais jamais ce que je voulais. Lorsque j'essayais de lui parler pour voir comment on pourrait améliorer les choses, il se braquait, et c'était encore pire. Maintenant je me rends compte qu'il faisait exactement comme son père. En fait, il voulait me rendre heureuse mais il ne me comprenait pas. En apprenant à l'aborder autrement, j'ai découvert une personne tout à fait différente. Il m'écoute, et je le trouve merveilleux. Je suis heureuse, oui, et lui aussi. »

Ce que Daryl a appris : « Je ne savais presque jamais ce qu'elle voulait. Quand on discutait, quoi que je dise, ça allait de mal en pis. Quand j'essayais de m'expliquer, elle le prenait encore plus mal. Maintenant je comprends qu'elle voulait tout simplement être entendue. J'ai appris à moins parler et à plus écouter, et ça fonctionne. Elle est tellement heureuse en ce moment que ça me donne envie d'en faire encore plus pour elle. C'est un peu gênant à dire, mais c'est comme une renaissance – je ne me rendais même pas compte que j'étais en train de mourir. »

Pour sauver leur mariage, Daryl et Linda ont acquis des aptitudes relationnelles que leurs parents ne leur avaient pas enseignées. Daryl a appris qu'il était important de s'ouvrir aux sentiments de Linda. Linda s'est initiée aux procédés qui permettent de rendre un homme heureux. À eux deux, ils ne tardèrent pas à restaurer leur entente à force d'effectuer des changements d'attitude certes minuscules en apparence mais néanmoins déterminants.

C'est seulement après ces modifications mineures

qu'on peut envisager des bouleversements profonds. La loi secrète qui sous-tend mon enseignement, c'est que personne n'est amené à sacrifier sa
personnalité.

Par exemple, il ne serait pas réaliste de s'attendre
à ce qu'un homme peu bavard se mette d'un seul
coup à parler et à s'épancher. Avec un peu d'encou-
ragement, le même individu se révélera en revanche
capable d'améliorer son écoute. D'où cette conclusion : en dépit de ce que nous ont transmis nos
parents, chacun de nous est en mesure de changer
de manière d'être.

---

*Ce livre se propose de présenter les moyens
d'action à notre disposition en partant du
principe qu'aucun obstacle n'est incontournable.*

Nombreux sont les participants à mes séminaires
sur la relation de couple qui ont vu leur vie conjugale
se transformer alors même que leur partenaire n'avait
pas pu, ou pas voulu, assister aux séances. En tirant
les leçons de leurs propres erreurs et armés de nouvelles compétences relationnelles, ils ont réussi à
modifier radicalement leur situation dans un sens
positif.

Cette vérité vaut aussi pour cet ouvrage. Il n'est
pas indispensable que votre partenaire le lise pour
que vous en tiriez des effets bénéfiques. Les techniques que j'enseigne à mes lecteurs leur permettent
de commencer tout de suite à les utiliser pour améliorer leurs relations de couple. Naturellement, le
processus sera plus rapide si votre partenaire s'y
plonge à son tour. Mais que votre compagnon ou
votre compagne s'y intéresse ou pas, le secret de la
réussite réside dans votre apprentissage et dans
l'usage que vous ferez des principes qui y sont
exposés.

Comment une femme peut-elle persuader son conjoint de lire mes livres ? Les hommes, en fait, sont très sensibles à la manière dont on les approche. Si vous lui tendez l'ouvrage en lui disant : « Tiens, lis donc ça, tu en as besoin ! » il va se braquer. En revanche, si vous cherchez un passage traitant des hommes et lui demandez si ce qui écrit là correspond à son avis à la réalité, cela peut éveiller son intérêt.

Cette stratégie fonctionne pour deux raisons. D'abord, les hommes aiment qu'on les considère comme des experts, et là, vous faites appel à son expertise en matière de virilité. En second lieu, lorsqu'il aura entendu certaines choses qui sont dites dans mon livre, il s'apercevra que non seulement elles ne sont pas dirigées contre les hommes mais qu'elles n'essaient même pas de les changer. Ce livre est garanti à 0 % de sexisme.

En fait, les femmes sont en général stupéfaites de constater qu'à mes séminaires il y a autant de participants de sexe masculin que de sexe féminin. Elles n'en reviennent pas de voir tous ces hommes écouter ce qui se dit d'un air approbateur et souvent réjoui. Une remarque : ils tiennent tout autant que leurs conjointes à améliorer leur relation de couple et les méthodes préconisées n'exigent aucunement d'eux qu'ils se féminisent.

Depuis l'énorme succès de mon précédent best-seller, *Les hommes viennent de Mars, les femmes viennent de Vénus*, des milliers de gens ont noté une amélioration dans leurs relations. Pendant la première année, mon bureau a enregistré plus de quinze mille appels et lettres de lecteurs et de lectrices affirmant que « le livre » avait sauvé leur couple. Certain(e)s avaient des questions supplémentaires à poser, des questions pragmatiques comme : « Que dois-je faire quand... ? » ou : « Ça veut dire quoi quand... ? » ou bien : « Comment je peux l'amener à... ? » ou encore : « Que dois-je dire quand... ? » Le présent ouvrage s'applique donc aussi à répondre à l'ensemble de ces interrogations.

Mars et Vénus ensemble pour toujours donne les réponses à des questions qui n'ont pas trouvé d'écho chez vos parents. C'est une nouvelle voie qui est tracée. Vous trouverez entre ces pages toutes les informations nécessaires pour améliorer de façon permanente votre relation de couple et votre vie en général. Cette graine, une fois semée, dans la mesure où vous l'arroserez, grandira pour s'épanouir en une entente non seulement empreinte d'amour mais d'une aisance qui vous surprendra.

Je vous offre ces écrits comme on offre une collection de bijoux, perles de la sagesse et joyaux de la connaissance dont j'ai moi-même bénéficié. J'espère de tout mon cœur qu'ils éclaireront vos pas comme ils continuent à éclairer les miens et ceux des milliers de participants à mes séminaires. Puissiez-vous grandir en amour et faire profiter les autres de vos précieux talents.

John GRAY

CHAPITRE 1

Ce que votre mère n'a pas pu vous dire et que votre père ne savait pas

Il était une fois, dans la nuit des temps, des hommes et des femmes qui vivaient dans une entente parfaite au sein d'un monde hostile et périlleux. Une femme se sentait aimée et respectée parce que tous les jours son partenaire sortait risquer sa vie pour lui rapporter de quoi se nourrir et se vêtir. Elle ne s'attendait pas à ce qu'il se montre par-dessus le marché sensible ou attentif. De bonnes aptitudes aux échanges verbaux ne faisaient pas partie de ses qualifications conjugales. Du moment qu'il tuait du gibier et retrouvait le chemin de la maison, un compagnon était considéré comme désirable en dehors de toute compétence relationnelle. En qualité de pourvoyeurs de ressources, les hommes se sentent aimés et estimés par leurs partenaires. À l'époque où la survie était problématique, les rapports entre sexes opposés apparaissaient relativement faciles.

Les hommes et les femmes appartenaient alors à deux mondes différents. Ils dépendaient les uns des autres pour assurer leur subsistance. Les vivres, la sexualité, les enfants, le gîte et la sécurité... Ils avaient toutes les raisons du monde de travailler ensemble, la satisfaction de ces besoins primordiaux exigeant en effet des rôles et des capacités bien spécifiques. Les hommes se spécialisaient dans le ravitaillement et la protection tandis que les femmes préparaient les aliments et s'occupaient du foyer.

Une séparation naturelle en somme. La biologie avait décidé que la femme mettait au monde les enfants et par conséquent qu'elle se devait de les élever et de leur construire un foyer. Pour preuve de son admiration et de son respect envers cette fonction, l'homme s'aventurait loin du logis et bravait mille dangers pour rapporter de quoi manger, ou bien il montait la garde pour protéger la femme et leur progéniture. Tout en souffrant d'avoir à passer des jours et des jours dehors, par un froid glacial ou une chaleur torride pour tuer des animaux, il était fier de se sacrifier en hommage à sa femme, celle qui donnait la vie. Du moment que cette association entre masculin et féminin formait la base de la survie et de la sécurité, l'interdépendance ainsi obtenue engendrait le respect et l'estime mutuels.

Aujourd'hui, cependant, la vie a pris un tout autre tour. Dès lors que nous ne dépendons plus les uns des autres pour nous nourrir et nous protéger, les règles et les stratégies respectées par nos ancêtres ne nous servent plus à rien. Pour la première fois dans l'Histoire, nous cherchons chez l'autre la satisfaction de nos besoins d'amour et d'émotions romanesques. Le bonheur, l'intimité et la passion durable, voilà désormais à nos yeux les conditions d'une relation épanouissante.

Ce que votre mère n'a pas pu vous dire et que votre père ignorait, c'est comment prendre soin des besoins émotionnels de votre partenaire sans sacrifier votre propre développement harmonieux. Il s'agit là d'une nouvelle définition des rôles dans le couple qui ne peut être réalisée qu'à travers l'acquisition de nouvelles compétences relationnelles.

D'AUTRES TEMPS

Les changements sociaux et économiques des quarante dernières années ont bouleversé le partage des rôles traditionnels masculins et féminins. Le fait que les femmes aient quitté le foyer pour rejoindre le marché du travail a provoqué une diminution de la valeur que les hommes avaient à leurs yeux. De plus en plus indépendante et autosuffisante, la femme contemporaine ne ressent plus comme une nécessité d'avoir un homme qui s'occupe de son bien-être matériel.

Une femme moderne tisse son propre destin et règle elle-même ses factures. En cas de danger, elle sort son pistolet paralysant ou bien appelle la police. Et ce qui est encore plus important : elle a les moyens de décider quand elle est prête à avoir un enfant, et combien elle en aura. Jusqu'à la découverte de la pilule anticonceptionnelle et la banalisation du contraceptif, le sexe féminin était voué à l'enfantement et à la dépendance vis-à-vis du sexe dit fort. Ce n'est plus vrai aujourd'hui.

Nous commençons tout juste à comprendre les changements dans la relation de couple engendrés par l'usage de plus en plus généralisé des moyens de contraception et de la révolution sexuelle qui s'en est suivie. Nous vivons des temps de transition et de tensions exceptionnelles.

Dans un sens, les hommes sont désormais privés du rôle qu'ils ont eu pendant des siècles. Ils ne sont plus valorisés en tant que pourvoyeurs de ressources. Même s'ils continuent à faire ce qu'ils ont toujours fait, tout à coup, cela ne suffit plus à rendre leur partenaire heureuse. Les femmes exigent autre chose, quelque chose de plus que leur mère.

Dans le même temps, les femmes travaillent trop. Non seulement elles sont toujours génitrices, éducatrices, ménagères, mais les voilà en plus soutien de famille et protectrices du foyer. Elles ne sont plus à l'abri des dures et froides réalités du monde du travail. Comment peut-on s'imaginer qu'on va trouver sa compagne détendue, perceptive et agréable quand une heure plus tôt elle a eu une prise de bec avec un malotru qui voulait lui faucher son taxi ? Alors que les femmes refusent aujourd'hui de se trouver reléguées à la fonction de « repos du guerrier », les hommes leur adressent toujours les mêmes demandes que leurs pères : ils veulent être servis.

Nous vivons d'autres temps, et il nous faut obligatoirement évoluer avec eux. Nous devons redéfinir les rôles conjugaux. Il est indispensable d'acquérir de nouvelles compétences pour que les hommes se sentent désirés et appréciés à leur juste valeur par l'autre sexe. Les femmes doivent prendre conscience d'un certain nombre de choses si, travaillant côte à côte avec des hommes, elles ont envie de profiter le soir en rentrant chez elles d'une relation pleine d'amour et de compréhension réciproque. Il faut trouver des procédés qui leur permettront tout à la fois de préserver leur féminité et de faire preuve de dynamisme.

CE QUE PERSONNE NE NOUS A APPRIS

Nos mères n'ont pas enseigné à leurs filles comment on peut ouvrir son cœur à son partenaire sans provoquer aussitôt une levée de boucliers, ni comment demander de l'aide à un homme sans qu'il se braque. Pour elles, prendre soin d'un homme, c'était le materner ou donner sans compter. Elles ignoraient comment répondre à ses désirs sans sacrifier les leurs. Bref, elles excellaient dans l'art de plaire à leur partenaire à leurs propres dépens.

En d'autres termes, nos mères se montraient incapables d'enseigner à leurs filles comment être tout à la fois une femme féminine et une femme puissante. Elles n'étaient pas en mesure de leur apprendre de quelle manière elles pouvaient apporter un soutien à leur conjoint tout en recevant en échange le soutien affectif auquel elles avaient droit.

Nos pères étaient incapables d'enseigner à leurs fils comment communiquer avec une femme sans donner passivement ou discuter agressivement. Les hommes d'aujourd'hui n'ont pas de modèles à suivre qui leur permettraient d'orienter leur vie conjugale et familiale dans un sens qui respecte le point de vue de leur compagne et en tienne compte. Ils ne savent pas rester forts tout en permettant à leur partenaire de s'appuyer sur eux sur le plan affectif.

Il ne faut pas reprocher à ses parents de ne pas vous avoir enseigné certaines vérités à propos de la relation de couple, puisque eux-mêmes les ignoraient.

Nos pères ne savaient pas vivre en empathie et en sympathie avec leur partenaire, ce qu'à l'heure actuelle aucune femme ne peut plus admettre. Ils n'avaient pas conscience qu'il existe des petites choses qu'un homme peut faire pour satisfaire les besoins affectifs de sa femme. Ils ne se rendaient pas compte d'une part qu'il est important d'être fidèle et d'autre part qu'il est essentiel pour une femme de se sentir « spéciale » aux yeux de son conjoint. Nos pères en un mot ne comprenaient rien

25

aux femmes. De nos jours, un homme ne peut se permettre pareille ignorance. Sinon il est voué à ne jamais développer le type d'habileté qui seule lui procurera le genre de soutien qu'il exige désormais dans sa vie conjugale.

Nos parents n'ont pas pu nous apprendre les procédés relationnels propices à l'enrichissement de la vie à deux sur le plan émotionnel. Le simple fait de garder à l'esprit ce constat – que rien ne nous a été transmis à ce sujet – suffit à nous mettre du baume au cœur et nous pousse à nous pardonner à nous-mêmes et à pardonner à notre partenaire toutes les erreurs commises de part et d'autre. La voie de la sagesse est aussi la voie de l'espoir.

UN SURVOL DES NOUVELLES COMPÉTENCES RELATIONNELLES

D'un bout à l'autre de cet ouvrage, je présenterai avec un grand luxe de détails les capacités en matière de relation de couple qui se révèlent indispensables si l'on veut apporter le soutien affectif nécessaire à son partenaire tout en obtenant ce dont nous-mêmes avons besoin pour être heureux et tirer profit d'une union durable et passionnée. Même si certaines notions abordées ici vous semblent évidentes ou surannées, elles ne vous sont pas moins soumises dans une dynamique radicalement novatrice.

Par exemple, au lieu de dire qu'une femme doit plaire à son mari, je dis, moi, qu'elle doit lui faire plaisir tout en l'incitant à lui faire plaisir à elle. Au lieu de le servir passivement, elle apprend ainsi à obtenir l'appui dont elle a besoin.

Dans un sens, elle se trouve toujours dans l'obligation de l'épauler, mais avec un ajout de taille : elle apprend comment elle peut aider son conjoint à

26

l'épauler elle-même, comment le soutenir dans ses efforts pour la soutenir davantage, et comment se plier à ses désirs en sorte qu'il se plie à son tour aux siens.

Les nouvelles compétences relationnelles de la femme reposent sur des talents légués par la tradition, auxquels s'ajoutent d'autres qualités destinées à lui garantir qu'elle bénéficiera en retour de ce dont elle a besoin.

Je suggère que les hommes continuent à assumer leur fonction de pourvoyeur de ressources mais en y ajoutant néanmoins un détail d'importance : pour procurer un appui émotionnel valable à sa partenaire, il s'agit d'« en faire moins ». Par exemple, au lieu de s'escrimer à trouver des solutions aux problèmes de sa conjointe, il vaut mieux que l'homme « en fasse moins », c'est-à-dire qu'il se mette à écouter l'autre avec empathie. À force de tendre l'oreille et de le faire avec une compassion grandissante, il se servira d'une façon inusitée de ses talents ancestraux de chasseur — car comme chacun sait, un bon chasseur est un chasseur silencieux.

Avec un peu d'expérience, l'homme peut se rendre maître de ce nouvel art en faisant appel à des aptitudes dont la mise au point a pris des siècles. En se servant de ses talents de chasseur ou de guerrier, il apprendra à se protéger de manière constructive devant une femme qui parle. La nouveauté, en effet, c'est qu'il se défendra sans agresser sa partenaire.

Les relations deviennent de plus en plus difficiles dès lors que nous exigeons trop de nous-mêmes et de l'autre. D'après les théories pédagogiques, pour assimiler quelque chose de neuf, il faut l'entendre (et/ou l'appliquer) deux cents fois. Mettons que vous soyez un génie, alors cent cinquante fois suffiront. Autrement dit, la maîtrise de ces compétences inédites n'est pas instantanée.

Que l'on oublie de temps à autre ce que l'on a appris, rien de plus normal : les réflexes innés supplantent parfois les réactions acquises. Vous avez néanmoins pris conscience de votre part d'erreur et il ne vous vient heureusement plus à l'idée de tout mettre sur le dos de votre partenaire. Changer pour le mieux n'est pas une sinécure, mais chaque fois que vous ferez un pas en avant, cela deviendra plus facile, plus satisfaisant et plus amusant aussi. Et, une fois bien assimilées, ces compétences enrichiront tous les aspects de votre vie et de vos relations.

COMMENT ANTICIPER LES CONTRETEMPS

Une aptitude relationnelle capitale consiste à prévoir les contretemps et à admettre qu'il est parfois nécessaire de réapprendre une leçon jusqu'à ce qu'elle devienne comme une seconde nature. À cette seule condition, on peut garder assez d'espoir pour redoubler de patience et savoir pardonner avec amour.

Il faut garder en tête que notre partenaire ne peut pas deviner à demi-mot quels sont nos besoins.

Quoique l'acquisition de ces nouveaux talents semble parfois présenter des difficultés insurmontables, l'ensemble du processus n'en est pas moins tout à fait excitant. Dès le début, des résultats immédiats et tangibles vous apportent l'espoir, le courage et le soutien moral qui vous sont nécessaires pour la suite. Dès vos premiers pas sur ce chemin que vos parents n'ont jamais emprunté, votre vie de couple peut se trouver incroyablement améliorée et, avec un peu d'entraînement, continuer à embellir de jour en jour.

Grâce à ces techniques de base, vous serez capable de vivre une passion, une intimité et un bonheur durables. L'ardeur amoureuse ne doit pas forcément s'étioler, la joie partagée au printemps de l'amour ne doit pas s'éteindre et les rapports intimes peuvent devenir une source perpétuelle d'épanouissement. Dans le chapitre suivant, nous examinerons d'une part ce dont les femmes ont le plus besoin et d'autre part ce que les hommes veulent vraiment — dans la mesure où chacun d'entre nous aspire à amener son amour à la plénitude.

CHAPITRE 2

Ce dont les femmes ont le plus besoin et ce que les hommes veulent vraiment

Les femmes qui participent à mes séminaires sur la relation de couple sont toujours stupéfaites de voir que la moitié de l'assemblée est composée d'hommes. Elles n'en croient pas leurs yeux : des hommes cherchent vraiment des moyens de rendre les femmes heureuses et témoignent d'un intérêt aussi vif que le leur pour l'amélioration de leur vie conjugale. Le problème, c'est que leurs méthodes, celles de leurs ancêtres, ne fonctionnement plus, et qu'ils n'arrivent pas à satisfaire leur partenaire.

Quand le torchon brûle entre lui et sa femme, un homme en général se dit que tout ira mieux s'il travaille encore plus dur. Quand son couple bat de l'aile, il n'aura pas l'idée de s'inscrire dans un de mes séminaires ou d'acheter un de mes livres ; il suivra une nouvelle formation professionnelle ou ira se procurer un ouvrage sur les mille et une façons de réussir en affaires ou dans la société. Pourquoi ? Parce que depuis des temps immémoriaux, un homme arrivait toujours à rendre sa femme plus heureuse en se montrant un meilleur pourvoyeur de ressources.

Au temps de la chasse et de la cueillette, tout allait bien. Et jusqu'à la génération précédente, cette vérité s'est plus ou moins vérifiée. Et puis, tout d'un coup, pour nous, ça n'a plus du tout été le cas. Les épouses modernes ne quittent pas leurs maris parce qu'ils n'arrivent pas à les faire vivre. Elles s'en vont parce qu'elles se sentent mal comprises et mal aimées. Lorsqu'un homme ne parvient pas à comprendre les besoins de sa partenaire, celle-ci ne peut qu'en ressentir de la frustration. Et c'est cette frustration grandissante qui à son tour détourne d'elle son compagnon. Les hommes ne quittent pas leurs épouses parce qu'ils ne les aiment plus, ils partent parce qu'ils se sentent incapables de les rendre heureuses. En règle générale, ils renoncent à une relation dès lors qu'ils ont l'impression que jamais rien de ce qu'ils pourront faire ne satisfera leur conjointe. Ces frustrations réciproques sont monnaie courante pour la bonne raison que :

Les hommes ne comprennent pas les besoins des femmes, et les femmes ne savent pas ce que les hommes veulent vraiment ni comment le leur donner.

En étudiant la façon dont la situation a basculé pour l'un comme pour l'autre sexe, nous élargissons notre point de vue et découvrons en nous-mêmes une compassion indispensable si nous voulons améliorer les relations de soutien réciproque dans le couple.

POURQUOI LA FEMME MODERNE EST MALHEUREUSE

La femme moderne est surmenée, stressée et souffre en général d'être peu soutenue et débordée. Elle n'a pas tort : à aucune autre époque on a tant exigé des femmes. Au moins cinq jours par semaine, elle est enrégimentée pour une bataille de huit à douze heures d'affilée. Et une fois rentrée chez elle, la voilà censée faire le ménage, préparer le dîner, laver le linge, couvrir ses enfants d'amour et d'attention et en plus se montrer charmante, comblée et romantique avec son conjoint. Cette femme est tout simplement trop exigeante avec elle-même, et en conséquence, elle se sent comme coupée en deux.

Au travail, les femmes sont supposées calquer leur comportement sur le modèle traditionnel masculin. À la maison, elles doivent redevenir chaleureuses, généreuses, en un mot féminines. Pas étonnant avec ça qu'elles réclament pour leur propre usage une épouse dévouée pour les accueillir le soir avec des sourires tendres !

Même la femme au foyer rencontre à l'heure actuelle plus de difficultés que sa mère, car les autres mères étant au travail et les petits copains de ses enfants à la garderie, elle ne bénéficie plus de la compagnie et du soutien des autres femmes de la collectivité.

Autrefois, une femme était fière de rester à la maison pour s'occuper de ses enfants et de son mari. Aujourd'hui, il lui arrive de se sentir gênée si on lui demande : « Qu'est-ce que vous faites ? » À l'écart des autres femmes et par conséquent privée de tout lien de solidarité, elle poursuit un chemin solitaire, d'autant que personne ne reconnaît plus la valeur de sa vocation.

Et pourtant, alors que les femmes ont aujourd'hui plus que jamais besoin d'une épaule masculine, les hommes se trouvent eux aussi en manque : ils n'obtiennent plus auprès de leur partenaire la considération à laquelle ils étaient habitués.

POURQUOI L'HOMME EST INSATISFAIT

L'homme moderne se considère comme sous-payé, mal traité et sous-estimé. À l'instar de la femme, il paie le prix fort pour le projet égalitaire de la double carrière.

Il y a une éternité, lorsqu'un homme retrouvait son épouse à la fin de la journée, cette dernière n'éprouvait aucune difficulté à reconnaître ses efforts et les sacrifices qu'il faisait pour elle. Elle était heureuse de s'occuper de lui parce qu'elle-même n'était pas stressée, et qu'elle exigeait peu en retour. Et tout d'un coup, voici les structures du couple soudainement et profondément bouleversées.

À aucune autre époque la vie de couple n'a été aussi difficile pour les hommes.

Nombreux sont les hommes qui travaillent tout aussi dur que leurs ancêtres, sinon plus d'ailleurs, sans parvenir à subvenir entièrement aux besoins des leurs. Privés du sentiment de toute-puissance que donne la fierté de faire vivre femme et enfants, ils sont possédés par une sensation d'échec (parfois inconsciente d'ailleurs) dès que leur compagne manifeste du mécontentement ou de l'insatisfaction.

L'OBJECTIF PREMIER DE L'HOMME

Lorsqu'un homme aime une femme, son premier objectif est de la rendre heureuse. Depuis la nuit des temps, les hommes ont supporté d'évoluer dans un monde compétitif et hostile parce que, à la fin de la journée, leur lutte et leurs efforts trouvaient leur justification dans l'attitude de leur épouse. La satisfaction de leur compagne était à proprement parler la récompense de leur labeur.

De nos jours, les femmes étant surmenées, elles se sentent souvent, et à juste titre d'ailleurs, insatisfaites. Alors, à la fin d'une longue journée, ce n'est plus seulement l'homme, mais chacun des deux partenaires qui a besoin d'être choyé et compris. « Je travaille aussi dur que lui, se dit la femme. Pourquoi est-ce que je devrais en plus être aux petits soins pour lui ? » La fatigue l'empêche d'offrir à son conjoint le soutien affectif qu'il sait pourtant avoir bien gagné.

De son point de vue à lui, le mécontentement de sa partenaire lui signifie qu'il est un raté. « Pourquoi en ferais-je plus ? se demande-t-il. J'en fais assez comme ça pour mériter un peu de gratitude. » Les effets néfastes de cet engrenage relativement nouveau sont sous-estimés tant par les femmes que par les hommes.

Aujourd'hui, quand un homme rentre chez lui, il a plus de chances d'être accueilli par les tambours de la défaite que par ceux de la victoire. Son échec se mesure à l'aune de la tristesse de sa partenaire.

CE QUI REND LES FEMMES HEUREUSES

Naguère, à l'époque où les femmes étaient au foyer à plein temps, elles se soutenaient les unes les autres à toutes les heures du jour. Une ménagère pouvait interrompre son travail et se détendre un peu en bavardant, en donnant et en recevant dans un esprit de solidarité dénué de compétitivité. Elle jouissait de ce luxe qu'est le temps dit « libre » parce que non structuré, bref elle avait le loisir de s'occuper d'embellir son intérieur, son jardin, son environnement. Elle s'occupait des autres et les autres s'occupaient d'elle.

Les petits faits routiniers de la vie quotidienne alimentaient son esprit féminin et l'amour qu'elle portait dans son cœur. Cette entraide généralisée donnait un sens à son existence et l'aidait à surmonter les obstacles de la vie.

On n'attendait pas des femmes qu'elles portent le double fardeau de la mère nourricière et du pourvoyeur de ressources. Les hommes étaient heureux d'assurer la subsistance du ménage et capables d'être les seuls à le faire, laissant à leurs épouses le soin de veiller non seulement sur la maison et les enfants, mais aussi sur leurs relations de couple. Dans le monde du travail moderne, où sévit une impitoyable compétition dominée par les hommes, on ne met plus l'accent sur la qualité des relations interpersonnelles, et pour la première fois dans l'Histoire, les femmes sont obligées de se passer du soutien d'un environnement féminin attentif à leurs besoins affectifs.

QUAND LES FEMMES IMITENT LES HOMMES

Un jour, au cours d'un de mes séminaires, une participante a formulé ses sentiments par les mots suivants : « J'ai l'impression d'imiter les hommes. Les femmes au bureau n'ont pas de modèle de réussite au féminin. Je ne sais pas comment une femme peut se montrer en même temps forte et sûre d'elle, et féminine. Je ne sais plus très bien qui je suis. »

Lorsque les femmes passent leur vie à se couler dans des rôles que la tradition destine aux hommes, il leur est difficile de conserver intacte leur féminité. Se conformer à des délais sévères, prendre des décisions sur des bases strictement financières sans se préoccuper de heurter les sensibilités, donner des ordres en sachant qu'on n'a pas eu le temps de consulter son entourage, calculer ses coups pour se protéger contre d'éventuelles attaques, créer des alliances fondées uniquement sur le profit et non sur l'amitié, investir son temps et son énergie à soigner ses propres intérêts aux dépens de ceux des autres, tout cela contribue à l'appauvrissement de l'âme féminine.

----

*Le monde du travail ne contribue pas
à enrichir l'esprit féminin et sape la qualité
de la relation de couple.*

LES FEMMES AU TRAVAIL ET À LA MAISON

Les femmes sont beaucoup plus atteintes que les hommes par le stress qui accompagne toute carrière, pour la bonne raison que la pression extérieure s'ajoute à leur charge de travail traditionnelle. Au bureau, elles se démènent autant que l'autre sexe, mais quand elles rentrent chez elles, l'instinct reprend le dessus et elles continuent à donner.

Il est pénible pour une femme de rentrer à la maison, d'oublier les problèmes de la journée et de se détendre alors que sa propre définition des rôles dans le couple lui enjoint : « Fais la cuisine ! Nettoie ! Aime ! Partage ! Soutiens ! Donne ! Fais-en plus, plus, toujours plus ! »

Au bureau, une femme est consciemment poussée par la nécessité de se bagarrer pour survivre, mais à la maison, son instinct reprend le dessus.

Voici un petit sujet de réflexion. Des tâches qui occupaient une ménagère du matin jusqu'au soir doivent désormais être accomplies en l'espace de quelques heures seulement. Étant donné sa vie professionnelle, elle n'a ni le temps, ni l'aide, ni l'énergie nécessaires pour rendre son intérieur beau et paisible, pour élever ses enfants dans l'amour et l'harmonie d'une vie saine et équilibrée. Bref, elle ne sait plus où donner de la tête.

Et peu importe que ces aspirations soient inscrites dans ses gènes ou culturelles, c'est-à-dire transmises par sa mère à qui elle s'est identifiée. La pression devient plus forte dès lors que la femme a des enfants ou même prévoit d'en avoir. On pourrait penser, évidemment, que c'est sa faute, puisqu'elle place la barre trop haut et que ses normes ménagères sont trop élevées. Mais il ne faut pas oublier qu'elle est confrontée à une réalité matérielle tout autre que celle que sa mère a connue. Il est capital non seulement qu'elle apprenne de nouvelles manières de faire face, mais aussi que son partenaire s'initie à de nouvelles manières de l'aider.

LES HOMMES AU TRAVAIL ET À LA MAISON

Longtemps, les hommes ont supporté un degré très élevé de stress parce qu'ils savaient que dans la chaleur du foyer les attendait une femme douce et affectueuse qui prendrait soin d'eux. Certes ils passaient leurs journées à se bagarrer pour atteindre les objectifs qu'ils s'étaient fixés, mais le soir venu, ils se détendaient, se distrayaient et se faisaient servir. Jamais il ne leur serait venu à l'idée de devoir continuer à se battre à la maison pour obtenir les faveurs de leur compagne.

Lorsqu'une femme moderne se plaint de ne plus savoir où donner de la tête tant elle a de problèmes, son conjoint interprète en général ses lamentations comme un reproche dirigé contre lui ou comme un ordre : il n'en fait pas assez ou il doit en faire plus. Aucun de ces messages n'est agréable à entendre, alors que sa nature profonde lui souffle : « Bon, d'accord, tu es rentré. Alors mets tes pantoufles et jouis du repos du guerrier ! »

Pour les hommes, la maison a de tout temps été un lieu de loisir. Pour les femmes en revanche, c'est le lieu d'une activité incessante.

IL EST IMPOSSIBLE DE DONNER SANS RECEVOIR

Les hommes ont grandi avec l'idée qu'ils devaient se donner tout entiers à leur travail et, quand ils rentraient à la maison, se contenter de recevoir. Jusqu'à un certain point, les femmes sont programmées pour donner et recevoir en même temps. Elles adorent prodiguer leurs soins à leur entourage, mais ont besoin simultanément de se ressourcer : lorsqu'elles donnent sans recevoir, elles finissent par donner de plus en plus, et finalement par se sentir accablées par la vie, vidées de leur substance et pleines d'amertume.

Il s'ensuit qu'une femme qui passe sa journée dans un milieu compétitif masculin n'obtient pas le soutien affectif dont elle bénéficierait forcément si elle vivait dans un environnement plus féminin où existe une entraide morale. Elle donne sur son lieu de travail sans jamais recevoir en retour ni remerciement ni appui. Elle rentre du travail vidée, et que fait-elle une fois chez elle ? Eh bien, elle continue à donner !

C'est une différence importante entre les hommes et les femmes. Lorsqu'un homme est fatigué, il a tendance à oublier ses problèmes, à les écarter pour prendre du repos, se détendre un peu. Privé de l'appui dont il a besoin, il arrêtera facilement de donner. S'il a prodigué des efforts considérables au travail sans rien recevoir en échange, il a l'impression, quand il rentre à la maison, qu'il a bien mérité un moment de tranquillité, voire qu'on s'occupe de lui.

D'un autre côté, lorsqu'une femme a l'impression de ne pas être soutenue sur le plan affectif, son sens de la responsabilité la pousse à en faire encore et toujours plus. Elle se met alors à paniquer à la pensée de tous ces problèmes auxquels elle n'aura jamais le temps de s'atteler. Et plus elle se sent débordée, plus il lui devient difficile de se décontracter et de repousser les tâches de toute façon impossibles à accomplir — et qui pourraient en outre sans dommage être remises à plus tard.

Quand une femme se sent submergée de travail, elle ne parvient plus à distinguer ce qui doit être fait tout de suite de ce qui peut fort bien attendre. Parfois, elle est influencée inconsciemment par les normes élevées établies par sa propre mère sur le plan du ménage. Et plus elle est débordée, plus son inconscient l'oblige à multiplier ses efforts. D'une certaine façon, elle refuse d'abandonner sa position dans le couple en s'efforçant d'être à la hauteur d'exigences correspondant à une autre vie, une vie où les femmes étaient toutes au foyer et avaient le temps et l'énergie de veiller à tout.

En particulier quand une femme qui travaille n'a pas les moyens financiers d'engager une aide ménagère, elle peut avoir l'impression de ne jamais en faire assez. Son instinct lui dicte qu'elle doit en faire plus, alors que manifestement elle ne peut pas tout assumer. Un peu comme si elle était sous l'empire d'une programmation obsolète qui l'obligeait à accomplir seule, et à la perfection, toutes les tâches domestiques.

Dans certains cas, si la femme se sent investie de la mission de tout faire à la maison, l'homme parallèlement est programmé pour se dire que le soin du ménage incombe entièrement à son épouse. Il est tout aussi difficile dans ces circonstances à la femme de se détendre et d'en faire moins qu'au partenaire masculin de trouver en lui la force d'aider. La prise de conscience de ce système d'habitudes inconscient permet une meilleure compréhension entre les sexes.

Un homme a été programmé pour avoir l'impression d'avoir fait son travail quand il rentre chez lui, alors qu'une femme ne fait que continuer sa journée.

SCOTT ET SALLEY

Scott travaille à plein temps pour subvenir aux besoins de sa famille, tandis que Salley, sa femme, occupe un emploi à mi-temps, se partageant entre le bureau, le ménage et les enfants. Lorsque Scott rentre le soir, il a l'air de ne pas s'apercevoir de sa présence, à moins qu'elle ne lui demande un service : alors il paraît un peu irrité. Ensuite, quand il la voit distante pendant le dîner, il s'étonne.

Interrogée sur ce qu'elle ressent, Salley répond : « Il ne me demande même pas comment s'est passée ma journée, ne s'intéresse pas du tout à moi. Il ne me propose même pas son aide. Il reste assis sur le canapé pendant que je fais tout. »

Quant à Scott, voici ce qu'il dit : « Je reste assis sur le canapé pour me détendre un peu après ma journée au bureau. Si je lui pose des questions sur la sienne, tout ce qu'elle trouve à me répondre c'est qu'elle a trop à faire et que je devrais l'aider. Mais j'ai besoin de me décontracter une fois à la maison. Pas d'un autre patron sur le dos. Si elle en fait trop, alors qu'elle se débrouille pour en faire moins. »

À quoi Salley réplique : « Et tu crois que moi je n'ai pas besoin de détente après les journées que je passe ? Je n'ai pas le temps. Il faut bien que quelqu'un prépare le dîner, nettoie la maison et s'occupe des enfants. Pourquoi tu ne participes pas ? Et si au moins tu appréciais tout ce que je fais ! »

Scott me regarde en s'exclamant : « Vous voyez ! »

Deux petits mots qui en disent long : « Vous voyez, c'est pour ça que je ne l'écoute pas. Sinon elle m'obligerait à en faire toujours plus. Il n'est pas question que je me laisse manipuler. »

Salley en veut à son conjoint de ne pas lui offrir son aide, tandis que Scott, de son côté, a l'impression qu'il ne pourra jamais en faire assez pour la satisfaire. Elle souhaite qu'il la regarde, qu'il l'aime, qu'il la soutienne ; pour sa part il désire qu'elle reconnaisse sa valeur et l'estime pour son dur labeur hors de la sphère domestique, qui lui donne le droit de se détendre une fois rentré sous son propre toit. La solution à ce dilemme ? D'abord admettre que personne n'a tort dans cette affaire. Ensuite, grâce à l'application de nouvelles techniques, on peut envisager de faire évoluer ce mode de vie.

En demandant à Salley d'en faire moins, Scott aurait aussi bien pu ordonner à une rivière de cesser de couler : le don de soi est l'expression naturelle de l'amour chez la femme. Ce dont le sexe féminin a surtout besoin aujourd'hui, ce n'est pas de freiner sa disposition à donner, mais de recevoir davantage dans ses rapports avec le sexe opposé. Il n'est pas plus réaliste de penser que Scott pourrait subitement trouver en lui la force d'en faire plus. Pour le coup, ce serait comme demander à une rivière de changer son cours.

Une fois qu'on a compris les besoins des deux sexes, une nouvelle solution commence à s'esquisser. Comme nous le verrons, les hommes et les femmes peuvent apprendre à communiquer de façon différente sans gros effort de la part des hommes et avec de gros avantages pour les femmes. Chacun des partenaires du couple finit par maîtriser de nouvelles compétences qui n'exigent pas plus de travail mais qui permettent d'une part à la femme de se sentir soutenue sur le plan émotionnel et d'autre part à l'homme d'avoir l'impression qu'il est considéré par sa partenaire.

À mesure que la femme se sentira mieux soutenue dans sa vie affective, elle trouvera en son for intérieur une paix qui mettra un frein à son besoin d'en faire toujours plus. Elle envisagera d'un œil plus serein ce qu'il est possible de faire et ce qui est impossible, ce qui doit obligatoirement être fait en fonction du temps et de l'énergie dont elle dispose. Parallèlement, l'homme, se sentant davantage apprécié en rentrant chez lui, trouvera en lui la force de partager avec sa compagne les tâches ménagères. Et surtout, il sera en mesure d'offrir à sa femme le soutien et la compréhension qui lui sont indispensables pour continuer à donner.

> *Il n'est pas nécessaire aux femmes de brider*
> *leurs élans affectueux. Elles ont besoin*
> *de recevoir plus de soutien affectif*
> *de la part de leur conjoint.*

POURQUOI LES FEMMES S'ÉPUISENT

Aujourd'hui, alors que les hommes travaillent toujours autant, les femmes occupent elles aussi des emplois ; elles n'ont donc plus ni le loisir, ni l'énergie, ni même l'occasion de se soutenir entre elles comme au temps de leurs mères. Une femme moderne ne cesse pas de donner, et du fait qu'elle ne se sent pas soutenue, elle rentre chez elle avec la sensation d'être vidée.

En outre, lorsqu'une femme dépend pour sa survie non pas d'un homme mais de son propre salaire, ses inclinations à donner sans rien attendre en retour s'altèrent. Mettons qu'une femme donne par intérêt financier : dès lors son don n'a plus rien de gratuit. Ce don pour ainsi dire au conditionnel la coupe encore davantage de sa féminité.

Les femmes qui travaillent se voient obligées de se montrer masculines. On n'attend plus d'elles qu'elles expriment leur féminité en se montrant bonnes mères, bonnes voisines, bonnes ménagères. C'est ce mouvement de bascule vers la facette masculine de leur personnalité qui épuise et frustre le sexe féminin aux quatre coins de la planète.

Les femmes d'autrefois n'étaient pas aussi fatiguées que celles d'aujourd'hui pour la bonne raison que leur environnement au quotidien correspondait à leurs besoins émotionnels.

*Chez une femme, la différence entre épuisement
et épanouissement est déterminée moins par
les gestes accomplis que par la qualité de la
relation de couple et le degré de soutien
qu'elle obtient de son partenaire.*

RETENIR LES LEÇONS DU PASSÉ

De toute éternité, les femmes ont tiré une juste fierté de leur fonction biologique, la maternité étant respectée et honorée de tous quand elle n'était pas considérée comme sacrée. Certaines cultures plaçaient les femmes plus près de la sphère des dieux que les hommes, car elles seules avaient le pouvoir de donner la vie. Les femmes étaient vénérées en leur qualité de mère, et les hommes se consacraient volontiers à l'art de la guerre, prêts à risquer leur vie pour nourrir et protéger leurs compagnes et leurs enfants.

Il suffit de remonter à la génération de ma mère pour constater qu'une femme s'épanouissait en effet dans la maternité. Je me souviens qu'un jour quelqu'un avait demandé à ma mère si elle avait été contente d'avoir des enfants. Elle avait répondu sans hésiter : « Mais voyons, John, je suis toujours une mère, et pour tout dire, j'adore encore ça ! Je suis tellement heureuse à la pensée que j'ai sept beaux enfants. »

J'étais assez étonné, je dois avouer, de voir à quel point, et avec quel orgueil, alors que ses enfants étaient déjà grands, elle s'identifiait à son rôle de mère. Je me sentis privilégié en songeant que, n'ayant pas été obligée de travailler grâce au salaire de son mari, elle avait profité de sa maternité à plein temps.

Aujourd'hui, il est rare qu'une mère puisse se consacrer totalement à ses enfants. Cumuler famille et emploi revient en somme à établir une longue liste de tâches exigeant de nouvelles capacités que votre mère n'a pas pu vous enseigner. Sans ces stratégies, une femme s'escrime à concilier maternité et carrière sur un chemin tortueux perdu au beau milieu d'un territoire inconnu. Il n'est donc pas étonnant qu'une femme moderne hésite avant d'avoir des enfants.

Je ne suis pas du tout en train de prétendre qu'il faut faire machine arrière et pousser les femmes à retourner aux fourneaux. Cela dit, il vaut mieux avoir une vision claire de ce que nous laissons derrière nous. Dans notre quête d'un monde meilleur pour les femmes comme pour les hommes, ce serait une erreur de négliger la sagesse qui nous vient du passé. Elle contient des éléments essentiels au bien-être féminin comme masculin. On ne doit pas perdre contact avec ces vérités ancestrales qui de tout temps ont favorisé le développement harmonieux de soi pour l'un et l'autre sexes.

La maîtrise de ces éléments nous permettra de définir de nouvelles approches de la vie conjugale. Tout en restant conformes à nos instincts, ces dernières nous permettront d'aller plus loin et de nous fixer d'autres objectifs.

UNE FEMME N'A JAMAIS TERMINÉ SON TRAVAIL

Je me rappelle avoir un jour entendu une conversation très instructive au sujet de la maternité contemporaine. Je me trouvais dans une librairie, pour la signature d'un de mes livres, quand trois clientes et ma femme se sont mises à bavarder. Lorsque l'une d'elles annonça qu'elle avait sept enfants, les autres ont aussitôt poussé des cris d'admiration et de compassion.

— J'en ai seulement deux, dit l'une. Moi qui pensais que c'était déjà beaucoup. Comment vous faites ?

— Et moi qui n'en ai qu'un et qui suis déjà épuisée ! s'exclama une autre.

— J'ai trois enfants, déclara ma femme. Je pensais que c'était beaucoup. Je n'arrive pas à imaginer comment on s'en sort avec sept !

— Que vous en ayez un, deux, trois ou sept, vous leur donnez tout, répliqua la mère de famille nombreuse. Chaque personne a tant à donner et chaque mère, quel que soit le nombre de poussins dans la nichée, donne tout ce qu'elle a.

Les autres mères, saisies par la justesse de cette remarque, acquiescèrent toutes les trois. Chacune d'entre elles donnait en effet tout ce qu'elle avait à donner à ses enfants. Toutes écoutaient la voix de la sagesse ancestrale.

Quant à moi, voyant subitement les choses sous un angle nouveau, je ne pouvais plus aborder de la même façon mes relations avec ma femme. Hier encore, lorsqu'elle se plaignait d'avoir trop à faire, je me disais qu'elle ne serait jamais contente si elle n'apprenait pas à en faire moins. Maintenant, je me rendais compte que là n'était pas le problème, puisque, quoi qu'il arrive, elle ne pouvait s'empêcher de faire tout son possible. Alors je me suis mis à chercher comment prendre soin de son côté féminin sans m'opposer à ce qu'elle continue à donner. Non seulement elle s'en trouva plus heureuse, mais se sentant soudain épaulée, elle s'accorda un peu de temps libre.

DONNER TROP N'EST PAS UN DYSFONCTIONNEMENT

Donner pour une femme ne devient problématique qu'à partir du moment où elle ne reçoit pas l'aide affective dont elle a besoin pour continuer à donner. Dans de nombreux ouvrages de psychologie, les femmes qui donnent trop se voient affublées de l'étiquette « dépendantes » sinon accusées de dysfonctionnement. Souvent à tort, puisqu'elles se contentent d'obéir à leurs instincts féminins qui les poussent au don de soi.

La tendance naturelle de la femme à donner inconditionnellement ne pose de problème qu'à partir du moment où elle ne reçoit aucun soutien affectif ni au travail ni dans ses relations interpersonnelles.

Plus on lui demande d'être réfléchie, responsable, compétitive et agressive sur son lieu de travail, plus il lui est difficile de se remettre en contact avec cette douceur qui est l'apanage de la féminité une fois de retour au foyer conjugal. Elle n'arrive même plus à percevoir ses propres besoins. Quand elle se retrouve à la maison, elle continue à penser aux autres.

Lorsqu'une femme moderne rentre chez elle, elle n'a en général pas l'énergie qu'avait sa mère pour s'occuper de son intérieur. Au lieu de profiter d'être enfin chez elle pour se relaxer, elle en fait de plus en plus, à des degrés divers bien sûr. Mais si son instinct la pousse à en faire toujours plus, en revanche elle n'en a pas toujours la force. Se sentant ainsi tiraillée, elle s'écroule, terrassée autant par l'épuisement physique que par la rancœur.

UNE VÉRITABLE CURE DE NOURRITURES AFFECTIVES

Mettons que l'on injecte à une femme épuisée une grosse dose de nutriments affectifs, eh bien, je vous assure qu'elle va trouver son second souffle et non seulement elle se mettra à gérer avec plus d'efficacité sa compulsion à agir, mais elle en tirera aussi du plaisir. Lorsqu'une femme a l'impression d'être sans force, c'est qu'elle néglige son côté féminin.

> *Lorsque la part féminine d'une femme s'épanouit, son corps se met à fonctionner naturellement, et sa fatigue s'évanouit comme par enchantement.*

Cela ne signifie pas que les femmes d'aujourd'hui n'ont plus besoin qu'on les aide dans les travaux domestiques. Il est important qu'un homme comprenne que sa compagne ne peut pas tout faire toute seule. Cependant, il faut aussi que les femmes se rendent compte que parfois elles placent la barre trop haut, et qu'elles se réfèrent à des modèles établis par une génération de femmes qui avaient infiniment plus de temps à consacrer à leur intérieur. Et s'il est injuste de faire peser cet excès d'ambition ménagère sur son conjoint, il est tout aussi injuste qu'un homme ignore que sa compagne éprouve un besoin légitime d'être soutenue.

Certes, chaque couple est un cas particulier. Pourtant il existe un dénominateur commun à toutes les situations : on ne trouvera d'issue au conflit qu'en faisant preuve de compréhension mutuelle, de patience et de compassion.

Sans prendre plus de vingt minutes de son temps par jour, trois ou quatre jours par semaine, un homme est capable de stimuler de façon spectaculaire les puissances féminines de sa compagne. Non seulement elle s'en montrera heureuse, mais elle se mettra à lui manifester la considération dont il a besoin quand il rentre à la maison. Quel que soit son degré de surmenage et de fatigue, il peut, en lui prodiguant une attention ponctuelle, lui montrer qu'il l'aime et qu'il tient à elle d'une manière telle que leur vie conjugale en sera transformée.

Faute de mesurer l'importance de sa propre fonction nutritive, il risque d'abandonner sa partenaire à elle-même ou de s'escrimer en vain à la persuader de se détendre. Deux approches qui au lieu d'arranger la situation risquent au contraire de l'envenimer.

Voici une liste de quelques phrases qu'un homme est susceptible de prononcer en pensant bien faire alors qu'il ne fait qu'aggraver les choses.

Il dit bêtement :	**Elle entend :**
1. Il dit : « Tu acceptes de faire trop de choses. »	1. Elle entend : « Tu n'as plus assez de temps pour moi. »
Il veut dire : « Tu devrais te faire aider davantage. »	Elle pense : « Il se fiche de tout ce que je fais et ne pense qu'à lui. »
2. Il dit : « Ne t'inquiète pas. » Il veut dire : « Je t'aime et je suis là pour te soutenir si ton problème s'aggrave. »	2. Elle entend : « Tu t'inquiètes pour rien. » Elle pense : « Il se fiche bien de ce qui compte pour moi. »

3. Il dit : « Ce n'est pas si grave que ça. »

Il veut dire : « Je te fais confiance pour résoudre ce problème. Tu es tout à fait compétente, et grâce à toi tout va s'arranger. Je crois en toi. »

4. Il dit : « Tu es trop exigeante avec toi-même. »

Il veut dire : « Je te trouve merveilleuse et tu donnes tellement autour de toi. J'aime tout ce que tu fais et je pense que tu devrais recevoir plus d'aide. Je comprends que tu fasses moins attention à moi aujourd'hui. »

5. Il dit : « Si tu ne veux pas le faire, ne le fais pas. »

Il veut dire : « Tu donnes déjà trop, je trouve que c'est assez. Tu mérite de te faire plus plaisir. »

3. Elle entend : « Tu te fais encore une montagne de rien. Tu paniques, tu en fais trop. »
Elle pense : « Il se fiche pas mal de ce que je ressens. Je ne suis pas importante à ses yeux. »

4. Elle entend : « Tu ne devrais pas te ronger les sangs, tu fais des histoires pour rien. »
Elle pense : « Il ne comprend pas ce que je suis en train de vivre et pourquoi je me sens si mal. Personne ne me comprend. »

5. Elle entend : « Une personne aimante serait heureuse de donner davantage. »
Elle pense : « Il me juge égoïste et trouve que je n'ai pas le droit de me détendre et de me faire plaisir. »

50

6. Il dit : « Tu n'as pas besoin d'en faire autant. » Il veut dire : « Ce que tu fais est déjà tellement formidable pour moi que tu peux t'arrêter. »	6. Elle entend : « Ce que tu fais est inutile ; tu perds ton temps. » Elle pense : « Si ce que je fais n'a aucune valeur à ses yeux, je ne peux pas m'attendre à un soutien de sa part. »

Rien que le fait de s'efforcer de comprendre ses sentiments et ce qu'elle est en train de vivre en se mettant à sa place et en sympathisant avec elle, tout en s'abstenant d'émettre le style de commentaires ci-dessus, peut avoir sur la part féminine de votre conjointe des effets extrêmement bénéfiques.

Une femme surmenée, qui n'a ni le temps ni l'occasion de prendre soin de son côté féminin, peut ne pas avoir conscience de ce qui lui manque ; en sorte qu'elle se montre incapable de retrouver sa féminité perdue. Seule une dose importante de « nourritures émotionnelles » lui permettra d'y remédier. Tout ce qu'un homme pourra faire pour la soutenir dans sa vie affective lui servira à lâcher du lest.

Devant une femme accablée par les difficultés, un homme a la possibilité de s'adresser à son côté féminin, qui crie forcément famine.

Confronté au désarroi de sa compagne, un homme qui s'efforcera d'augmenter ses forces féminines se ralliera à la cause de la compassion et de l'intelligence. En traçant la carte de ses aspects féminins et masculins, il se donne le pouvoir de la ramener vers un équilibre et de l'entendre dire qu'elle « se sent redevenue elle-même » !

UNE COMPLÉMENTARITÉ PARFAITE

Une femme se révèle tout à fait apte à gérer le stress de la compétitivité dans sa vie professionnelle à la condition de rentrer chez elle auprès de quelqu'un qui l'aime, qui s'occupe d'elle, en un mot qui la soutient. Le pivot d'une relation enrichissante sur le plan affectif, telle qu'on en rencontre rarement sur son lieu de travail, c'est la conversation non orientée. En parlant à bâtons rompus, sans se sentir obligé d'aller au fond des choses, sans avoir à résoudre telle ou telle question, une femme se libère peu à peu de l'empire de ses forces masculines.

En devisant ainsi de manière peu suivie, en changeant de sujet au gré de son humeur, elle se fait d'autant plus de bien que celui qui l'écoute garde à l'esprit ceci : grâce à cette mise en mots, sa compagne parvient à chasser ses tracas de ses pensées.

Qu'une femme oublie les problèmes de sa journée en se les remettant en mémoire peut paraître un procédé étrange à la majorité des hommes qui en général s'en débarrassent en les taisant. Si d'aventure ils y font allusion au détour d'une discussion, c'est pour s'employer à y remédier.

Il est aussi important pour un homme de se taire, que pour une femme de parler. Cette incompatibilité apparente est en fait, comme nous allons le voir, l'expression d'une parfaite complémentarité.

Lorsqu'une femme a besoin de s'épancher, l'homme n'est pour sa part pas du tout obligé de parler. En fait, s'il s'exprime trop, il risque de l'empêcher de s'ouvrir à lui. Lorsqu'il réfléchit trop à ce qu'il va dire, son attention se détache d'elle.

Tout homme est capable d'écouter de cette manière quand on l'aborde correctement. Dire à un homme : « Tu ne m'écoutes jamais ! » ou bien : « On ne parle jamais, on devrait parler plus ! » revient à se fourvoyer. Il se sentira immédiatement accablé de reproches, agressé, et il se mettra sur la défensive.

_____

**Tout homme est capable d'écouter quand
on l'aborde d'une façon agréable
en lui montrant l'estime qu'on lui porte.**

_____

COMMENT AMENER UN HOMME À ÉCOUTER

Une des techniques de ma femme consiste tout simplement à me demander de l'écouter. Elle dira : « Oh, je suis tellement contente que tu sois rentré. J'ai eu une de ces journées ! Je peux t'en parler tout de suite ? (Pause.) Tu n'as rien besoin de me dire. (Brève pause.) Je me sentirai mieux si je vide mon sac. »

En m'invitant sur ce mode à me mettre à son écoute, elle me donne ce que je souhaite – l'occasion de lui faire plaisir – et obtient ce dont elle a le plus besoin – la possibilité de parler, de partager son vécu, d'alimenter son côté féminin.

Lorsque les femmes prennent soin du bonheur de leur partenaire masculin tout en se faisant du bien, tout le monde y gagne. Avec un peu de pratique, un homme arrivera à prêter sans effort une oreille attentive à sa conjointe. Paradoxalement, les femmes peuvent voir satisfaites leurs plus fortes exigences sans qu'il en coûte à leur mari.

Même si cette qualité d'écoute est un nouvel aspect de la vie conjugale pour les hommes, il est indéniable que des milliers d'années nous y ont préparés. Le chasseur ne devait-il pas avant tout aiguiser son ouïe pour guetter sa proie ? Dès lors qu'il prend l'habitude d'appliquer ce talent d'observation à ses relations avec sa femme, un homme peut donner à cette dernière l'attention spéciale et personnelle qu'elle trouve si merveilleuse.

L'art d'écouter une femme n'impose pas que l'on cherche des solutions ou qu'on lui donne des conseils. Au contraire, le résultat que l'homme se propose d'atteindre est d'aider sa partenaire à retrouver son équilibre masculin/féminin.

Cette nouvelle formulation lui permet de mieux connaître son objectif et lui sert de guide dans sa démarche pour offrir à sa femme ce qu'elle attend de lui : un témoignage de sympathie, et non des solutions.

Les hommes ne doivent pas oublier
qu'une femme parle de ses problèmes
non pas pour les résoudre mais pour satisfaire
le versant féminin de son psychisme.

Pour bien écouter, un homme doit savoir se rendre compte que lorsqu'une femme est contrariée et semble demander qu'on l'aide à trouver des solutions à une difficulté, elle fonctionne encore et surtout sur le mode masculin. En ne lui offrant pas de solution, il lui permet de reprendre contact avec ses puissances féminines ; et éventuellement de se sentir rassérénée. Les hommes se laissent souvent avoir et pensent que s'ils trouvent la solution désirée, leur femme sera contente.

Un homme doit se souvenir de cela en particulier lorsqu'il a l'impression qu'une femme lui en veut. Cela ne sert à rien de lui expliquer qu'elle n'a aucune raison de lui en vouloir. Même s'il a pu la décevoir d'une façon ou d'une autre, il doit se rappeler que ce dont elle se plaint en réalité, c'est qu'il n'entend pas sa voix de femme, qu'il ne va pas dans le sens de son côté féminin.

> *Face une femme mécontente, un homme doit se dire qu'elle a momentanément oublié combien il est un être merveilleux. Pour s'en souvenir, elle a besoin de se sentir écoutée.*

Alors seulement elle sera capable et même brûlera de lui montrer dans quelle estime et quelle considération elle le tient.

CE QUE LES HOMMES VEULENT VRAIMENT

De nos jours, quand un homme rentre chez lui, sa femme non seulement est épuisée mais elle est en général en manque. Souvent en manque d'amour d'ailleurs, ce dont il ne s'aperçoit même pas.

Au fond de son âme, un homme s'attend à ce que sa partenaire reconnaisse et apprécie ses efforts et dans une certaine mesure en retire du bonheur. Lorsqu'elle n'a pas l'air heureuse de le voir, un mécanisme se déclenche qui n'a rien d'insignifiant. Son désir tendre mais ardent de lui plaire, de la protéger, de s'occuper d'elle se met à battre de l'aile, pour finir souvent par s'éteindre tout à fait.

La plupart du temps les hommes ne parviennent pas à mettre le doigt sur ce processus de leur vie intérieure parce qu'ils pensent encore pouvoir satisfaire les besoins de leur femme. Pourtant plus une femme agit et réagit d'une manière qui laisse à penser qu'elle est malheureuse, plus l'homme se détache d'elle. Puisque tous ses efforts ne servent à rien, l'enchantement est rompu : la vie à deux n'a plus aucun sens pour lui.

Rappelez-vous bien ceci : ce qu'un homme veut vraiment, c'est rendre sa femme heureuse. S'il aime sa partenaire, il ne songera qu'à lui faire plaisir. Le bonheur de l'autre lui prouve qu'il est aimé en retour. La chaleur de son attitude envers lui est le miroir où il voit se refléter sa propre image sublimée.

Devant la tristesse de sa femme, un homme peut ressentir une impression d'échec et éventuellement renoncer à la contenter.

COMPRENDRE NOS DIFFÉRENCES

Le fait de comprendre ce qu'un homme veut vraiment n'entraîne pas qu'une femme se désintéresse de rechercher aussi le bonheur de son partenaire. Certes, lorsqu'une femme aime un homme, elle veut qu'il soit heureux comme elle, mais veuillez prendre note de cette différence capitale entre eux deux :

Un homme a beau se sentir stressé après une journée de travail, s'il retrouve chez lui une femme heureuse de le voir, il n'en demande pas plus. Lorsqu'il a le sentiment qu'elle apprécie ses efforts, son niveau de stress baisse ; son bonheur lui met du baume au cœur et chasse les nuages de la journée.

Toutefois, qu'une femme stressée rentre pour trouver chez elle un mari heureux, eh bien, ça ne fait pas son affaire. Bon, c'est formidable qu'il reconnaisse ses efforts pour aider à faire vivre la famille, mais elle n'en est pas moins déconcertée. Comme nous l'avons vu précédemment, elle a besoin de communiquer et de se sentir soutenue émotionnellement avant de pouvoir lui montrer qu'elle l'apprécie à sa juste valeur.

56

Un homme fait son miel de la considération qu'on lui porte parce que celle-ci stimule son côté masculin. Une femme fait son miel de ses échanges verbaux avec son mari parce que ces derniers stimulent son côté féminin.

À partir du moment où l'on a compris et admis que les hommes ont besoin d'être respectés et les femmes d'avoir des échanges verbaux, il nous est possible de construire des relations mutuellement épanouissantes.

Il vous suffit de lire un seul des chapitres ci-après, si vous suivez mes conseils, vous verrez votre vie de couple s'améliorer de façon permanente. Pour mettre à profit nos nouvelles connaissances, nous allons dans le chapitre suivant esquisser une nouvelle définition des rôles dans la vie conjugale. Tout comme pour avancer dans notre carrière, nous suivons des formations professionnelles, il nous est nécessaire de remettre nos compétences et nos savoirs en matière de conjugalité au goût du jour.

CHAPITRE 3

Une nouvelle définition des rôles conjugaux

La raison pour laquelle nous avons tant de problèmes de couple aujourd'hui, c'est que nous ne nous comprenons plus entre nous. Les hommes, en particulier, ne voient pas de quoi les femmes ont besoin pour être heureuses, et les femmes ne savent pas exprimer leurs désirs dans un langage compréhensible par l'autre sexe. Les aptitudes autrefois requises pour une vie conjugale harmonieuse sont dépassées, sinon parfois carrément contre-productives. L'examen effectué au chapitre précédent de la situation actuelle nous permet de jeter les premiers jalons d'une redéfinition de l'épanouissement et du soutien émotionnels dans le cadre des pratiques domestiques.

Autrefois, on exigeait des hommes qu'ils soient de bons pourvoyeurs de ressources et des femmes qu'elles soient d'affectueuses ménagères. Ces qualités, strictement appliquées dans la vie conjugale actuelle, loin de résoudre nos difficultés, en sont peut-être à la source. Qu'un homme moderne s'avise d'assurer un meilleur niveau de vie aux siens, et on le verra s'exténuer, passant de plus en plus de temps au travail aux dépens de ses relations avec sa femme.

En caricaturant un peu, nous pourrions dire qu'à l'époque où les hommes vivaient de la chasse, ils n'avaient aucun problème d'entente avec leur partenaire. Si d'aventure un mari rentrait tard, sa tendre moitié manifestait toujours sa joie en le voyant : elle était tout simplement contente de voir qu'il était sain et sauf !

Plus il faisait de longues heures, plus il se sentait choyé. À présent, en revanche, un retard est facilement interprété comme un signe d'indifférence. Nos aïeux avaient des relations de couple beaucoup plus faciles que les nôtres ; non seulement les hommes n'étaient jamais rejetés parce qu'ils ne rentraient pas à l'heure, mais en plus ils n'avaient même pas besoin de téléphoner avant !

D'un autre côté, les femmes ne faisaient aucune difficulté pour se montrer agréables et accommodantes lorsque leur mari rentrait à la maison, d'autant qu'il était en général éreinté et ne tardait pas à s'endormir. Mais maintenant que les hommes passent de plus en plus de temps à la maison, elles commencent à avoir l'impression de donner plus qu'elles ne reçoivent en retour. De ce point de vue, nos grands-mères menaient des existences plus faciles.

Lorsque les femmes modernes s'obstinent à se montrer toujours prêtes à rendre service avec le sourire, elles finissent par avoir l'impression d'être des martyrs qui sacrifient leur propre épanouissement sur l'autel de l'entente conjugale. Une femme qui se met aujourd'hui en tête d'utiliser ses capacités ancestrales ferait aussi bien de mettre en marche une bombe à retardement. À force de se surmener, elle finira un jour ou l'autre par exploser, incapable de contenir plus longtemps sa rancœur, son épuisement et son sentiment de ne pas être soutenue affectivement. Malgré l'amour qu'elle porte à son partenaire, elle ne pourra plus se montrer aimante. Les hommes, voyant leur conjointe malheureuse, supposent qu'ils ont failli à leur devoir de pourvoyeur de ressources et de fil en aiguille, se referment sur eux-mêmes.

Le seul antidote au désespoir et au divorce consiste à mettre en pratique les compétences requises par une nouvelle définition des rôles.

NOS PARENTS NE NOUS ONT JAMAIS DIT QUE CELA SE PASSERAIT AINSI

Si une femme se montre systématiquement aimable et arrangeante à la façon de ses ancêtres, son mari ne pourra jamais s'imaginer qu'elle a besoin d'un autre genre d'appui. Un homme n'a en général pas la moindre idée des besoins d'une femme sur le plan émotionnel. Il est trop absorbé par ses efforts pour améliorer son bien-être matériel. Lorsqu'elle se plaint, il pense tout de suite qu'elle en veut plus, et donc qu'il ne lui en donne pas assez. Ne sachant comment s'y prendre, il se replie sur lui-même. Un homme qui se sert des compétences relationnelles que lui a léguées la tradition, en voyant qu'il n'est pas apprécié à sa juste valeur par sa partenaire, réagira en en faisant moins. Il se dit que puisqu'il n'en fait jamais assez, autant ne rien faire !

Les femmes doivent mettre en œuvre de nouvelles compétences dans la vie de couple si elles veulent obtenir ce dont elles ont besoin auprès des hommes.

Quoi d'étonnant à ce que tant de femmes d'aujourd'hui désespèrent du sexe masculin ?

Les femmes des générations précédentes pouvaient à juste titre se montrer agréables, conciliantes et peu exigeantes, pour la bonne raison que les hommes étaient bien éduqués et connaissaient leur travail. Elles n'avaient pas besoin de demander qu'on les aide ou d'apprendre à communiquer leurs vœux aux hommes puisque ces derniers avaient reçu de leur père et de tout leur environnement culturel un mode d'emploi précis. Une femme n'était pas obligée de former son partenaire ; elle pouvait se contenter d'admirer ses efforts et de lui pardonner ses erreurs.

EN FAIRE MOINS TOUT EN SOUTENANT PLUS

Lorsqu'une femme fait part à un homme de ce qui la tracasse, il suppose qu'elle lui demande de l'aider à trouver des solutions à ses problèmes. Si bien qu'à la seule pensée qu'il doit en faire plus, il a l'impression de ne pas en faire assez. Se sentant atteint dans sa dignité, il ne trouve plus ni l'énergie ni la motivation pour persévérer.

Quand un homme a compris que ce n'est pas des conseils ou sa participation aux travaux ménagers que sa femme lui demande, mais surtout de lui prêter une oreille attentive lorsqu'elle a envie de parler et de trouver auprès de lui un appui affectif, alors seulement, il peut se détendre et se mettre à écouter vraiment.

Lorsqu'une femme parvient à faire comprendre à son conjoint qu'il peut en faire moins et l'aider davantage en l'écoutant, il finira par trouver en lui de nouvelles sources d'énergie et se mettra à s'occuper plus de la maison. Dès qu'un homme prend conscience d'un problème, il se sent poussé par une force obscure à y remédier. Lorsqu'on lui dit que c'est lui le problème et qu'il faut qu'il se remue un peu, toutes ses forces le quittent et il se montre extrêmement réticent.

Alors que les femmes veulent que les hommes en

fassent plus, les hommes veulent avoir l'impression d'en faire assez. Dans un couple, la meilleure méthode est de s'assurer tout d'abord de l'existence d'une bonne communication, l'homme pouvant dès lors sentir que sa partenaire lui est reconnaissante de se montrer si apte à la comprendre et à se mettre à sa place. Et à force de l'écouter et de voir qu'elle admire sa façon de la soutenir, il finira comme par magie par mettre la main à la pâte.

Pour obtenir ce dont elles ont besoin auprès des hommes, les femmes doivent apprendre à dire leurs désirs sans rien demander ni montrer du doigt. Dans la plupart des cas, comme nous le verrons, une femme peut se trouver très heureuse avec un homme qui en fait moins tout simplement parce qu'il la soutient d'une manière différente, en conformité avec les nouvelles règles sur la relation de couple dont l'efficacité est incontestable. Une fois qu'un homme a intériorisé ce concept, il sera beaucoup plus motivé pour se lancer dans l'action.

Une partie de la frustration masculine vient du fait que lorsqu'une femme en veut plus, il en déduit à tort qu'il doit être à ses ordres. Il ne se rend pas compte qu'il lui suffit de faire de petites choses dans la maison, tout en établissant une meilleure communication avec elle, et elle sera infiniment plus heureuse.

Une fois que le processus est enclenché, c'est avec un bonheur croissant que les deux partenaires se donnent et reçoivent un soutien réciproque, c'est-à-dire ce dont la femme moderne a le plus besoin, et ce qu'un homme désire vraiment.

Aujourd'hui on ne catégorise plus comme autrefois les rôles de l'homme et de la femme dans le couple.

Afin de mieux saisir les modes de comportement qui alimentent notre côté masculin et notre versant féminin, retournons à l'époque où l'homme faisait vivre seul sa famille et où la femme était exclusivement au foyer. Les conventions religieuses et sociales favorisaient les différences entre les hommes et les femmes, en particulier en leur assignant des rôles bien définis. Cette division du travail s'est perpétuée pendant plusieurs millénaires, jusqu'à la génération de nos parents.

La journée d'un chasseur était semée de toutes sortes d'embûches. Il avait pour principale ambition de protéger les siens et de ramener du gibier à la maison. La vie de sa famille dépendait de sa compétence, de son assurance, de son agressivité et de son habileté. Si bien que les membres du sexe masculin se sont adaptés pour supporter la pression considérable de ce « travail d'homme ».

La journée d'une femme au foyer s'écoulait ponctuée de tâches répétitives et minutieuses sans lesquelles ni ses enfants, ni sa famille, ni sa communauté n'auraient survécu. La vie des siens dépendait de ses aptitudes à communiquer, à négocier, à concilier, à coopérer. Les membres du sexe féminin se sont de même adaptés pour supporter le stress de ce « travail de femme ».

Aujourd'hui, les frontières entre travail d'homme et travail de femme sont de plus en plus floues. En ne catégorisant plus les rôles dans le couple de façon aussi rigide, on crée une plus grande liberté, mais on produit aussi un stress d'un genre inédit. Et c'est en comprenant mieux, et en respectant, la manière dont nos ancêtres géraient leur propre stress, que nous serons mieux armés pour nous soutenir les uns les autres au cours de cette transformation.

COMMENT NOS ANCÊTRES FAISAIENT FACE

Sur le plan physique, au fil des millénaires, notre cerveau et notre corps ont évolué afin de s'adapter aux tensions engendrées par le travail masculin comme par le travail féminin. Et voilà que le mode de vie moderne est en passe de jeter aux oubliettes ces rôles façonnés au fil des siècles, sans nous laisser le temps de réaliser notre adaptation psychologique à cette nouvelle situation en développant des mécanismes appropriés.

Le premier mécanisme antistress de la femme est l'échange verbal. Pour la femme au foyer traditionnelle, parler de manière peu suivie, en changeant de sujet de conversation, tout en donnant et en recevant de la sympathie, était indispensable à sa tranquillité d'esprit et engendrait un sentiment de sécurité et d'appartenance. Il y a des années, les femmes qui avaient des enfants étaient beaucoup plus vulnérables et dépendantes de la bonne volonté de leur entourage. Avant les mesures de protection sociale, l'affirmation des droits de la femme et l'ouverture des portes des universités au sexe féminin, elles étaient obligées de compter sur les autres pour leur sécurité. Si leur mari les quittait ou mourait, elles dépendaient alors de leur famille et de la collectivité, de sorte qu'il était dans leur intérêt de maintenir avec leur entourage des liens puissants. Et c'est la parole qui leur permettait d'entretenir ce réseau d'entraide dont l'existence les rassurait. Dès lors, quand une femme moderne qui se sent contrariée se met à parler, on doit garder à l'esprit qu'elle retrouve d'instinct ce mécanisme de défense que lui ont transmis ses ancêtres.

POURQUOI LES FEMMES ONT BESOIN DE PARLER
DE LEURS PROBLÈMES

Il était jadis monnaie courante que les femmes au foyer parlent ensemble de leurs problèmes, non pas pour demander aide et conseils, mais pour avoir l'impression de s'inscrire dans un circuit d'appartenance à une collectivité. Le but ne consistait pas tant à trouver une issue à des difficultés, que de faire fonctionner l'esprit de solidarité.

Les femmes se soutenaient les unes les autres de façon inconditionnelle, sans rien se demander ni s'offrir en retour. Ce partage de type associatif renforçait les relations au sein de la communauté et assurait à la femme et à ses enfants le vivre et le couvert au cas où le malheur la précipitait dans le veuvage.

Discuter de ses problèmes, confier ses sentiments, énoncer ses désirs, tout cela se mua en un rituel féminin visant à renforcer l'intimité et à montrer sa loyauté envers la communauté. De nos jours, quand une femme rend visite à un conseiller matrimonial, c'est en fait un soutien de cette nature qu'elle cherche. La plupart des conseillers et des thérapeutes, soit dit en passant, sont là davantage pour vous écouter attentivement que pour trouver une solution à vos problèmes. Et c'est en cela qu'ils aident considérablement les femmes à gérer le stress au quotidien.

En parlant et en se sentant comprise séance après séance, une femme finit par avoir l'impression qu'on répond à ses besoins émotionnels et que le poids de ses difficultés s'allège. Une fois qu'elle est capable de se détendre et de procéder avec plus de calme, elle peut commencer à s'atteler à les résoudre.

LORSQUE LES HOMMES DONNENT DES CONSEILS

Les hommes sont incapables de comprendre cela d'instinct et, contrairement aux thérapeutes, ils ne sont pas formés à cette forme d'écoute étayée par un soutien affectif. Lorsqu'une femme s'ouvre à eux, ils pensent a priori qu'elle cherche un moyen de se sortir de ses ennuis, et ils lui proposent aide et conseils.

Prenons par exemple un pompier. Quand il reçoit un appel, il cherche à évaluer la gravité de l'incendie, puis à le localiser aussi rapidement que possible pour pouvoir l'éteindre dans les plus brefs délais. Il ne fait pas partie de son protocole de poser toutes sortes de questions annexes ni de faire part de sa sympathie.

Imaginez la scène. Un pompier dit à celui qui vient d'appeler pour signaler un feu : « Ça brûle ? Quelle horreur ! Vous ne vous sentez pas trop mal ? Vraiment ? » De toute évidence, ce genre de propos serait tout à fait déplacé.

Lorsqu'un homme s'impatiente en écoutant une femme parler, ce n'est pas parce qu'il ne tient pas à elle ; mais plutôt parce que chaque fibre de son corps est en train de hurler : s'il y a le feu, il faut sortir d'ici et l'éteindre tout de suite ! En effet, si problème il y a, de son point de vue, il ne faut pas se contenter d'en parler : il faut agir.

L'homme moderne doit se rendre compte que la femme moderne a avant tout besoin de mettre en mots son désarroi sans pour autant essayer de remédier à la situation qui l'a engendré. En réagissant avec empathie, sympathie et compréhension, il veillera à alimenter son côté féminin de sorte qu'elle puisse se débarrasser de l'impression d'être submergée.

Rien que par la qualité de son écoute, un homme fait oublier à une femme ses problèmes et lui rappelle qu'il est digne de son amour.

Lorsqu'une femme est malheureuse et se plaint tout haut, un homme doit bien garder en tête que ce n'est pas lui mais la société actuelle qui exige d'elle le stress simultané d'une double carrière, à la maison et au bureau. Fort de savoir qu'il n'est pas à l'origine de sa tristesse, il se sentira moins coupable quand il la voit ainsi contrariée. Cette prise de conscience lui permet d'aller à la rencontre de l'autre plutôt que de rester campé sur des positions défensives.

COMMENT LES HOMMES GÈRENT LE STRESS

Les hommes ne gèrent pas le stress de la même façon que les femmes. Par exemple, en se fixant des objectifs simples, comme conduire leur voiture, taper dans une balle de tennis, une balle de golf ou autre, ils font le tri dans leurs pensées et inquiétudes, mettent au clair l'agenda de leurs aspirations et de leurs priorités, bref ils développent un plan d'action. Cela leur donne un sentiment de sécurité.

N'oubliez pas qu'un chasseur doit sa survie à la lenteur et au calme de ses mouvements avant la mise à mort de la bête. Grâce à ses compétences à la chasse — donc à son aptitude à agencer des problèmes — il assure la sécurité des siens. Ainsi c'est l'esprit du chasseur, enfoui dans les replis du subconscient de l'homme moderne, qui se trouve rassuré lorsqu'il lance une boulette de papier dans une corbeille à l'autre bout de la pièce.

Dès qu'un homme a l'impression qu'il peut traduire ses sentiments en actions, il lui semble qu'il a la situation en main. Rien que de marcher de long en large quand il est préoccupé peut le soulager, un peu comme une femme quand elle parle. En ayant des idées plus claires sur leurs différences, les hommes et les femmes d'aujourd'hui peuvent s'épauler avec plus d'efficacité.

S'ASSEOIR EN SILENCE SUR SON ROCHER

Depuis toujours, les hommes ont géré les difficultés de la vie au moyen d'une patiente et muette réflexion menant à des solutions. Le chasseur des temps préhistoriques s'asseyait sur son rocher pour scruter silencieusement l'horizon, l'œil et l'oreille à l'affût d'une proie, ou parcourant du regard la plaine à la recherche d'une cible, étudiant sa trajectoire, calculant l'angle d'attaque.

Toute cette procédure : l'attente tranquille, la préméditation, le calcul, le plan, tout cela lui permettait de ménager ses forces pour l'inévitable chasse. En se concentrant sur le but à atteindre – la solution –, il s'empêchait de songer à sa peur d'être attaqué ou de rater son affaire. Et lorsqu'il rentrait chez lui, fier de sa prise, il était un homme heureux, libéré de l'angoisse.

Les femmes gèrent le stress en partageant des relations humainement enrichissantes, les hommes en agençant des problèmes.

POURQUOI LES HOMMES REGARDENT LA TÉLÉVISION

Lorsqu'un homme moderne rentre chez lui, il n'est pas rare de le voir s'installer dans son fauteuil préféré soit pour lire le journal soit pour regarder la télé. Comme l'ancien chasseur qui a besoin de se remettre des tensions de la journée, il cherche d'instinct un rocher pour s'asseoir et contempler l'horizon.

En lisant ou en écoutant les nouvelles, il est en fait occupé à scruter le monde autour de lui. En s'emparant de la télécommande pour zapper d'une chaîne à l'autre, ou en tournant les pages de son journal, il se sent de nouveau maître de la situation : il poursuit silencieusement sa chasse furtive.

En retrouvant son ancienne position, il se détend peu à peu. Son sentiment de sécurité émergera automatiquement à un moment ou à un autre. Son impression d'avoir le contrôle de la situation lui permet de gérer le stress qu'engendre la douloureuse conscience de ne pas tenir de solutions immédiates aux problèmes de sa vie.

Grâce à ce rituel ancestral, il oublie provisoirement ses tracas de bureau et éventuellement se trouve prêt à engager une relation avec sa compagne.

LORSQUE LES FEMMES NE COMPRENNENT PAS LES HOMMES

Lorsqu'un homme aujourd'hui tente de satisfaire son besoin de solitude, il se heurte en général à l'incompréhension féminine. Sa partenaire pense à tort qu'il s'attend à ce qu'elle prenne l'initiative de la conversation. Elle suppose qu'il guette un signe d'elle montrant qu'elle voit qu'il a des ennuis. Elle croit qu'il veut qu'elle lui demande ce qui le tient en souci. Elle ne se rend pas compte qu'il a juste besoin d'un peu de tranquillité.

Lorsqu'elle insiste avec ses questions, il devient de plus en plus irritable et essaie de lui faire comprendre par des signes qu'il a envie d'être un peu seul, mais elle les interprète de travers. Voici un schéma banal de malentendu.

Elle dit :   Il dit :

1. Elle dit : « Comment s'est passée ta journée ? »
Sous-entendu : « Parlons un peu, ce que tu as fait aujourd'hui m'intéresse. Et j'espère que tu t'intéresses aussi à ce que j'ai fait. »

1. Il dit : « Très bien. »

Sous-entendu : « Je ne t'en dis pas plus parce que j'ai besoin d'être seul un moment. »

2. Elle dit : « Comment s'est passée ta réunion avec ton nouveau client ? »
Sous-entendu : « Je vais te poser des questions pour te montrer que je m'intéresse vraiment à toi. J'espère que tu t'intéresses aussi à la journée que j'ai passée. J'ai beaucoup de choses à te raconter. »

2. Il dit : « Pas mal. »

Sous-entendu : « J'essaie de te faire comprendre poliment sans te rejeter que je veux que tu arrêtes de m'embêter avec tes questions. »

3. Elle dit : « Ils ont aimé ton projet ? »
Sous-entendu : « C'est sûrement dur pour toi d'en parler, alors je te pose une question neutre pour commencer. C'est pas grave si tu as du mal à démarrer. Je suis ici pour t'écouter. Je sais que tu seras content de parler, et ensuite tu m'écouteras. »

3. Il dit : « Oui. »

Sous-entendu : « Écoute, je n'ai pas envie de parler maintenant. Tu ne peux pas me laisser un peu seul ? Tu me casses les pieds à la fin. Tu ne vois pas que je veux être tranquille ? Si je voulais parler, je parlerais. »

70

4. Elle dit : « Qu'est-ce qui ne va pas ? »
Sous-entendu : « Qu'est-ce que tu me caches, je vois bien que tu es mécontent. Tu peux me parler. Je t'écouterai. Je tiens à toi. Je suis sûre qu'en t'exprimant, tu te sentiras mieux. »

4. Il dit : « Mais rien, tout va très bien. »
Sous-entendu : « Rien dont je ne peux m'occuper moi-même tout seul. Dans un moment, j'oublierai mes problèmes et je serai disponible pour toi. Alors ne t'occupe pas de moi pour l'instant, et ensuite je serai à ta disposition. Il faut juste que je change de vitesse. »

5. Elle dit : « Je vois bien que ça ne tourne pas rond. Qu'est-ce qui se passe ? »
Sous-entendu : « Je vois que quelque chose cloche et si tu ne me le dis pas, ce sera encore pire. Tu as besoin de parler ! »

5. Il ne dit rien, se lève et sort.

Sous-entendu : « Je n'ai pas l'intention de me mettre en colère, alors je m'en vais. Quand je reviendrai tout à l'heure, je ne t'en voudrai pas de m'avoir cassé les pieds. »

COMMENT LES FEMMES RÉAGISSENT LORSQUE LES HOMMES N'ONT PAS ENVIE DE PARLER

Inévitablement, lorsque d'une part l'homme est réticent à engager une conversation et que d'autre part la femme ne comprend pas qu'il a besoin d'être seul pour récupérer après sa journée de travail, chez cette dernière la méprise tend à se muer en panique.

Voici plusieurs exemples de ces mauvaises interpré-
tations :

Elle pense que :	Elle réagit en :
1. Elle pense que leur relation bat de l'aile et qu'il n'a pas envie d'être avec elle.	1. Elle réagit en se sentant rejetée et, pour chasser les nuages, insiste pour discuter de leur relation.
2. Elle pense qu'il ne la croit pas capable de comprendre ce qu'il ressent.	2. Elle réagit en posant une foule de questions bien intentionnées et en essayant de montrer qu'il compte pour elle. Il peut lui arriver de se sentir frustrée lorsqu'il repousse son aide.
3. Elle pense qu'il doit lui en vouloir pour une raison ou une autre.	3. Elle réagit en ayant l'impression de ne pas être à la hauteur et de ne plus savoir où elle en est.
4. Elle pense qu'il n'a pas envie de parler parce qu'il lui cache quelque chose qui pourrait lui faire de la peine.	4. Elle réagit en se torturant à l'idée de ce qu'il peut bien lui cacher.
5. Elle pense qu'il est égoïste et ne s'occupe que de lui sans songer à elle.	5. Elle réagit en doutant de son amour pour elle.
6. Elle pense qu'il cherche à la punir en la privant d'affection et d'attention.	6. Elle réagit en se mettant en colère et en le privant d'affection et d'attention.

7. Elle pense qu'il ne la trouve pas à la hauteur.	7. Elle réagit en lui en voulant de ne pas apprécier les efforts qu'elle fait pour lui.
8. Elle pense qu'il est tout simplement paresseux.	8. Elle réagit en lui en voulant parce qu'elle donne tellement plus que lui.
9. Elle pense qu'il ne s'intéresse plus à elle.	9. Elle réagit en se sentant rejetée, solitaire et incapable d'obtenir le soutien dont elle a besoin. Elle peut aussi avoir l'impression d'être peu séduisante, ennuyeuse et qu'elle ne mérite pas d'être aimée.
10. Elle pense qu'il a peur de se rapprocher d'elle à cause d'une enfance traumatisante et qu'il a besoin d'une thérapie.	10. Elle réagit en se sentant incapable d'obtenir le soutien dont elle a besoin avant sa guérison.
11. Elle pense qu'il lui cache quelque chose.	11. Elle réagit en ayant peur d'avoir mal agi ou peur qu'il ait mal agi.
12. Elle pense qu'elle s'est trompée en l'épousant.	12. Elle réagit en ayant l'impression que les autres hommes ne sont pas comme lui et rêve d'un partenaire plus sensible et plus communicatif.

Dans chacun de ces exemples, la réaction féminine est provoquée par un malentendu de départ. Alors qu'une femme qui cherche à retrouver une bonne entente avec son conjoint doit commencer par comprendre leurs différences et à accepter le besoin d'espace de l'autre. Comme nous le verrons par la suite, cela ne signifie pas qu'elle doit sacrifier son propre besoin de parler. Ce qu'il faut, toutefois, c'est qu'elle s'y prenne au bon moment.

LORSQUE LES HOMMES SE DÉROBENT

Une femme qui apprend à remettre à plus tard ses propres exigences, donnant ainsi à son partenaire le temps de changer de vitesse et de passer de sa vie professionnelle à sa vie privée, prépare pour ainsi dire la terre afin que puisse y refleurir son amour pour elle. À force de bénéficier de ce soutien affectif, il finit par l'anticiper. La seule perspective de rentrer chez lui provoque chez lui une réaction de détente. Et plus sa femme lui apporte son aide morale, moins il se sent enclin à se dérober.

À défaut de mettre en pratique ce nouveau savoir, une femme empêche sans s'en apercevoir son partenaire masculin de réussir à passer du monde du travail à l'intimité du foyer. En lui demandant son attention ou en réagissant négativement à son besoin de solitude, elle peut le mettre dans l'impossibilité de se détendre assez pour reprendre une relation avec elle. Et si la spirale se prolonge, il risque de ne plus être en contact avec ses propres sentiments et d'aller jusqu'à croire qu'il n'aime plus sa femme.

Qu'un homme rentre chez lui pour trouver une femme assoiffée d'attention, et il se dérobera de plus belle.

74

Plus il se sentira sous pression pour parler ou « entrer en communication », plus il aura besoin de se retirer et de se détendre. Il ne sera en mesure d'oublier les tracas de sa vie professionnelle qu'à partir du moment où il n'aura plus l'impression d'être harcelé par sa compagne.

Lorsqu'un homme rentre à la maison auprès d'une femme qui ne demande rien, il est libre de prendre le temps de se laisser un peu aller. Un mécanisme se déclenche alors en lui qui lui permet de changer de rythme et de s'ouvrir à celle qui partage sa vie pour lui donner l'amour qu'elle mérite.

Des milliers de femmes, littéralement, ont appliqué cette méthode avec un succès qui tient du miracle, puisqu'elle a transformé leur couple.

Quand on n'attend rien d'un homme,
automatiquement il a envie de donner plus.

LORSQUE LES HOMMES NE COMPRENNENT PAS LES FEMMES

S'il voit sa femme bouleversée, un homme pense à tort qu'elle a, tout comme lui, besoin pour se remettre de passer un peu de temps toute seule. Il aura tendance à la laisser le plus tranquille possible pour la bonne raison que, à sa place, c'est ce qu'il voudrait. Alors que de ne pas faire attention à elle est en réalité la pire des stratégies.

Même s'il l'interroge sur l'origine de son trouble, il y a de fortes chances pour qu'il interprète de travers ce dont elle a vraiment besoin. Examinons ce schéma courant.

Tom dit à Mary : « Qu'est-ce que tu as ? Tu en fais une tête. »

Mary répond : « Oh, c'est rien, rien du tout. »

Sous-entendu : « Rien du tout pour toi si tu t'en

fiches. Sinon, je compte sur toi pour continuer à me poser des questions. »

Tom se contente cependant d'un « bon », puis il s'éloigne. Sous-entendu : « Ça ne me dérange pas que tu n'aies pas envie d'en parler. Je comprends que tu aies besoin que je te laisse un peu d'air. Je te montre mon appui en me conduisant comme si de rien n'était. J'ai confiance en toi. »

Tom, comme on le constate, pense qu'il lui apporte le soutien affectif nécessaire. Il est à mille lieues de penser qu'il s'est complètement fourvoyé. La majorité des hommes raisonnent comme Tom, alors que presque toutes les femmes comprendraient d'instinct qu'en disant : « Oh, rien du tout », Mary appelait en fait d'autres questions pour s'autoriser à s'ouvrir à lui. Les « Oh, c'est rien » d'une femme indiquent en général qu'il y a anguille sous roche et qu'elle a en réalité besoin d'une oreille attentive. Elle veut qu'on l'interroge afin d'ouvrir la vanne au flot de ses confidences.

Nous allons maintenant étudier d'autres erreurs communes dont les hommes se rendent coupables vis-à-vis des femmes.

1. Il demande : « Tu veux me parler de quelque chose ? »	1. Elle répond : « Non » mais en réalité elle veut dire : « Oui, et si tu m'aimais vraiment, tu me poserais d'autres questions. »
2. Il demande : « Tu veux de l'aide ? »	2. Elle répond : « Non, je peux me débrouiller toute seule », mais elle veut dire : « Oui, et si veux vraiment m'aider, alors regarde ce que je fais et mets la main à la pâte. »

76

3. Il demande : « J'ai fais un truc qui ne te plaît pas ? »

3. Elle répond : « Non », alors qu'elle veut dire : « Oui, et si tu as envie d'arranger les choses, tu peux me poser d'autres questions. »

4. Il demande : « Tout va bien ? »

4. Elle répond : « Oui », mais veut dire : « Non, et si tu veux vraiment comprendre ce qui ne va pas, tu me poseras d'autres questions sur ce qui me préoccupe. »

Dans chacun de ces exemples, la femme met son compagnon à l'épreuve pour voir si elle peut sans danger lui ouvrir son cœur. S'il comprend ses sous-entendus, alors elle se sent d'une part libre de partager avec lui ses sentiments et d'autre part prête à recevoir son soutien.

En l'absence d'une définition des rôles claire et nette, il ne sait pas ce qu'on attend de lui dans ces moments-là et il est rare qu'il ait la réaction appropriée : en général il s'en va en se disant que c'est ce qu'il y a de mieux à faire.

LORSQUE LES FEMMES PARLENT DE LEURS ÉMOTIONS

Quand enfin, après une période où elle avait l'impression que son compagnon ne faisait pas attention à elle, une femme arrive enfin à s'épancher auprès de lui, un autre malentendu risque de se dresser entre eux. Le plus souvent, il interprète mal ses doléances et pense qu'il ne lui offre pas un bien-être matériel suffisant, alors qu'en réalité, ce dont elle a besoin, c'est de son appui émotionnel. Prenons quelques exemples parmi les cas les plus banals.

Elle se plaint de :	**Il comprend à tort :**
1. Lorsqu'elle se plaint de la maison, elle a juste besoin de partager ses frustrations et d'être écoutée.	1. Il croit qu'il doit gagner plus d'argent pour qu'ils achètent une plus grande maison qui la rendra enfin heureuse.
2. Lorsqu'elle se plaint de son travail, tout ce qu'elle veut, c'est parler des événements de la journée et reprendre contact avec son partenaire.	2. Il croit qu'il doit gagner plus d'argent pour qu'elle ne soit pas obligée de travailler, et qu'à cette seule condition elle sera heureuse.
3. Lorsqu'elle se plaint d'avoir trop à faire dans la maison, elle cherche en général à faire compatir son conjoint à son sentiment d'être surmenée et lui demande un peu d'aide.	3. Il pense qu'il doit soit payer une aide ménagère, soit devenir sa bonne, et qu'à cette seule condition elle sera heureuse.
4. Lorsqu'elle se plaint du temps ou d'autres problèmes auxquels personne ne peut rien, elle est en général en quête d'un peu de sympathie pour ce qu'elle a traversé.	4. Il commence à se dire qu'il doit gagner plus d'argent et déménager sous des cieux plus cléments s'il veut la rendre heureuse.

5. Lorsqu'elle se plaint qu'il travaille trop, elle lui exprime en fait son regret de ne pas le voir assez et souhaite qu'ils passent plus de temps ensemble.

5. Il pense qu'il doit gagner plus d'argent pour se ménager plus de temps libre, et qu'à cette seule condition elle sera heureuse.

Dans chaque cas décrit ci-dessus, lorsque sa compagne est contrariée, l'homme ressent une nécessité d'ordre profondément instinctif : il doit travailler plus dur afin d'améliorer le bien-être matériel du couple. Cette force obscure qui le pousse à la réussite professionnelle l'enlève encore davantage à la relation de couple. Et quand, une fois qu'il a rempli son contrat ou qu'il s'est employé à résoudre ses problèmes, elle se montre toujours triste ou insatisfaite, alors sa frustration redouble d'intensité à la pensée qu'il n'arrivera jamais à la rendre heureuse. Pour atténuer sa souffrance, il se met en devoir d'éteindre la flamme de son amour pour elle.

POURQUOI LES HOMMES RÉPUGNENT À S'ENGAGER DANS UNE RELATION DE COUPLE

Ce même principe s'applique aux célibataires de sexe masculin. Quand ils ne parviennent pas à séduire la femme de leurs rêves, ils ont l'impression qu'il leur faut gagner encore plus d'argent. Au lieu d'admettre qu'ils doivent développer de réelles compétences relationnelles, ils deviennent obsédés par leur carrière.

Certains font une croix sur le mariage parce qu'ils se disent qu'ils n'arriveront jamais à gagner assez d'argent, ou ont l'impression qu'ils devront trop sacrifier pour ce faire. D'autres réussissent à conquérir la femme aimée, mais ils craignent de s'engager dans une relation parce qu'ils n'ont pas des revenus assez élevés.

Jackie et Dan sont un exemple extrême de ce type de fonctionnement. Ils vivaient ensemble depuis neuf ans. Elle souhaitait se marier, mais lui non. Il lui jurait qu'il l'aimait, mais que quelque chose en lui l'empêchait de l'épouser. Il prétendait ne pas être sûr. Puis, un soir, au cours d'une discussion à propos d'un film qu'ils venaient de voir, elle avait lancé : « Je t'aimerai même si nous devions toujours être pauvres ! »

Le lendemain, il sortait acheter une alliance.

Tout ce que Dan attendait, c'était un message de Jackie lui assurant qu'il n'avait pas besoin de gagner des fortunes pour la rendre heureuse. Dès lors, il était tout à fait prêt à s'engager dans une vraie relation de couple. Comme la majorité des hommes, Dan ne s'en est estimé capable qu'à partir du moment où il a été persuadé que le soutien matériel qu'il était apte à fournir suffisait au bonheur de sa partenaire.

Naturellement, tous les hommes ne sont pas obsédés par l'argent, mais tous ont besoin de savoir qu'ils sont capables de rendre une femme heureuse avant de s'engager. Les nouvelles techniques relationnelles que je propose doivent les aider à se rendre compte que, quels que soient leurs revenus, ils ont la possibilité d'apporter à une femme le soutien affectif nécessaire au bonheur de celle-ci.

POURQUOI LES HOMMES SONT OBNUBILÉS PAR LEUR TRAVAIL

Lorsqu'un homme souffre à l'idée que sa famille est malheureuse, il s'évertue instinctivement à parfaire sa réussite professionnelle. Il s'en préoccupe en fait tellement qu'il ne se rend plus compte qu'il n'est pratiquement plus jamais chez lui. À ses yeux, le temps passe comme un éclair ; mais à ceux de sa compagne il paraît beaucoup plus long, ce temps, qu'elle passe en grande partie à l'attendre. Il ne se rend pas compte que de nos jours, sa présence à la maison est au moins aussi importante que ses succès dans sa carrière.

Plus un homme est stressé par son travail, plus il s'acharne à résoudre ses problèmes. Dès lors il lui devient très difficile de se détacher de ses préoccupations professionnelles pour se focaliser sur ses relations avec sa compagne. Il en arrive parfois à être tellement polarisé qu'il oublie tout le reste et, sans même s'en apercevoir, néglige sa femme et ses enfants.

Un peu comme si, regardant par un tunnel, il ne sélectionnait que ce qui pouvait lui servir à atteindre son objectif. Il n'a pas conscience de se fermer à ceux qui lui sont chers à force de vouloir à tout prix surmonter des difficultés d'ordre matériel. À ces moments-là, il a oublié provisoirement tout ce qui compte vraiment dans sa vie. Il ne voit pas qu'il est en train de repousser les gens qu'il aime le plus au monde.

LORSQU'UN HOMME NÉGLIGE SA FAMILLE

Lorsqu'un homme se retire de toute relation d'intimité pour se concentrer uniquement sur ses problèmes professionnels, il n'est pas facile à sa partenaire d'admettre qu'il s'agit d'une réaction d'ordre mécanique. Elle considère son attitude comme une manifestation délibérée de froideur et d'indifférence, pour la simple raison que si, comme lui, elle devait ne plus penser qu'au travail et négliger sa famille, ce serait en effet le fruit d'une décision mûrement réfléchie et, dans la plupart des cas, le signe qu'elle s'est vraiment détachée affectivement des siens.

Mais si un homme s'investit totalement dans sa carrière, ce n'est pas parce qu'il a décidé de ne plus s'occuper de sa famille. Il est tout bonnement trop distrait par la course à la réussite pour le faire. Il ne se dit pas : je vais faire exprès de ne pas aller chercher ma fille à l'école ; cet oubli n'est qu'un effet secondaire de son obsession du travail. Cela ne signifie pas qu'il n'aime plus les siens. À la limite, cette absence peut être interprétée non comme une manifestation de son indifférence, mais comme le signe qu'il n'arrive pas à gérer son stress.

Cette même tendance à ne plus voir que son objectif aux dépens du reste pousse un homme à remettre au lendemain des choses qu'il est au demeurant tout à fait prêt à faire. Combien de fois arrive-t-il qu'une femme demande à son conjoint un service qu'il a l'intention de lui rendre, mais qui lui sort totalement de l'esprit ? Comme, pour elle, un pareil oubli ne peut venir naturellement, elle suppose à tort qu'il essaie délibérément de se débarrasser d'une corvée en l'ajournant.

Un homme d'aujourd'hui ne peut pas partir le matin tuer du gibier comme ses aïeux et rentrer le soir fêter son retour victorieux. Sa vie est beaucoup plus complexe. Cela peut lui prendre des mois rien que pour emporter un contrat – une forme moderne du trophée de chasse. Et pendant tout ce temps, il ne songera qu'à ce problème, que ce soit au bureau, à la maison, jusque dans son sommeil. Il se rappelle le moindre détail jalonnant le sentier de la guerre, mais oublie systématiquement de rapporter du lait à la maison, même si sa femme a pris soin de le lui rappeler cent fois.

En suivant sa pente naturelle, c'est-à-dire en se laissant entièrement absorber par son travail, l'homme produit l'effet inverse de celui qu'il souhaite. Non seulement il nuit au bien-être de sa femme, mais aussi au sien propre. Tant qu'il n'appliquera pas de nouvelles techniques relationnelles et ne prendra pas soin de la vie affective de sa partenaire, ses instincts continueront à le pousser vers le surinvestissement professionnel dès qu'il se sentira mécontent ou frustré.

L'homme a en gros trois moyens qui lui permettent de changer de vitesse en passant du monde du travail à l'univers du couple. À des degrés divers, ces trois moyens doivent être appliqués tous les trois en même temps.

1. La réussite

Plus un homme sent qu'il réussit dans ce qu'il entreprend quand il quitte son travail, plus il lui est aisé d'oublier ses problèmes en rentrant chez lui et de profiter de sa relation avec sa partenaire. Une bonne journée au bureau équivaut à une bonne chasse : il peut rentrer chez lui et se détendre. Lorsqu'un homme ne réussit pas aussi bien qu'il le souhaiterait, ou qu'il pense qu'il le devrait, les deux moyens suivants prennent alors plus d'importance.

2. La distraction

Pour oublier les tracas de la journée, il se distrait en s'installant sur son rocher préféré pour regarder la télévision, lire le journal, écouter de la musique, ou bien il va au cinéma ou se livre à n'importe quelle activité qui provoque une autre sorte de concentration.

Un autre moyen de changer de vitesse en se distrayant consiste à pratiquer un sport. Ainsi son attention se focalise sur l'exercice physique, lequel peut aller d'un effort violent comme la musculation à la marche à pied toute simple. Pour libérer son esprit des préoccupations du bureau, il a besoin de se lancer un nouveau défi qui exige de lui une grande concentration.

Un homme oublie ses difficultés réelles en s'appliquant à résoudre d'autres problèmes, de préférence faciles ou sans conséquence. C'est pourquoi les jeux de société, les casse-tête de tous poils, le bricolage, le sport – derrière son petit écran –, les nouvelles télévisées, etc. comptent parmi les plus employés des réducteurs de stress. Lorsqu'il envisage des solutions aux drames de notre époque ou invente des stratégies pour faire gagner son équipe de foot ou de basket favorite, un homme se sent de nouveau compétent et prêt à affronter les orages de la vraie vie.

Dépourvu de hobby, un homme peut ne jamais parvenir à se dégager de l'obsession et du stress du travail.

S'adonner à un hobby permet à un homme d'oublier les problèmes les plus pressants de sa vie professionnelle.

Encourager un homme à puiser dans ses puissances féminines pour parler de ses tracas ou s'attendre à ce qu'il le fasse de lui-même revient dans la majorité des cas à contrecarrer sa nature profonde. Parfois le fait de mettre en mots ses préoccupations avant d'être tout à fait détendu augmente son stress en réveillant son besoin de trouver une solution à ses problèmes, avec tout le cortège de frustrations, de déceptions et d'anxiétés attaché à ce processus.

Avant tout, un homme doit mettre de côté ses difficultés s'il veut avoir l'impression d'avoir quelque chose de positif à offrir. Il se rappellera alors ce qui pour lui a le plus d'importance – sa femme et ses enfants, ou son désir d'en avoir. Ce changement d'objet de focalisation lui est aussi essentiel pour se ressourcer.

3. Le sentiment d'être apprécié à sa juste valeur

Le troisième moyen de changer de vitesse en rentrant chez soi après une journée de travail, c'est de se réjouir à la seule pensée du soutien que l'on va recevoir de sa partenaire. L'homme s'attend en effet à être accueilli par une femme aimante, tolérante, qui l'apprécie à sa juste valeur. La perspective de pouvoir puiser des forces à cette source lui donne l'impression d'avoir réussi même s'il n'a pas atteint tous les objectifs qu'il s'était fixés.

La seule idée de rentrer chez lui auprès d'une compagne affectueuse suffit parfois à balayer son stress. Et s'il a toujours besoin de rester seul un moment, il se tiendra moins en retrait qu'auparavant.

En revanche, lorsqu'un homme a la perspective de retrouver chez lui une femme triste, il s'absorbera d'autant plus dans son travail. Et il lui sera plus difficile de se libérer des pressions de la journée.

Dans mes relations avec Bonnie, j'ai dans ma panoplie quelques petits trucs que je peux utiliser en rentrant à la maison afin de m'assurer que je reçois la dose de considération qui m'est nécessaire. Cela ne me coûte en effet pas beaucoup d'aller la trouver, de la prendre un instant dans mes bras, de l'embrasser, de lui demander si elle a passé une bonne journée, de l'écouter quelques minutes. Voilà, après ça, je suis certain que je suis estimé d'elle. Et plus je perçois à mon retour son respect et son amour, moins j'éprouve le besoin de me distraire de mes soucis professionnels. Étant en outre prédisposé à voir mes succès de la journée sous un œil favorable, je laisse plus volontiers mes problèmes au bureau.

UNE NOUVELLE DÉFINITION DES RÔLES

Une femme comprendra plus facilement qu'un homme ait besoin d'un moment de tranquillité avant d'entrer en relation avec elle si on évoque une circonstance de sa propre vie où elle exige un temps d'adaptation. Je pense en l'occurrence au fait que pour avoir des rapports sexuels satisfaisants à la fin d'une journée éreintante, il est indispensable à une femme qu'elle s'accorde d'abord une pause, qu'on fasse attention à elle, qu'on lui parle, qu'on flirte un peu.

On pourrait dire qu'un homme aura autant de mal à se montrer communicatif en rentrant chez lui qu'une femme à faire l'amour à l'issue d'une longue journée stressante. Un homme a besoin de faire une parenthèse et de se sentir valorisé pour passer du bureau à la maison.

En acceptant qu'un homme puisse ressentir la nécessité de se concentrer sur autre chose pour oublier ses préoccupations, une femme sera plus encline à lui pardonner, à se faire sa complice et à l'apprécier à sa juste valeur. Elle ne se sentira plus visée lorsqu'il se renferme en lui-même. Cette bienveillance, à laquelle s'ajouteront ses nouvelles compétences relationnelles en matière de communication, lui permettra non seulement d'obtenir ce qu'elle veut de lui mais aussi d'aider son partenaire à se libérer de son stress et à lui ouvrir son cœur.

De même, lorsque les hommes commencent à mieux comprendre les femmes, il leur devient possible de mettre en pratique ce nouveau savoir en leur fournissant un appui affectif et en évitant de se focaliser sur les solutions à leurs problèmes. Un homme peut dès lors apprendre à écouter ce que lui dit sa compagne sans avoir constamment l'impression qu'on lui en demande toujours plus. En se rendant maître de ces nouvelles techniques relationnelles, il s'apercevra avec soulagement que, sans avoir à changer ce qu'il est, ou sans en faire beaucoup plus, il peut prodiguer à sa femme l'aide dont elle a besoin.

INVERSION DES RÔLES AFFECTIFS

Quand une femme favorise davantage son côté masculin aux dépens de son versant féminin qu'elle délaisse, il se produit une permutation des rôles émotionnels. Elle se met alors à ressentir le besoin d'alimenter ses puissances masculines au lieu de l'inverse. Si la plupart des femmes modernes peuvent facilement réciter la litanie de leurs doléances dans le travail et dans le couple, le vrai responsable de cette insatisfaction vague mais généralisée est souvent justement ce phénomène d'interversion.

Pour tirer du bonheur d'une relation à deux, une femme doit rétablir l'équilibre entre son côté masculin et son versant féminin. Et c'est en étroite collaboration que le couple doit travailler au regain des puissances féminines chez la femme.

Une des nouvelles missions de l'homme consiste à aider sa partenaire à retrouver son soi féminin après une longue journée de travail.

LES PROBLÈMES POSÉS PAR
L'INVERSION DES RÔLES AFFECTIFS

Le stress qu'entraîne chaque jour le chassé-croisé continuel entre côté masculin et côté féminin a des effets invisibles mais néanmoins dévastateurs sur la durée de l'amour, de la passion et de l'intimité. Comparable en cela à une balle qui prend de la vitesse à mesure qu'elle dévale une pente, si personne n'intervient pour la libérer de son stress, une femme se laissera entraîner dans une spirale de frustrations. Faute de comprendre la dynamique de ce phénomène, l'homme verra tous ses efforts pour arranger les choses n'engendrer qu'une suite de désastres.

Lorsqu'il se produit une inversion des rôles et qu'une femme penche davantage du côté masculin que du côté féminin, elle ressent automatiquement l'envie irrépressible de trouver une solution à ses problèmes. Le fait d'avoir fait tout son possible ne suffit plus, elle n'arrive plus à se détendre en parlant de tout ce qu'elle n'a pas accompli. Elle a l'impression qu'elle ne pourra trouver la tranquillité qu'une fois l'ensemble de ses difficultés surmonté.

Dans ces moments où elle a besoin de régler ses problèmes, le mieux qu'un mari puisse faire pour la soutenir, c'est de l'écouter. Je me souviens du jour où j'ai pour la première fois repéré ce symptôme de permutation des rôles dans mon propre couple : je ne savais absolument pas comment m'y prendre pour aider Bonnie.

Nous venions de rentrer tous les deux à la maison après une excellente partie de tennis.

— Je n'ai qu'une envie, c'est de faire la sieste, lui dis-je.

— Bonne idée, acquiesça-t-elle. Moi aussi j'adorerais faire une bonne petite sieste.

Mais en montant l'escalier qui mène à notre chambre, je remarquai qu'elle n'était pas derrière moi et j'appelai par-dessus mon épaule :

— Tu ne viens pas ?

— J'aimerais bien, me cria-t-elle d'en bas, mais je ne peux pas. Il faut que je lave la voiture.

Comment pouvait-elle préférer, un jour de congé, s'atteler à une corvée pareille plutôt que de faire bonne sieste ? me dis-je. Et j'ajoutai en mon for intérieur que décidément, on venait tous les deux de planètes bien différentes.

Ce dont je ne m'étais pas rendu compte, c'était qu'elle s'était bloquée sur son côté masculin qui la poussait à trouver à tout prix des solutions à ses problèmes. J'ignorais qu'en nourrissant ses puissances féminines à l'aide d'un brin de conversation, je l'aurais aidée à se débarrasser de son fardeau de responsabilités. Ne comprenant pas l'influence que je pouvais avoir sur sa faculté à se détendre, je montai dans notre chambre et m'assoupis.

Je me réveillai revigoré et réjoui à l'idée de la bonne soirée que nous allions passer ensemble... jusqu'à ce que je découvre ma Bonnie d'une humeur noire.

— Tu aurais dû faire la sieste, lui lançai-je. Je me sens en pleine forme.

Je n'avais pas dit ce qu'il fallait. Elle répondit d'un ton glacial :

— J'ai pas le temps de dormir. Il y a encore le linge à repasser, il faut aider les enfants à faire leurs devoirs, passer l'aspirateur. Et j'oublie le dîner à préparer...

Sans me rendre compte qu'elle avait besoin de parler, je m'obstinais à trouver des solutions en l'invitant au restaurant.

— Tu ne comprends donc pas ! s'écria Bonnie. J'ai de quoi dîner dans le frigo. Et Lauren n'a pas encore fini sa dissertation.

— Mais c'est le week-end. Tu devrais te reposer un peu.

— Je ne peux pas ! Tu ne comprends pas !

À ce stade la mauvaise humeur me gagna moi aussi. Si j'avais caressé l'idée d'un dîner aux chandelles, mon rêve s'était évaporé. La contrariété de Bonnie monta encore d'un cran en voyant que je ne l'écoutais pas d'une oreille compatissante. De mon côté, j'étais dégoûté de voir qu'elle avait rejeté toutes mes suggestions.

Désormais, quand Bonnie se sent accablée par l'accumulation des difficultés, nos conversations sont d'une tout autre nature. Au lieu de me braquer ou d'être sur mes gardes, je sais exactement ce que j'ai à faire. Elle a besoin de parler pour retrouver sa part de féminité, ce qu'elle ne peut faire sans mon aide. Voici un exemple d'une conversation que nous pouvons avoir tous les deux quand Bonnie est surmenée et n'arrive pas à se libérer de l'empire de ses puissances masculines :

John : Qu'est-ce qu'il y a ?

Bonnie : Je ne sais pas, j'ai trop à faire.

John : Ah !

Bonnie : Je n'ai pas assez de temps.

John : Oui ?

Bonnie : Je dois encore faire la lessive, et je n'ai même pas encore commencé le dîner.

John : Mmm...

Bonnie : Je devais emmener Pearl chez le dentiste aujourd'hui, et ça m'est sorti de la tête.

John : Qu'est-ce que tu as fait ?

Bonnie : Oh, je préfère ne pas y penser.

John : Mmm...

Bonnie : Pearl était affolée, elle a cru que quelque chose était arrivé. (Pause.) Je n'oublie jamais ces trucs-là.

John se contente de se taire, il prend une inspiration, hoche la tête.

Bonnie : Tout s'est arrangé finalement. On a pris un autre rendez-vous.

John : C'est bien.

Bonnie : Je ne sais pas quoi faire à manger ce soir. Je n'ai rien prévu.

John : Mmm... je n'ai aucune idée.

Bonnie : Ça te fait rien si on mange des restes ce soir ?

John : Non. Qu'est-ce qu'il y a ?

Bonnie : Oh, je ne sais pas. Je n'ai pas envie de faire la cuisine.

John : Dans ce cas, allons au restaurant, et comme ça on aura un peu plus de temps pour nous.

Bonnie : Quelle bonne idée !

Et voilà. Avec quelques années de pratique, c'est le jour et la nuit ! Si je n'avais pas su comment apporter à Bonnie le soutien affectif qui lui était nécessaire, ce soir-là, on se serait sans doute disputés, on aurait mal dîné et on se serait mis au lit en proie à la frustration et au dégoût.

POURQUOI LES FEMMES ONT DAVANTAGE BESOIN DE PARLER QU'AUTREFOIS

Lorsque, dans une relation, les femmes ne se sentent pas libres de parler, elles se détachent du bonheur qui leur est naturel dès que leur côté féminin se trouve comblé. Pire encore, non seulement elles perdent le contact avec leurs puissances féminines, mais elles risquent aussi de ne plus savoir de quoi elles ont besoin. Alors elles n'ont plus que vaguement conscience que « quelque chose leur manque », et en général, c'est l'homme de leur vie qui du coup est submergé sous le flot des reproches.

Plus une femme se déconnecte de ses forces féminines, moins elle est réceptive au soutien que lui offre son partenaire. Et ce dernier, en attendant, souffre de ne pas pouvoir la rendre heureuse et d'être incapable de rien changer à la situation.

Pour affronter le stress supplémentaire de quitter la maison pour se rendre sur son lieu de travail, la femme moderne dépend bien plus de l'appui affectif de son conjoint. Quand elle rentre le soir, elle a besoin de parler davantage. Il lui est indispensable de sentir qu'elle peut sans contrainte ouvrir son cœur et partager ses sentiments sans être obligée d'être logique et d'aller jusqu'au fond des choses. Il faut qu'elle ait l'impression qu'elle a auprès d'elle quelqu'un qui comprend ce qu'elle traverse et qui tient à elle.

Voici ce qui arrive quand un homme essaie de « régler » les problèmes d'une femme :

Anatomie d'un malentendu

1 – Elle accuse : « Tu ne m'écoutes pas », ou bien : « Tu ne comprends pas. »

2 – Il explique qu'il écoutait puisque sinon, comment aurait-il pu lui souffler une idée aussi géniale ?

3 – Elle s'obstine à dire qu'il ne l'écoute pas vraiment et qu'il ne comprend pas ce qui lui pose problème.

4 – Il commence à se sentir frustré et tente de lui prouver qu'il comprend parfaitement ce qui ne va pas et que sa solution est la bonne.

5 – Ils se mettent à se disputer.

Il pense qu'elle est en train de l'accuser de ne pas saisir ce qui la préoccupe et de lui offrir une mauvaise solution. Mais ce qu'elle essaie en réalité de lui dire, c'est qu'elle n'a pas l'impression qu'il compatit avec elle, et encore moins qu'il se met à sa place.

Lorsqu'elle lui jette un : « Tu ne comprends pas », il faut entendre : « Tu ne comprends pas ce qu'il faut me donner. Je veux juste que tu m'écoutes avec gentillesse. »

Les hommes ne savent pas vraiment comment s'y prendre avec une femme stressée parce qu'ils n'ont jamais vu leur père dans cette situation. En général, nos mères passaient une bonne partie de leur temps à nourrir leur côté féminin en communiquant avec les autres femmes. Je n'ai jamais entendu ma mère se plaindre à mon père de ce qu'ils « ne parlaient jamais ». Quand mon père rentrait à la maison, elle avait eu son plein de conversation. Les femmes de notre génération n'ont plus ce luxe. Elles doivent faire attention à l'aiguille de la montre et aux paroles qu'elles prononcent. Tout les pousse vers les puissances masculines.

Un comédien a un jour eu ce mot : Dieu a donné à la femme une moyenne de six mille mots par jour, et aux hommes une moyenne de deux mille. On peut dire grosso modo qu'à la fin d'une journée de travail, l'un et l'autre ont épuisé leur stock de deux mille mots. Lorsqu'elle rentre chez elle, il lui en reste donc quatre mille non utilisés. Pas étonnant qu'elle ait la sensation qu'on la néglige. Elle veut parler, alors que lui, il a déjà dépensé son lot de mots.

Mais rappelons-nous : ce n'est pas parce que nous voyons les choses sous un angle cocasse que le problème n'est pas sérieux.

Le manque de communication dans la relation de couple est la cause numéro un du mécontentement de la femme contemporaine.

Des milliers de couples ont amélioré leur entente de façon spectaculaire dès l'instant où l'homme a compris la nécessité pour la femme d'être écoutée.

N'oubliez pas que lorsque le sexe masculin évoque ses difficultés, c'est le plus souvent pour les résoudre. La plupart du temps, un homme qui cherche à se remettre d'une dure journée au bureau n'a aucune envie de parler. Le calme qu'il obtient en se taisant, eh bien sa femme l'obtient... en parlant.

En d'autres termes, un homme doit se rappeler que lorsqu'une femme surmenée lui sort une liste de problèmes qui demandent à être réglés, le seul auquel il doit s'atteler de toute urgence concerne son besoin d'être écoutée par une personne ne cherchant ni à lui faire voir les choses autrement ni à trouver une issue à ses difficultés.

Les femmes doivent se rappeler que lorsque les hommes n'écoutent pas, c'est surtout parce qu'ils ne voient pas qu'il est capital pour leur partenaire de « se sentir comprise ».

En reconnaissant que le monde du travail empêche les femmes de s'occuper de leur côté féminin et donc de trouver le bonheur, les hommes peuvent enfin débrouiller ce mystère : la nécessité pour les femmes d'être écoutées. Les hommes veulent sincèrement rendre leur partenaire heureuse, mais jusqu'ici ils n'en ont pas eu les moyens.

Un homme supporte mieux l'absence de valeurs féminines sur son lieu de travail pour la bonne raison que depuis la nuit des temps il rentre chez lui pour trouver une femme qui lui procure son équilibre. Une femme en revanche, même si elle occupe un emploi tout aussi dénué de caractère féminin, n'a pas de femme qui l'attende à la maison pour suppléer à ses manques : il lui est beaucoup plus difficile de trouver son équilibre.

En fin de compte, les femmes ne savent pas comment faire part de leur besoin de soutien. Soit elles s'attendent à ce que leur conjoint lise dans leurs pensées, soit elles laissent le déficit s'accumuler et l'insatisfaction devenir endémique. Ni l'une ni l'autre de ces approches ne sont sans risque.

POURQUOI LES FEMMES RÉPUGNENT À DEMANDER

Si les femmes attendent plus de leur couple, elles-mêmes ne savent pas vraiment ce qui leur manque. Au temps de nos parents, si un homme aimait une femme, il faisait ce qu'elle voulait sans qu'on le lui demande.

Mais ce schéma reproduisait le schéma parental. L'homme avait appris de son père comment devenir un bon pourvoyeur de ressources. La femme avait appris de sa mère à se sentir protégée. Elle n'avait rien à lui apprendre. Aucune épouse n'aurait eu l'idée de réclamer à son mari une participation aux travaux ménagers, aucun homme ne s'attendait à ce que sa compagne se sente stressée et surmenée.

POURQUOI LES HOMMES ONT TENDANCE À S'AUTOMOTIVER

Lorsqu'un homme aimait une femme dans l'ancien système relationnel, il veillait à son confort matériel et aurait volontiers donné sa vie pour la protéger. Il n'aurait pu lui offrir un plus beau cadeau. Il ne comptait pas sur elle pour lui dire ce qu'il devait faire. S'il l'aimait, il s'automotivait pour mieux la protéger. Au fond, plus il se motivait par lui-même, plus il l'aimait.

Aujourd'hui, les femmes ont des exigences dont nos pères n'avaient jamais même entendu parler. Si une femme veut recevoir un soutien d'une autre nature, il faut qu'elle apprenne à son partenaire quels

95

sont ses besoins et qu'elle fasse sa demande d'une manière engageante.

Avoir à demander n'est pas facile pour une femme. S'il faut que je sollicite mon partenaire, se dit-elle, c'est qu'il ne m'aime pas. En outre, elle n'a pas eu de modèle à suivre sur ce plan. Pour cette raison, je recommande de commencer par améliorer la communication intime avant de pratiquer l'art de réclamer plus. Une fois le pont des échanges verbaux établi dans un couple, l'homme se met à mieux comprendre les sentiments de sa partenaire et donc ses problèmes, et peu à peu, il ira au-devant de ses désirs.

Pendant des siècles, un des signes auxquels une femme reconnaissait qu'elle était aimée était qu'elle n'avait rien à demander. Aujourd'hui, si un homme se montre réticent à la soutenir affectivement, elle se sent méprisable et humiliée. Elle a l'impression de ne pas être digne de son amour.

De même, quand un homme sent qu'on lui en demande trop, s'il ne perd pas l'estime de lui-même, du moins perd-il toute envie de donner plus. En rentrant chez lui à la fin de la journée, il se montrera de plus en plus renfrogné et léthargique.

DEMANDER OU NE PAS DEMANDER, C'EST LÀ LA QUESTION

Hier, quand un rouage grinçait, on le graissait. Aujourd'hui, on le remplace. En demander plus peut prendre l'allure d'un harcèlement. Les hommes détestent qu'on les tanne, et les femmes détestent tanner. Si une femme ne sait pas comment aider un homme à prendre le temps de l'écouter, elle a le choix entre deux maux. Elle peut soit devenir une martyre et se contenter de ce qu'elle a, soit tenter de harceler son conjoint pour qu'il lui en donne plus.

Ces deux solutions sont mauvaises. Pour obtenir l'amour et le soutien dont elle a besoin, une femme doit aller droit à l'essentiel. Elle doit demander à son compagnon de l'écouter, et peu à peu, à mesure qu'elle partagera mieux ses sentiments avec lui, elle pourra commencer à réclamer davantage son aide dans le travail domestique.

Pour préserver l'amour et la tendresse dans le couple, il est indispensable qu'une femme apprenne à exprimer ce qu'elle ressent et ce dont elle a besoin d'une manière qui fonctionne aussi bien pour lui que pour elle.

Je ne suis en aucune façon en train de suggérer que les femmes ne doivent pas s'exprimer, mais je dis que si elles veulent être entendues et respectées, il faut qu'elles mettent en œuvre leurs nouvelles compétences relationnelles dans le cadre d'une nouvelle définition des rôles conjugaux.

CE QUI EST ATTENDU

Lorsqu'on les approche avec la bonne méthode et au bon moment, tous les hommes acceptent volontiers de mettre la main à la pâte. Après quelques mois d'échanges verbaux empreints d'affection et détachés de toute injonction à agir, plus quelques bonnes doses de valorisation, n'importe quel homme sera prêt à en faire plus. Sauf que l'idée qu'il se fait de ce « plus » n'est pas du tout celle que s'en fait sa partenaire.

Les hommes donnent petit à petit.

Il ne faut pas rêver : un homme ne va pas se mettre du jour au lendemain à assumer de lui-même la moitié des tâches ménagères s'il a l'habitude d'en faire beaucoup moins. De même, s'il n'est pas du genre bavard, il ne va pas tout d'un coup s'épancher et partager ses sentiments avec sa partenaire.

Il est tout aussi peu réaliste de la part d'un homme de s'attendre à ce que sa femme l'accueille les bras ouverts, folle de bonheur après une journée au bureau. À force d'espérer des choses impossibles, les hommes comme les femmes accumulent inutilement rancœur et désenchantement.

L'un et l'autre finissent par recevoir l'amour dont ils ont soif, mais cela n'arrive pas tout d'un coup.

À mesure qu'une femme accepte le fait qu'elle peut demander et obtenir plus sans avoir à tanner son conjoint ni à se plaindre, elle sera moins réticente à offrir à l'autre la reconnaissance qui est la clef de son épanouissement. Elle prend en charge leur besoin mutuel de communication intime, assurée d'obtenir ce qu'il faut à son bonheur. Elle n'attend pas de l'autre sexe qu'il la satisfasse d'instinct, mais ne perd pas de vue ce qu'elle donne pour exiger peu à peu davantage.

NE PAS ATTENDRE TROP

Tout comme une femme doit savoir qu'elle ne peut pas attendre trop d'un homme quant à l'écoute et au partage des tâches domestiques, un homme doit savoir qu'une femme ne lui parlera pas forcément avec tendresse, sans rien lui demander, et ne l'accueillera peut-être pas à bras ouverts. Bref, une femme doit faire une croix sur l'idée qu'un homme fera tout ce qu'elle voudra, et un homme sur l'idée que sa partenaire sera toujours heureuse et affectueuse.

En mettant en pratique ces nouvelles compétences relationnelles, au lieu de s'irriter de son mécontentement, l'homme commence à voir qu'il peut en profiter pour lui apporter un peu de bonheur. Lorsqu'une femme ne reçoit pas le soutien dont elle a besoin, elle peut s'apercevoir qu'elle a entre les mains des moyens d'obtenir ce qu'elle veut. Elle peut y voir l'occasion d'exprimer son pouvoir, d'une manière au demeurant féminine. Voilà quelque chose qu'en règle générale, une mère n'a pas pu transmettre.

Quand une femme est malheureuse et parle de ses problèmes, son conjoint ne doit pas avoir l'impression qu'elle lui adresse des reproches. On renversera ce schéma en mettant au premier plan le besoin féminin de partager. Quand la femme prétend percevoir une absence d'interaction, l'homme doit se dire que ce n'est pas à cause de lui (en dépit des apparences) mais parce que notre culture moderne néglige le côté féminin de sa compagne. Dès lors il se sentira libre de partager les sentiments de sa partenaire plutôt que de rester sur la défensive. Cela permettra aussi de rendre son rôle plus clair.

Quand une femme est déçue par son époux, au lieu de se sentir atteinte dans son amour-propre, elle peut renverser le schéma en comprenant mieux les intentions de l'autre, lesquelles sont guidées par son amour pour elle et son désir de mieux lui venir en aide. Naturellement, elle pourra le faire seulement petit à petit. En abaissant le niveau de son attente, elle reprendra contact avec l'extraordinaire esprit féminin qui l'habite, un esprit qui n'exige pas la perfection, un esprit en quête d'amour, qui prend la vie comme elle vient. Elle s'apercevra que ce n'est pas elle personnellement qui est visée, mais que tout simplement son conjoint n'a pas reçu d'enseignement de son père sur ce qu'il faut faire pour rendre heureuse une femme moderne.

Dans le prochain chapitre, nous allons voir de quelle manière nous pouvons mettre en pratique ces aptitudes à partir du moment où nous comprenons que les hommes et les femmes ne sont pas pareils.

CHAPITRE 4

Comment les hommes et les femmes pensent et ressentent les choses de façon différente

Quand on sait combien les hommes et les femmes pensent et ressentent les choses de façon différente, on n'essaie même plus de changer son partenaire chaque fois qu'il nous est impossible d'obtenir de lui ce que nous voulons. À ce niveau supérieur de tolérance et de compréhension, l'amour refleurit et on finit par avoir ce que l'on attendait de la relation de couple.

En prenant en compte notre évolution au cours de l'histoire de l'humanité, nous sommes en mesure de puiser dans notre passé et d'actualiser, sans rejeter notre bagage génétique, des éléments qui peuvent nous être utiles dans notre aspiration à élargir notre moi.

Le parti pris d'ignorer ce qui sépare les deux sexes n'engendre que davantage de confusion et de frustration de part et d'autre. Évidemment, les généralisations que j'effectue à propos des hommes et des femmes ne sont pas vraies pour tout le monde à tout moment, mais elles s'appliquent à pas mal de gens. Si mes idées ne correspondent pas à votre situation ou à ce que vous avez vécu, écartez-les comme des vêtements qui ne vous vont pas mais qui iront à d'autres. Seul importe le fait que lorsqu'une différence survient, vous possédiez les compétences relationnelles qu'il faut pour y faire face.

Se familiariser avec les grandes catégories de dissemblances entre féminin et masculin permet de les accepter plus facilement sans jugement de valeur, puis d'avancer *avec* elles plutôt que contre elles. D'après ce que j'ai pu constater, elles deviennent encore plus visibles lorsque l'intimité du couple se resserre ; dans certains cas, les différences s'accentuent avec la venue des enfants.

DES CERVEAUX DIFFÉRENTS

Au cours de ces dernières années, quantité d'études scientifiques ont clairement montré que les hommes et les femmes non seulement ont des cerveaux dissemblables, mais ne s'en servent pas de la même manière. Mais si ces différences sont bien prouvées, on n'en saisit néanmoins pas encore très bien la nature.

En général, les femmes ont tendance à faire marcher les deux hémisphères cérébraux simultanément, tandis que les hommes utilisent successivement l'un ou l'autre. Ce qui signifie qu'un homme alternera entre ses aptitudes au langage (hémisphère gauche) ou ses aptitudes à agencer des problèmes (hémisphère droit), là où une femme utilisera les deux en même temps.

Des études ont révélé que certaines femmes ont beaucoup plus de corps calleux, cette substance blanche qui réunit les deux hémisphères du cerveau, ce qui expliquerait pourquoi elles ont une propension à se servir des deux à la fois. Pour d'autres femmes, même si elles n'ont pas autant de corps calleux, il apparaît à l'IRM qu'elles sont prédisposées à utiliser de façon simultanée les deux moitiés de leur cerveau. Et même si certains hommes ont plus de corps calleux que certaines femmes, ils ne se serviront toujours que d'une seule moitié à la fois. Les conséquences de ces découvertes sont stupéfiantes.

Même si nous attendons impatiemment la suite de ces études pour mieux connaître cette différence capitale entre les deux sexes, ce qui a déjà été révélé sur l'usage distinct que les hommes et les femmes font de leur intelligence peut nous permettre d'avoir une vision plus claire de quelques grands mystères.

LE CORPS, LE CERVEAU ET LES HORMONES

Au cours de leur évolution, les corps, les cerveaux et les hormones tant féminins que masculins se sont spécialisés afin d'assister au mieux les deux sexes dans leurs différentes activités. Un homme, par exemple, est mieux équipé pour supporter des émotions fortes s'il peut réfléchir au calme. À l'époque où il vivait dans la jungle, il s'est adapté à son rôle de chasseur et de protecteur et a appris à se garder de la peur, de la colère et du chagrin par une capacité de réflexion sur les problèmes qui se posent à lui. En élaborant des stratégies pour veiller à sa sécurité propre et à celle de sa famille, il a réussi à repousser l'angoisse.

Les femmes, en revanche, en s'adaptant à leur rôle de mère et de ménagère, ont appris à se débrouiller avec leurs sentiments et les problèmes qui les menaçaient en parlant et en partageant leurs pensées avec les autres membres de la famille et de la communauté. Non seulement cette habileté reflète la tendance féminine à se servir des deux moitiés de son cerveau simultanément, mais les expériences en laboratoire ont aussi prouvé que les femmes obtiennent de meilleurs résultats que les hommes en ce qui concerne les aptitudes langagières régies par l'hémisphère gauche. Quant aux hommes, ils s'en sortent plus brillamment quand il s'agit des aptitudes spatiales liées à la moitié droite du cerveau.

Que le bavardage soit un des fleurons de la féminité n'a donc rien de surprenant à partir du moment où l'on sait que le cerveau d'une femme est organisé de façon à permettre plus efficacement la communication de ses sentiments. Le surplus de corps calleux dont elles bénéficient, avec leurs milliards de neurones qui jouent le rôle de relais entre les centres de l'affect et ceux du langage, permet aux petites filles de parler plus tôt. C'est-à-dire qu'elles auront à un stade très précoce de leur développement beaucoup plus de mots à leur disposition que les garçons. Cette différence a été confirmée par de nombreux tests effectués sur des enfants.

Alors que le cerveau d'une petite fille s'attache à approfondir ses compétences communicatives, celui d'un garçon tend à étendre sa maîtrise de l'espace. Cette dernière nous permet de juger par exemple jusqu'où on peut jeter une balle ou à quelle distance se trouve l'endroit où on peut trouver de l'aide, et comment y parvenir. Se spatialiser permet au petit garçon de « faire quelque chose », d'agir quand il est sous un choc émotionnel. Cette spatialisation est indissociable pour lui de sa capacité à agencer des problèmes.

Comme nombre de parents le savent, déjà toute petite, une fillette aura envie de parler pour parler, alors qu'un petit garçon voudra agir tout de suite, lui aussi d'ailleurs sans réfléchir. Lorsqu'une petite fille se sent libre de parler sans risquer d'être rejetée ou de perdre l'amour de ses parents, son cerveau verra se multiplier les relais entre ses cellules nerveuses de façon à lui permettre tout à la fois de ressentir, de parler et de réfléchir.

Une fois adulte, dès qu'elle sera troublée et aura l'esprit confus, d'instinct elle cherchera quelqu'un à qui parler. Ce soutien lui permettra de rétablir le lien entre sa pensée et ses sentiments et ainsi de voir un peu plus clair dans ses problèmes pour décider ce qui doit être fait. Lorsqu'une femme est en plein désarroi, elle cherche de l'aide sous la forme d'une oreille attentive, laquelle l'autorisera à mettre en mots ce qu'elle ressent.

Pour sa part, un petit garçon qui a l'impression de pouvoir agir sans risquer ni punition abusive ni perte d'amour est libre d'aller de l'avant, de se fourvoyer, puis de réfléchir sur ce qu'il a fait et de corriger sa conduite. Ce mécanisme autocorrecteur lui permet de tirer la leçon de ses erreurs. Et il finira éventuellement par développer des réseaux de neurotransmetteurs qui lui permettront de ressentir d'abord puis de réfléchir avant d'agir.

Lorsqu'un homme est mécontent et qu'il a l'esprit confus, d'instinct il se mettra à se remuer physiquement. Il peut par exemple arpenter son bureau rien que pour « faire quelque chose » en attendant de trouver la solution à ce qui le préoccupe. L'activité la plus simple, la plus basique, l'aidera à satisfaire son envie d'agir tandis qu'il s'efforce au moyen de l'hémisphère droit de son cerveau de voir ce qu'il peut vraiment faire.

La spatialisation est indispensable à celui qui veut jouer au basket-ball et au football comme elle l'a jadis été au chasseur qui devait traquer sa proie, l'atteindre avec sa lance puis retrouver le chemin du logis. Quand on pense que depuis la nuit des temps les hommes ont nourri et protégé les leurs, il est évident que leur cerveau n'est pas organisé comme celui du sexe opposé.

Un homme doit passer ses sentiments au crible de la réflexion avant de s'exprimer à leur propos, tandis qu'une femme est capable de ressentir, de parler et de penser en même temps.

Alors qu'une femme sera plus rapide à faire part de son émotion, un homme trouvera la solution à tel ou tel problème avec une plus grande célérité. Alors qu'elle cherchera à approfondir une question à travers l'échange verbal, lui de son côté brûlera de passer à l'action. Aucune de ces deux approches n'est meilleure que l'autre, mais l'union ne fait-elle pas la force ?

Depuis l'aube de l'humanité, la survie de l'homme dépend de son habileté à la chasse, et celle de la femme s'appuie sur son aptitude à la communication et à la constitution d'un réseau d'entraide. Pas étonnant que nos cerveaux se soient développés de façon différente, permettant au sexe féminin de verbaliser plus efficacement que son partenaire qui, au contraire, devra se détacher de ses affects pour examiner les tenants et aboutissants du problème qui se pose à lui.

DES CARTOGRAPHIES CÉRÉBRALES DIFFÉRENTES

Imaginons la croissance d'un cerveau féminin : des milliards de neurones tissent des liens serrés entre centres émotionnels et zones de langage. Un cerveau masculin présentera une tout autre cartographie. L'hémisphère droit, sans lequel il est impossible de tirer une flèche et de retrouver son chemin dans la jungle, se développe en premier. Dans un second temps, l'enfant mâle renforcera ses centres verbaux tandis que la fille épanouira l'hémisphère régissant la fonction motrice, mais la manière dont un adulte se servira de ses facultés cérébrales n'en sera pas moins très différente selon les sexes. Les émotions chez un homme seront liées à sa quête silencieuse de solution tandis que chez la femme, on verra d'abord apparaître un besoin de communication.

Dans un cerveau masculin s'établissent d'abord des milliards de connexions entre le centre des émotions et l'aire motrice. Quand un homme est ému ou mécontent, il cherche en général une issue à son désarroi dans l'action. Évidemment, une femme cherchera elle aussi à résoudre son problème, mais à cause de la façon dont son cerveau est fait, son premier réflexe sera d'abord d'en parler.

Une femme possède un solide réseau de neurotransmetteurs entre le centre des émotions et le centre du langage. Ce sont, si l'on peut dire, des autoroutes tracées entre ses affects et ses aptitudes verbales. Quand un homme tente de mettre en mots ce qu'il ressent, il doit d'abord réfléchir à ce qu'il veut dire. L'expression de ses sensations ne dispose pas d'une autoroute et doit prendre des chemins détournés pour arriver à destination.

Un homme est en premier lieu ému, puis il veut faire quelque chose, et enfin, quand il a bien analysé ce qu'il éprouve et les solutions qui s'offrent à lui, il décide s'il est oui ou non utile d'en parler. Il doit alors s'en rapporter à la moitié gauche de son cerveau pour formuler les pensées reflétant ses sentiments. Une fois qu'il a parlé, il est la proie de nouvelles impressions qui font redémarrer le cycle. C'est là quelque chose de très difficile à comprendre pour une femme parce que, comme je l'ai dit, elle trouve tout à fait normal de sentir, parler et penser tout à la fois.

LES GARÇONS RESTENT DES GARÇONS, LES FILLES RESTENT DES FILLES

Ce contraste entre le développement des cerveaux masculins et des cerveaux féminins est décelable dès la plus tendre enfance. Une étude sur le comportement l'a révélé de façon spectaculaire. On a demandé à une mère d'entrer dans une pièce où était assis son enfant en bas âge. Elle était séparée de lui par une vitre épaisse. On lui avait recommandé de se tenir derrière cette barrière transparente en gardant un visage imperturbable. La réaction des petits a montré clairement que les garçons ne réagissaient pas du tout comme les filles.

Si l'enfant était un garçon, il apercevait sa mère, affichait son désarroi puis se mettait à se diriger vers elle à quatre pattes. Lorsqu'il arrivait au muret de verre, il essayait de le pousser ou de grimper par-dessus. Finalement, sa mère se penchait et le prenait dans ses bras.

Si l'enfant était une fille, elle voyait sa mère et, comme le petit garçon, affichait son désarroi. Mais au lieu de s'avancer en rampant vers elle et essayer de franchir le mur de verre comme lui, la fillette cherchait le regard de sa mère et se mettait à pleurer. Les garçons expriment presque toujours leurs sentiments à travers leurs actes, alors que les filles, elles, les extériorisent par des échanges verbaux.

LE DÉVELOPPEMENT COGNITIF CHEZ LES HOMMES ET CHEZ LES FEMMES

À un stade ultérieur de la croissance, on voit se développer les centres de la logique ou centres cognitifs. Des milliards de neurones étendent alors leur réseau aux parties du cerveau réservées à la fonction cognitive. Et une fois encore, ils ne progressent pas de manière identique chez l'homme et chez la femme.

Lorsqu'une femme est contrariée, son premier réflexe est de parler ; puis, à mesure qu'elle raconte, ses facultés cognitives interviennent et elle parvient à réfléchir sur ce qu'elle est en train de dire et de ressentir, et ainsi à agencer ses problèmes. Le processus démarre dans la partie du cerveau réservée aux émotions, puis se répand à la partie consacrée à la communication, et de là chemine vers la zone de la pensée abstraite. C'est la pente la plus naturelle pour la bonne raison que c'est dans cet ordre que se sont développées ses aptitudes. Peu à peu, au fil du temps, elle est parvenue à ressentir, parler et penser simultanément.

Un homme suivra en revanche une tout autre pente, puisque ses facultés ne se sont pas développées dans le même ordre. Il a commencé par le centre des émotions, puis celui de la fonction motrice et enfin par la zone régissant la pensée. Quand il est ému, il a tendance à se jeter dans l'action. L'activité seule lui donne accès à la pensée abstraite. Peu à peu, il parviendra à ressentir, agir et penser simultanément.

À cause de cette disparité dans leur développement cérébral, les hommes et les femmes se comportent et communiquent de manière différente. Les hommes se servent des échanges verbaux comme d'un moyen parmi d'autres d'exprimer leurs pensées en vue d'une fin ou pour résoudre un problème. Les femmes communiquent certes pour cette même raison, mais aussi parce que seuls les échanges verbaux leur permettent de rentrer en contact avec leurs affects et par conséquent de mettre un peu d'ordre dans le tourbillon des idées qui leur viennent. C'est pourquoi la parole a bien plus d'importance pour une femme que pour un homme.

De manière analogue, l'action a un sens autre pour un homme. Elle est comparable à une pompe qui ferait monter à la surface les aptitudes cognitives masculines. Les femmes se servent aussi de l'activité pour agencer leurs problèmes, mais, pour l'homme, elle revêt une importance primordiale. Sans faire appel à sa faculté d'agir, un homme ne pourra ni éclaircir ses idées ni extérioriser ses émotions.

COMMENT LES HOMMES GÈRENT LEURS SENTIMENTS

Dès lors qu'un homme traduit ses sentiments en action, il est capable de voir clair en lui-même. La pratique d'une activité simple comme le sport lui permet de stimuler la partie de son cerveau spécialisée dans la pensée et ainsi de mieux gérer sa vie affective.

Un de mes amis et voisins m'a téléphoné un jour pour m'annoncer une chose terrible : sa fille avait un cancer – ce que je savais déjà, puisque ma femme me l'avait déjà dit. Après avoir échangé avec moi quelques mots de politesse d'usage, il m'avoua qu'il avait une mauvaise nouvelle, puis marqua une pause.

– Bonnie m'a dit, fis-je pour lui épargner une pénible explication.

Après une deuxième pause, il me demanda si je pouvais aller faire une partie de tennis avec lui. Je lui répondis par l'affirmative, et nous prîmes rendez-vous au club de notre quartier pour tout de suite.

Quand j'ai dit à Bonnie où j'allais, elle a tout de suite compris et m'a fait promettre d'embrasser notre ami de sa part.

Pendant la partie, chaque fois que nous changions de côté ou montions au filet, nous échangions quelques mots. Notre jeu était ponctué de ces bribes de conversation. Pour lui, jouer au tennis – il excellait sur le court et adorait ce sport – lui permettait d'exprimer ce qu'il ressentait. Parler lui donnait la possibilité d'agencer ses idées et de recevoir mon feedback et mon soutien. Mais il lui avait fallu d'abord, pour se mettre justement à l'écoute de ses sentiments, jouer au tennis.

En déployant toute son énergie et sa concentration à ne pas mettre la balle dehors, il a pu accepter et exprimer son chagrin devant son impuissance à guérir sa petite fille de son cancer. Quand sa balle était soit trop courte soit trop longue, il éprouvait la souffrance de ne pas être un père parfait et se remémorait ses éventuelles erreurs ; quand sa balle était battante, il éprouvait le désir de faire tout ce qui était en son pouvoir et d'être le meilleur père possible pour sa fille. En ressentant le besoin de me battre et de gagner, il alimentait sa volonté de vaincre ce cancer et de sauver son enfant.

Après la partie, assis sur un banc devant le court de tennis, nous avons réfléchi sur ce que nous étions en mesure de faire pour soutenir la fillette pendant cette épreuve. Tout en parlant, il affronta et finit par exprimer sa crainte de perdre son enfant, ainsi que sa profonde affection pour elle. Alors je lui donnai l'accolade, une fois de ma part, une fois de la part de Bonnie.

Cette histoire finit bien. La fille de mon ami fut guérie. Elle va très bien encore aujourd'hui.

POURQUOI LES HOMMES N'ONT PAS LA MÊME MANIÈRE DE RECEVOIR L'AMOUR

C'est à travers l'action qu'un homme se connecte le plus directement à la source de ses émotions, et c'est en voyant que sa femme reconnaît et apprécie ce qu'il fait qu'il se sent le plus aimé.

Approuver sans détours les décisions et
les actions d'un homme en lui pardonnant ses
erreurs est le plus droit chemin vers son cœur.

De se sentir considéré rend un homme disposé à vivre pleinement le sentiment d'être aimé, et en retour lui permet de se montrer plus attentionné. Les femmes ne le comprennent pas d'instinct parce que leurs sentiments à elles sont reliés aux centres du langage de leur cerveau et non aux aires motrices.

Elles donnent à tort le genre de soutien affectif qu'elles voudraient pour elles sans percevoir les besoins réels de leur partenaire. Quand un homme est bouleversé, une femme se félicitera d'avoir essayé de le faire parler. Elle ne se rend pas compte qu'elle a au contraire avantage à lui laisser du champ, puis, quand il se montre sous son aspect protecteur, lui signifier tendrement que les siens sont heureux de l'avoir parmi eux. Forte de cette nouvelle connaissance sur la voie masculine de l'amour, une femme peut commencer à épauler son conjoint d'une façon qui convienne vraiment à ce dernier.

COMMENT LES HOMMES GÈRENT LE STRESS

À l'époque préhistorique, il arrivait qu'un chasseur rentre bredouille. Pour supporter la tension engendrée par l'échec de sa mission de pourvoyeur de ressources, il a élaboré toutes sortes de stratégies lui permettant de repousser les plus graves de ses difficultés au second plan en se concentrant sur des problèmes mineurs dont il était en revanche tout à fait capable de venir à bout.

Les hommes sont devenus imbattables dans l'art d'oublier momentanément ce qui les préoccupe en

112

focalisant toute leur attention sur des questions sans importance réelle. Ils en sont venus à compter sur un violon d'Ingres ou sur un sport, entre autres choses, pour les détourner de penser à leur devoir de nourrir leur famille. Les hommes d'aujourd'hui, qui de ce point de vue marchent sur les pas de leurs ancêtres, puisent dans la détente que leur procure leur hobby la force de s'extraire des tensions d'une journée au bureau.

Un passe-temps est par définition une activité librement choisie qui fait passer le temps agréablement. Une occupation divertissante mais exigeant néanmoins un certain degré de savoir-faire. Bien qu'un hobby ne soit qu'une récréation, il permet à l'homme de regagner une tranquillité d'esprit qui lui permettra éventuellement d'utiliser ses compétences et ses connaissances pour franchir les obstacles qu'il rencontre dans sa vie.

Pour être un vrai délassement, il faut que ce hobby ou cette occupation lui procure du plaisir sans trop d'efforts de sa part. Même s'il se sent déprimé à l'idée qu'il se dépense en pure perte au travail, le fait même de faire quelque chose qu'il réussit facilement lui donne l'impression d'être de nouveau maître de la situation. Cette transition le prépare à reprendre sa relation avec sa partenaire.

La compétition et le sport

Le sport de compétition permet à un homme de réorienter et de canaliser son agressivité. Grâce à lui, il pourra exprimer sa frustration devant son incapacité à trouver une issue aux problèmes de sa vraie vie. Au lieu de chercher à tuer du gibier ou des ennemis potentiels, il ne pense plus qu'à battre l'équipe adverse.

Les instincts masculins affûtés à la chasse,
à la guerre et à la protection du foyer
trouvent un exutoire dans le sport.

La chasse, la pêche, le tennis et le golf

Un homme impuissant à gérer ses problèmes de carrière a toujours la possibilité de traquer le gibier ou de ramener du poisson à la maison. C'est pourquoi la chasse et la pêche sont des loisirs si primordiaux. Après une bonne partie de chasse ou de pêche, au plus profond de son monde intérieur de mâle, il a l'impression d'avoir remporté une victoire et se sent du coup assez détendu pour recevoir l'amour et le soutien de sa partenaire.

En détournant son attention de son travail
grâce à une occupation a priori futile, un homme
peu à peu reconnaît ses soucis prioritaires :
son amour pour sa femme et ses enfants,
et le désir d'être là avec eux et pour eux.

Le tennis et le golf favorisent aussi la relaxation. Deux hommes sont plus à l'aise l'un avec l'autre et parviennent à discuter plus facilement s'ils font quelque chose ensemble.

Le cinéma

Beaucoup d'hommes aiment aller au cinéma parce que les images sont plus grandes que nature et leur procurent une diversion qui les arrache à leurs préoccupations en captivant leur attention. En s'identifiant avec les personnages sur le grand écran, ils sont temporairement libérés de leurs problèmes person-

114

nels. Les films d'action sont particulièrement utiles à celui qui a un travail assis ; les films dits « à suspense » à celui qui a un travail routinier ; les films de violence à celui qui doit toujours se montrer attentionné. Dans les salles obscures, les hommes reprennent contact avec les affects et les émotions dont leur « travail diurne » les coupe ou qu'il ne leur permet pas de gérer.

La lecture et les nouvelles télévisées

Lorsqu'un homme s'absorbe dans les drames qui se jouent à l'autre bout du monde, son univers personnel lui semble bien petit en comparaison. Dès lors, il est capable de se détendre, puisqu'il ne ressent plus la pression d'avoir à trouver une solution urgente à ses propres problèmes. Ces derniers sortent tout d'un coup, comme par contagion, de la sphère de son contrôle.

La télévision et le feu de cheminée

Le passe-temps favori de l'homme moderne consiste à rester assis devant son téléviseur. La plupart des femmes ne comprennent pas du tout le charme de cette activité. Certaines détestent même voir leur conjoint regarder la télé parce qu'elles ont la sensation qu'il ne fait plus attention à elles. Mais il ne faut pas oublier que si la télévision est une invention récente, ce regard que l'homme lui porte s'inscrit en revanche dans un rituel ancestral.

En me rendant dans des tribus dites primitives – en tout cas, elles n'ont pas la télé – j'ai remarqué qu'au coucher du soleil, pendant que les femmes sont occupées à parler et à vaquer aux soins du ménage, les hommes restent en silence assis en cercle autour d'un feu de camp.

La contemplation du feu chez les hommes est un des plus anciens et plus efficaces réducteurs de stress. Lorsque les hommes d'aujourd'hui se plantent devant leur poste, tout ce qu'ils font en réalité, c'est regarder vaguement les flammes danser sous leurs yeux. Cette contemplation permet aux hommes de se détourner de ce qui les préoccupe, d'arrêter de penser et donc de se décontracter. Il s'agit d'une relaxation qui régénère le corps et libère l'esprit des tensions de la journée.

COMMENT LES HOMMES PEUVENT ACCOMPLIR DAVANTAGE EN EN FAISANT MOINS

Une de mes occupations les plus propices à la détente est de regarder les actualités télévisées. Je peux me décontracter dans la mesure où ces problèmes-là, je n'ai pas à les résoudre. Une fois que je me suis aperçu que je n'avais pas non plus à régler ceux de ma femme pour qu'elle se sente mieux, j'ai trouvé que de l'écouter me parler de sa journée était tout aussi relaxant que de regarder les nouvelles. Même plus, puisque, en retour, elle apprécie mon écoute, ce que ne fait jamais mon téléviseur.

En général les hommes ne se rendent pas compte qu'en en faisant moins dans la relation de couple, ils sont mieux armés pour se soutenir eux-mêmes et aider leur partenaire. En apprenant à tendre une oreille attentive aux sentiments de leur femme et en prenant soin d'oublier de vouloir à tout prix trouver une issue à leurs difficultés, non seulement ils la rendent plus heureuse, mais aussi ils peuvent enfin se reposer. Cela dit, avant d'en arriver là, il faut fournir quelques petits efforts supplémentaires pour acquérir ces nouvelles compétences relationnelles.

Il n'est pas rare qu'un homme rentrant chez lui pour trouver sa femme en train de se lamenter sur sa journée au bureau n'en conclue immédiatement qu'il doit absolument faire quelque chose pour lui rendre son bonheur. Mais il aura beau se démener, elle sera toujours aussi triste. Naturellement, il se sentira frustré et pas apprécié à sa juste valeur, et par conséquent il sera tenté de renoncer à donner. Faire plaisir à une femme dépassée par les événements apparaît alors comme une tâche impossible.

Lorsqu'une femme est complètement noyée sous les difficultés de la vie, elle a besoin d'un soutien *affectif*. Dans la plupart des cas, elle doit commencer par exprimer ses émotions devant un partenaire qui la comprend et compatit avec son point de vue. Alors seulement elle pourra lui montrer combien elle l'estime pour les efforts qu'il déploie afin de trouver des solutions à ses problèmes.

En faire plus pour que sa femme ait moins à faire ne la rendra pas plus heureuse.

Le meilleur moyen de soutenir une femme est de prendre soin de son côté féminin de façon qu'elle n'ait plus l'impression d'être obligée de régler de toute urgence la totalité de ses problèmes. Un homme ne perçoit pas d'instinct que le sentiment d'être débordé ne s'évanouira pas chez sa partenaire s'il parvient à lui montrer comment s'en sortir. Pour l'aider, il doit se rappeler qu'elle ne trouvera un soulagement que dans une conversation qui lui apportera la nourriture affective dont elle a besoin.

Comme nous l'avons vu au chapitre 3, le travail d'une femme n'est *jamais* fini. Elle aura toujours autre chose à faire. Toutefois, en apprenant à provoquer

117

un échange verbal et en l'écoutant avec respect, son conjoint peut la libérer de l'idée qu'elle doit tout faire tout de suite. Dès lors, placée dans cette perspective de recentrement régie par l'amour, elle décidera de s'atteler seulement à ce qu'il lui est humainement possible d'accomplir, d'une façon beaucoup plus détendue.

LES HOMMES QUI EN FONT TROP

Lorsqu'un homme se met en tête de trouver une issue aux difficultés de sa partenaire plutôt que de se proposer à combler ses manques émotionnels – cela même si ses efforts comme ses actions sont guidés par l'amour et la tendresse – il verra la situation empirer parce que justement il en fait trop. Examinons quelques exemples tirés de la vie quotidienne.

Tom, comme tant d'hommes, se sentait frustré à force d'entendre sa femme, Sharon, se plaindre d'être surmenée. Prenant le taureau par les cornes, il décida qu'ils allaient se partager les tâches ménagères en déterminant avec son assentiment une répartition équitable de leurs domaines respectifs. Alors que ce projet semblait apporter une solution aux problèmes de sa partenaire, il se retrouva bientôt au bord du divorce.

Tous deux sont venus me consulter en dernier recours. Tom démarra la séance en maugréant contre son épouse : le partage égalitaire du travail domestique ne l'avait pas rendue plus heureuse. « Je n'en peux plus, me dit-il. Je veux bien en faire plus à la maison, mais je sais qu'elle sera toujours mécontente. Alors j'en ai assez ! »

Tom avait commis une erreur classique : celle qui consiste à croire que l'on peut apporter le bonheur à une femme en lui offrant la solution à ses problèmes. Ce que Tom ignorait, c'était que Sharon avait encore besoin d'exprimer ce qu'elle ressentait, et que, quel que soit le nombre d'obstacles matériels qu'il parviendrait à franchir pour elle, il y en aurait toujours d'autres dont elle brûlait de discuter avec lui.

Au demeurant, Sharon était tout aussi dégoûtée que Tom. Lorsqu'il s'était mis à assumer plus de corvées, elle avait perdu le droit à la plainte. Et chaque fois qu'elle se montrait fatiguée ou contrariée, il baissait les bras, se mettait à bouder ou critiquait son attitude négative.

En cherchant une échappatoire, ils s'étaient sans s'en rendre compte enfoncés encore davantage dans la mésentente. Retraçons les différentes étapes du processus :

1 – Parce qu'il en faisait plus à la maison, Tom s'attendait à ce que Sharon soit plus heureuse.

2 – Lorsqu'il arrivait à Sharon de se sentir débordée, il se sentait frustré et déprécié.

3 – Désormais elle ne pouvait plus parler librement de ses sentiments parce que Tom en souffrait trop.

4 – À mesure que le temps passait, Sharon était de plus en plus accablée.

5 – Plus elle était obligée de contrôler ses émotions, plus elle éprouvait le besoin de nommer et de résoudre ses problèmes.

6 – Il ne lui était plus possible ni de se détendre ni de profiter de la vie et de son couple.

Forts de leurs nouvelles compétences relationnelles, Tom et Sharon furent en mesure de trouver des solutions créatives à leur conflit et de sauver leur mariage. La nouvelle définition des rôles conjugaux n'imposait plus à Tom d'augmenter sa participation aux tâches ménagères ni de tenter de trouver des réponses aux problèmes de Sharon, mais seulement de l'écouter et de la consoler. Il devait s'entraîner à lui procurer les nourritures affectives dont elle avait besoin.

Sharon accepta de s'exercer à apprécier les succès de Tom au bureau sans lui demander de mettre davantage la main à la pâte à la maison. Elle devait se contenter de lui demander de l'écouter parler de ce qu'elle ressentait tout en veillant de son côté à elle à lui exprimer la considération qu'elle lui vouait. À mesure qu'il raffinait son habileté à l'écoute de l'autre, Tom parvenait progressivement à l'aider à la maison sans s'attendre à ce qu'elle manifeste ni joie ni approbation. Deux étapes furent nécessaires pour faire tomber l'obstacle qui se dressait entre eux.

Étape numéro un : pas de solution

Au départ, Tom et Sharon se mirent d'accord pour que, au lieu d'essayer d'en faire plus pour elle, il s'emploie plutôt à l'écouter.

Il s'exerça à compatir avec les sentiments qu'elle exprimait tout en veillant à ne pas se mêler de ses affaires. Sharon lui avait déjà fait comprendre clairement qu'il en faisait déjà assez, et que tout ce qu'elle voulait c'était une oreille attentive.

Une fois cette dynamique amorcée, Tom pouvait entendre ce que lui disait Sharon sans en éprouver de la frustration. Il fut stupéfait par l'efficacité de la méthode. Parfois, elle se contentait de lui lancer : « Merci de m'avoir écoutée, je me sens beaucoup mieux. » D'autres fois, elle concluait : « Je me sens tellement plus en forme maintenant. J'adore pouvoir bavarder comme ça avec toi, ça me soulage rien que de penser qu'on peut faire ça ensemble. » Avec ce genre de réaction, Tom ne fut pas long à saisir ce qu'attendait de lui sa femme. Non seulement il y trouva du plaisir, mais aussi c'était beaucoup plus simple que de s'escrimer en vain à résoudre ses problèmes.

Sharon, pour sa part, fut sidérée de voir à quel point Tom se montrait attentif à ce qu'elle lui racontait dès lors qu'elle ne lui demandait plus qu'un peu d'empathie. Tom avait l'impression qu'ils étaient redevenus aussi libres que lorsqu'ils s'étaient rencontrés. Il n'assumait plus et ne prenait plus pour son propre compte les difficultés de Sharon. Puisqu'il n'était pas forcé d'en faire plus, il se prit tout naturellement à participer davantage au travail domestique. Cette première partie du programme complétée avec succès, il proposa qu'ils passent à la seconde étape.

Étape numéro deux : il lui offre son aide

Tom devait continuer à écouter comme précédemment, mais à présent il pouvait offrir à Sharon son aide pour se sortir de ses difficultés en prenant en charge une part des tâches domestiques – à toutes petites doses.

Je recommandai à Tom de commencer par prêter l'oreille aux litanies de sa femme avant de lui proposer de lui donner un coup de main pour régler les problèmes les plus simples. Il fut tout étonné de voir qu'elle ne s'attendait pas à ce qu'il trouve une solution aux plus complexes d'entre eux. Ce dont elle

121

avait besoin, c'était de sentir qu'elle n'était pas seule dans la tourmente. De fait, Tom s'aperçut qu'en faisant de toutes petites choses pour elle, il l'épaulait plus que s'il s'attaquait à une question vraiment importante.

Lorsqu'une femme est convaincue qu'elle n'est pas seule pour affronter et résoudre ses problèmes, elle se sent profondément rassérénée.

Libéré de cette pression qui l'incitait à aplanir à tout prix les difficultés de Sharon, non seulement Tom devint plus attentif aux propos de cette dernière – se servant de ses propres sentiments comme d'un guide – mais il apprit aussi à mesurer combien il pouvait donner sans s'attendre en retour à ce que sa partenaire soit forcément heureuse.

Lorsque la frustration s'emparait de lui devant le mécontentement de Sharon, Tom y voyait désormais un signal : c'était lui qui commençait à donner trop – et non elle qui demandait trop. Sharon était enchantée. Elle ne se sentait plus responsable ou protectrice des émotions de Tom, elle pouvait partager sans contrainte ce qu'elle ressentait et lui parler ouvertement de sa vie. Une partie d'elle-même, la partie féminine profondément enfouie en elle, recevait enfin la nourriture adéquate.

Avec le temps, Tom se mit à donner plus et à en faire davantage tout en ayant l'impression qu'il était apprécié pour tout ce qu'il faisait – non parce qu'il tentait de neutraliser ses affects négatifs, mais parce qu'il sympathisait vraiment avec ses besoins et voulait sincèrement l'aider. Il s'aperçut que la plupart du temps, elle avait juste besoin de parler. Fort de cette préparation, Tom fut dès lors capable de redéfinir les rôles au sein de leur couple d'une manière appropriée.

Chaque fois qu'une femme fait part de sa panique devant toutes les difficultés qu'elle rencontre dans la vie, son partenaire a tendance à se sentir, à tort, frustré ou blâmé. Contre toute attente, il suffit d'une simple remarque pour le préparer de façon à éviter qu'il ne prenne les paroles de sa partenaire pour des reproches et pour qu'au contraire il se mette à l'écouter attentivement. Moi-même je suivis les différentes étapes de ce processus en apprenant que ma femme n'avait pas besoin et ne réclamait pas que je règle ses problèmes à sa place. Je me rappelle combien Bonnie avait été habile dans son utilisation des nouvelles compétences relationnelles pour m'aider à la soutenir plus efficacement.

Dans les premières années de notre mariage, Bonnie se plaignait de temps en temps de se sentir débordée et se lamentait de ce qui s'était passé à son bureau pendant la journée.

Chaque fois, je l'écoutais pendant quelques minutes, puis lui offrais ce que je pensais être de sages conseils : « Si tu n'aimes pas ton travail, pourquoi tu ne donnes pas ta démission ? Tu n'as pas à supporter tout ça ! » Elle poursuivait alors en me racontant la suite de ce qui l'avait embêtée ou stressée ce jour-là. Je lui répétais qu'elle devrait changer d'emploi. Je lui énumérais les raisons qui me faisaient pencher pour cette solution, et elle prenait alors la défense de son boulot. Au bout d'un moment, je n'avais même plus envie d'écouter. Je me disais intérieurement qu'elle n'aurait pas dû se laisser aller à gémir ainsi si elle n'avait pas l'intention de faire quoi que ce soit pour arranger les choses.

Elle, de son côté, avait la sensation que j'étais indifférent à ce qu'elle ressentait et trop autoritaire. Nous nous disputions souvent.

Puis, un jour, elle tenta une nouvelle tactique, laquelle bouleversa la règle du jeu. Elle me dit : « Je voudrais te parler de ce qui s'est passé pour moi aujourd'hui, mais d'abord je veux que tu saches que j'adore mon boulot et que je n'ai pas la moindre intention de le laisser tomber. » Après quoi elle passa aux lamentations. C'était stupéfiant. Chaque fois qu'elle marquait une pause, je brûlais de lui demander : Mais pourquoi est-ce que tu ne claques pas la porte ? Évidemment, je me taisais, puisqu'elle avait d'avance répondu à cette question en affirmant qu'elle tenait à cet emploi. N'ayant rien à répliquer, j'écoutai sans parler ni chercher des solutions dans ma tête.

J'avais été bien préparé.

Elle poursuivit. Au bout d'un moment, je constatai que sans mes interventions pleines de bonne volonté, Bonnie était de fait beaucoup plus heureuse. En me préparant à ce qu'elle allait me dire, elle m'avait facilité la tâche de l'écoute.

Une femme peut mettre un homme en condition de lui prêter une oreille attentive en l'avertissant de ce qu'elle attend de lui. Cela lui permet de passer d'une attente « innée » à une attente « acquise ». Par exemple, lorsqu'un homme a travaillé dur ou qu'il a enregistré une réussite pendant la journée, d'instinct il place très haut la barre de son attente. Lorsque sa femme lui confie ses problèmes, il pense évidemment qu'elle va accepter avec joie les solutions qu'il lui propose et ne perçoit pas son besoin de communiquer ses sentiments et de parler de ses propres difficultés pour soulager sa tension. Il estime a priori que vu tous les succès qu'il a remportés depuis le matin, elle va forcément être heureuse. Faute d'être préparé à ce qui vient, il risque d'être déçu.

LA RÉUSSITE PROFESSIONNELLE
ET LA RELATION DE COUPLE

Lorsqu'un homme commence à se dire qu'il est arrivé au sommet de sa carrière et qu'il voit que sa partenaire se plaint toujours, il désespère d'obtenir jamais le soutien qui lui manque le plus. Tant qu'il était en train de grimper les échelons, une petite voix derrière sa tête lui disait : « Dès que j'aurais avancé encore un peu, elle m'appréciera à ma juste valeur. Quand je gagnerai un peu plus d'argent et que je pourrai l'emmener en vacances, elle sera heureuse. » Mais une fois qu'il a finalement atteint le niveau des plus hauts revenus, il lui devient difficile d'accepter son insatisfaction. Le stress ne disparaîtra qu'à partir du moment où il comprendra que ce dont elle a vraiment besoin, ce n'est ni d'argent, ni d'assistance dans la résolution de ses problèmes.

LES FEMMES ET LA FORTUNE

Les femmes rencontrent de nouveaux obstacles dès lors que les revenus de leur partenaire devenu meilleur pourvoyeur de ressources les dispensent de travailler. Une femme qui n'est pas obligée d'occuper un emploi est présumée heureuse, par son mari comme par tout son entourage. Alors que ce qui la rend triste, c'est d'être privée d'une relation enrichissante, pas d'argent. Une femme qui ne va pas au bureau tous les jours a tout autant besoin de nourriture affective.

Comme toute personne un tant soit peu fortunée vous le confirmera, l'argent n'arrange rien. En réalité, il ne fait que compliquer les choses. Plus on est riche, plus les décisions concernant la façon dont on gère et on protège ses biens matériels se révèlent délicates.

L'argent n'empêche pas les femmes de se sentir débordées.

Si un homme sait se servir de sa prospérité pour se ménager plus de temps à la maison avec sa femme qu'il écoute avec sympathie raconter ses misères quotidiennes, alors, oui, l'argent facilite la vie conjugale. En général, cependant, atteindre à la fortune sans détruire son couple exige des efforts conscients et de la méthode autant de la part de l'homme que de la femme. Il doit s'employer à écouter et elle doit veiller à lui montrer sa considération.

Les femmes se sentent accablées lorsque leurs relations ne nourrissent pas les puissances féminines qui sont en elles ; cela n'a absolument rien à voir avec l'argent. La prospérité peut les aider à pourvoir à leurs besoins affectifs ou au contraire les en empêcher. Étant donné qu'une femme riche inspire moins de compassion que les autres, elle se sent souvent submergée par les problèmes.

Non seulement les femmes moins nanties qu'elle se révèlent peu enclines à avoir de la sympathie pour ses problèmes, mais son mari a des chances de devenir d'autant plus intolérant vis-à-vis d'elle qu'il pense instinctivement que l'argent doit lui acheter le bonheur.

Pour toutes les raisons citées ci-dessus, il est capital qu'une femme fortunée apprenne à encourager son partenaire à développer son habileté à lui fournir le soutien qu'elle mérite. Parfois, il suffit de quelques phrases bien choisies pour le préparer à écouter ses lamentations. Ensuite, une fois qu'il est capable de l'entendre et de comprendre les épreuves qu'elle traverse, alors elle peut plus facilement lui

témoigner cette considération dont il manque cruelle-
ment.

LES EFFETS CONTRAIRES DE LA PROSPÉRITÉ

Jeff est un avocat en vue, et Teresa, sa femme et
la mère de leurs enfants, n'a pas à travailler. Pendant
les dix premières années de leur mariage, ils étaient
amoureux, leur entente était excellente. Lorsque
Teresa exprimait du chagrin, Jeff se montrait
compréhensif car même s'il travaillait beaucoup, ils
n'avaient pas beaucoup d'argent. Lorsqu'elle se plaignait, il sympathisait, car il admirait ses sacrifices. Il
pressentait aussi qu'un jour, il réussirait et gagnerait
beaucoup plus, ce qui la rendrait enfin heureuse.

Toutefois, lorsqu'il connut le succès, Teresa,
comme toutes les femmes depuis des siècles, a
continué à se confondre de temps à autre en lamentations. Mais à présent, ne sachant plus que faire
pour elle, il se sentait blessé dans son amour-propre.
Il se disait qu'il n'arriverait jamais à gagner de quoi
la satisfaire. Chaque fois qu'elle se plaignait de sa
journée ou réclamait davantage de lui, il se fâchait à
l'idée qu'elle n'avait aucune reconnaissance pour ses
efforts et pour le dur travail qu'il fournissait.

Quand ils vinrent me consulter, Teresa insista sur
le fait que l'argent ne comptait pas pour elle, ni les
grosses voitures, ni la belle demeure. Tout ce qu'elle
voulait, c'était que Jeff l'aime.

Je lui demandai de marquer une pause parce que
je voyais que Jeff avait à ses mots une réaction de
défense.

— Je sais ce que vous ressentez, dis-je à Teresa,
mais je sais aussi que Jeff doit être bouleversé à vous
entendre parler ainsi. La fortune est justement ce
qu'il vous a donné de plus précieux. Il a travaillé

127

d'arrache-pied pour vous l'offrir. Essayons de trouver un autre moyen de partager les sentiments que vous évoquez sans pour autant dénigrer ce qu'il vous a apporté. Je comprends que vous ayez besoin de vous sentir aimée, mais appréciez-vous le train de vie qu'il vous a permis de mener ?

— Mais bien sûr, répondit Teresa. Jeff est formidable. Dans ce sens, j'ai beaucoup de chance.

— Bien, lui dis-je. Alors maintenant, avant lui parler de vos sentiments, vous le préparerez en lui faisant voir combien vous appréciez tout ce qu'il vous donne.

Il suffisait à Teresa de changer légèrement son angle d'exposition pour rendre son point de vue limpide à Jeff. Voici ce qu'elle lui déclara :

— Je tiens à ce que tu saches combien je suis heureuse d'être mariée avec toi. Tu travailles tellement dur, et tu me procures un bien-être que m'envient toutes mes amies. Certaines d'entre elles ne savent même pas si elles vont pouvoir payer le loyer ce mois-ci. Et puis je ressens toutes sortes de choses pour toi. Tu me manques quand tu n'es pas là. Je voudrais passer plus de temps auprès de toi. J'ai l'impression que tes clients profitent du meilleur de toi, et que quand tu rentres à la maison, tu es trop fatigué pour faire attention à moi. J'ai passé toutes ces années à attendre impatiemment ce temps que nous allions passer ensemble. Tu étais tellement occupé à subvenir à nos besoins. À présent, mon luxe, ce serait qu'on soit ensemble tous les deux plus longtemps et plus souvent.

Cette fois Jeff se révéla capable de l'écouter sans se mettre immédiatement sur ses gardes. Tout d'un coup, il était devenu beaucoup plus coopératif. Je lui expliquai combien il était capital pour une femme de se sentir écoutée et de voir ses idées approuvées. Jeff a appris qu'il est normal pour sa partenaire d'avoir des besoins affectifs et de se sentir parfois accablée.

Peu à peu, Jeff est parvenu à écouter sa femme sans avoir l'impression qu'elle n'avait aucune considération pour lui. Avec de la pratique et beaucoup de patience, en se servant de leurs nouvelles compétences relationnelles, ils réussirent l'un et l'autre à redéfinir leurs rôles conjugaux.

Teresa a fini par introduire dans leurs échanges un zeste d'humour, ce dont Jeff se montra enchanté. Parfois, avant de partager quelque chose de difficile avec lui, elle lui lançait pour le préparer à ce qui allait suivre : « Tu ne peux pas savoir combien ça me plaît que tu gagnes autant d'argent ! Je suis une femme comblée, je t'assure ! Mais j'ai passé une très mauvaise journée, tu sais, ça ne t'embêterait pas de prendre quelques minutes de ton temps pour m'écouter ? Tu n'es pas obligé de parler, et je me sentirais tellement mieux ! »

En fin de compte, Jeff devint imbattable sur le terrain de l'écoute, et sans que Teresa lui demande rien, il se mit à passer plus de temps en sa compagnie. À mesure que la communication entre eux s'améliorait, elle se sentit moins débordée et quand Jeff rentrait à la maison, elle l'accueillait avec un bonheur croissant. Progressivement, il se mit certes à l'aider davantage, mais surtout, il était en mesure d'entendre ce qu'elle lui disait sans se sentir obligé de résoudre ses difficultés.

COMMENT LES FEMMES FONT FUIR LES HOMMES SANS S'EN RENDRE COMPTE

Les femmes font souvent fuir les hommes parce que ces derniers ne comprennent pas leur besoin de parler de leurs émotions et de leurs problèmes. Alors qu'une femme pense tout simplement bavarder tranquillement avec un homme et lui ouvrir sincèrement son cœur, lui, pour sa part, interprète mal la situation et se dit qu'il ne pourra de toute façon jamais la rendre heureuse et que ce n'est même pas la peine de s'engager.

Le chauffeur d'une limousine que j'ai eu l'occasion de rencontrer m'a exposé ce malentendu d'une manière particulièrement éclairante. À trente-deux ans, il était célibataire mais avait déjà un passé amoureux conséquent. Il affirmait avoir eu sept liaisons qu'il considérait comme « spéciales ». Je cherchai donc à comprendre ce qui n'avait pas marché. Au cours de la conversation, il déclara :

— Je crois que je suis un peu névrosé, vous voyez, je ne suis attiré que par les femmes qui ont des problèmes psychologiques.

En guise de réponse, j'éclatai de rire et ajoutai :

— Voyons voir si je devine juste. Au début, ces femmes étaient très chaleureuses et heureuses avec vous. Vous vous sentiez valorisé lorsque vous étiez en leur compagnie. Vous vous occupiez d'elles et vouliez leur bonheur. Puis, au bout d'un certain temps, elles se mettaient à vous confier leurs problèmes. Et quoi que vous disiez, cela n'y changeait rien.

— C'est exactement ça ! s'exclama-t-il. Comment le saviez-vous ?

Je lui assurai alors que ces femmes étaient on ne peut plus normales. Je lui expliquai pourquoi toutes les femmes se sentent accablées sous les difficultés de l'existence et lui décrivis ce dont elles ont vraiment besoin. Alors, comme tous les hommes à qui j'ai ouvert les yeux sur cet aspect de l'âme féminine, il poussa un grand soupir de soulagement et me confia qu'il avait désormais envie de prolonger la liaison à laquelle il était sur le point de mettre un terme.

C'est une belle histoire, mais pour un homme qui s'en sort il y en a des millions qui ne savent pas comment réagir lorsqu'une femme leur ouvre son cœur. Si les femmes doivent rester féminines et continuer à partager leurs sentiments avec les autres, il est indispensable qu'elles apprennent à préparer les hommes à les écouter.

Souvent il suffit d'une seule petite phrase qui lui rappelle de façon humoristique qu'elle aime bien qu'il l'écoute, qu'elle se rend compte que ce n'est pas facile pour lui, et qu'elle ne lui demande ni de commenter ses paroles ni rien de concret.

Une fois qu'elle a maîtrisé cet outil qui lui permet de mettre un homme en condition d'écoute, elle commencera à voir naître une nouvelle liberté d'expression au sein de son couple, à quelque stade de formation que soit ce dernier. Et, comme pour les nouvelles compétences relationnelles, cela ne nécessite qu'un léger déplacement : personne n'a besoin de changer ce qu'il est.

COMMENT BIEN DONNER ET COMMENT BIEN RECEVOIR

Sans basculer lui-même dans le surmenage, un homme peut en effet apprendre à mieux épauler sa partenaire. À chaque étape, la considération qu'elle lui porte l'incitera à s'insérer davantage dans le travail domestique. Cette participation concrète ne lui demandera ni grand sacrifice ni l'abdication de son pouvoir.

Les hommes veulent être des pourvoyeurs de ressources, ils souhaitent être l'instrument du bonheur de leur partenaire et ils font leur miel de cette sensation d'être celui par lequel le bonheur arrive. Pour cela, il suffit qu'ils aient l'impression d'être considérés pour tout ce qu'ils font. C'est cette forme d'amour et de soutien qu'un homme brûle le plus de recevoir d'une femme.

Les hommes et les femmes se complètent mutuellement d'une façon presque magique. Les hommes s'épanouissent en prenant soin de leur compagne, tandis que les femmes, elles, n'attendent qu'une chose : qu'on s'occupe d'elles. Bien entendu, les femmes adorent veiller au bien-être de leur conjoint, mais il leur est avant tout nécessaire de voir qu'il prend soin d'elles. Je n'ai jamais entendu une femme dire : « Mon compagnon m'ignore, mais je continue à lui donner avec plaisir. » Parallèlement, un homme aime être entouré, mais il voudra d'abord avoir le sentiment d'avoir réussi à combler sa tendre moitié.

POURQUOI LES COUPLES SE DÉFONT

J'ai beau avoir écouté des centaines de couples au bord de la rupture, c'est toujours le même message qui passe. Les femmes prétendent qu'elles en ont assez de donner et donner encore sans rien recevoir en retour. Elles en veulent plus.

L'insatisfaction masculine est analogue en apparence, mais néanmoins d'une tout autre nature. Un homme aura tendance à dire : « Je donne et donne encore, mais quoi que je fasse, elle n'est jamais contente. » Il faut dire que son bien-être est étroitement lié à son pouvoir de répondre à ses besoins. Quand elle est heureuse, il est heureux.

Si un homme refuse de donner plus, c'est qu'il ne se sent pas assez apprécié. Avant de lui demander quoi que ce soit, une femme doit convaincre son conjoint qu'il en fait déjà amplement assez. Lui dresser une liste de ce qu'il fait de travers ne fera qu'alimenter sa réticence. Elle doit au contraire lui montrer toute l'estime qu'elle lui voue et ne réclamer de l'aide qu'à toutes petites doses. À cette seule condition, elle obtiendra davantage.

En considérant que les hommes sont les donneurs et les femmes celles qui reçoivent, on ne veut évidemment pas dire que les hommes n'ont pas besoin des femmes ni que les femmes ne doivent pas donner. Ces dernières donneront toujours, quoi qu'il arrive, et leurs partenaires seront toujours ravis de recevoir. Là n'est pas la question. Le problème, c'est que les femmes prodiguent leur énergie et ont la sensation d'être surmenées, alors que les hommes apportent seulement ce que leurs pères en leur temps apportaient et s'attendent à être soutenus tout autant que eux l'étaient.

POURQUOI LES FEMMES ONT LA SENSATION DE DONNER PLUS

Les femmes d'aujourd'hui ont l'impression qu'elles donnent plus qu'autrefois, et en retour elle s'attendent à ce que les hommes augmentent eux aussi leur apport personnel. Ce n'est pas qu'un homme donne moins. Il donne ce que les hommes ont toujours donné. En comprenant la situation sans chercher à accuser personne, les hommes comme les femmes sont amenés à chercher une solution à leur part du problème.

Pour résoudre cette question fondamentale, il faut commencer par admettre que la dépense d'énergie déployée par les femmes n'est pas le principal. Il vaut mieux se pencher sur les manières de remédier au fait que ses besoins restent en souffrance. Comme nous l'avons démontré plus haut, ce qu'une femme désire avant toute chose, c'est d'être entendue.

Si l'homme apprend à aider sa compagne dans sa vie affective grâce à ses nouvelles compétences relationnelles, on verra que la femme se sentira de plus en plus entourée et appréciée. Et comme il la verra plus équilibrée, plus encline à lui montrer l'estime qu'elle éprouve à son égard, peu à peu, il se mettra à participer davantage au travail domestique.

Tout comme un haltérophile augmentera sa puissance musculaire en soulevant des poids de plus en plus lourds, un homme deviendra plus prodigue d'énergie et d'attention avec sa partenaire : à la condition que le processus reste progressif.

Une fois qu'un homme a pris goût à la considération que lui montre sa femme, il oublie toutes ses réticences. Au lieu de se sentir comme un enfant sous l'empire de l'autorité maternelle, il commence à répondre avec plaisir à ses demandes.

Dans le prochain chapitre, nous allons examiner comment les hommes peuvent utiliser leurs aptitudes guerrières pour s'esquiver quand, au cours d'une discussion, ils se sentent soumis à une attaque verbale. En mettant leur habileté ancestrale au service du couple, ils parviendront à écouter leur partenaire sans irritation. Après nous être consacrés à l'étude des outils qui sont à la portée des hommes, nous étudierons les nouvelles compétences dont les femmes peuvent user afin de communiquer d'une manière qui éveillera l'attention et la compréhension masculines.

CHAPITRE 5

La capacité de l'homme à écouter sans prendre mal ce qu'il entend

L'homme qui veut apporter à sa compagne le soutien affectif dont elle a besoin doit apprendre à écouter d'une façon nouvelle, en se servant de ses compétences relationnelles. Quand une femme est contrariée, le meilleur moyen de l'aider à se sentir mieux consiste à l'écouter, tout en essayant de ne pas céder à son tour à la mauvaise humeur. Pour y parvenir, l'homme ne doit pas chercher à modifier sa propre nature. Au contraire, ce que l'on attend de lui, c'est qu'il renoue avec ses aptitudes fondamentales de guerrier.

Au lieu de penser que sa partenaire est en train de le tailler en pièces, il peut apprendre graduellement à écouter avec patience les reproches, les remises en cause et les critiques. Savoir écouter sans se sentir agressé permet d'entendre ce que l'autre a à dire tout en gardant son calme.

L'homme a beau être parfaitement capable d'acquérir cette habileté relationnelle, la chose est moins facile à assumer pour lui que pour sa partenaire. Mais il peut réaliser de grands et rapides progrès, et jouer le rôle qui est le sien, à savoir l'aider, elle, à explorer ses affects.

Pour avoir déjà abordé ce problème, nous savons que le fait d'écouter une femme parler de ses difficultés est un exercice particulièrement ardu pour un homme. En effet, il est poussé à répondre en proposant des solutions ; des solutions dont elle ne veut pas, en général, ou qu'elle ressent comme d'ennuyeux reproches.

Sous peine de se sentir frustré et de mauvaise humeur, un homme ne peut se contenter d'écouter passivement pendant plus de dix minutes. Il a besoin de proposer une ligne de conduite, d'agir pour que sa compagne se sente mieux, ou encore de se défendre.

Même si son intention à elle n'est pas de l'attaquer, ou de le réprimander, même si elle ne fait qu'essayer d'exprimer ce qu'elle ressent, il aura tout de même l'impression d'être remis en cause et critiqué. Pour lui, écouter sans offrir de solution, c'est se complaire dans l'inaction. Ou rester immobile sous le feu de l'ennemi. Quand sa compagne commence à parler, son attitude spontanée est soit de battre en retraite, soit de se mettre un bandeau sur les yeux.

Mais rien ne l'oblige à se laisser blesser par les mots qui pleuvent sur lui. Il peut aussi avoir recours à une nouvelle compétence relationnelle : l'esquive. Quand il se sent pris sous la mitraille, le meilleur moyen d'apporter à sa compagne une aide efficace, c'est d'éviter de considérer cette attaque comme dirigée contre lui personnellement. Il possède pour cela un outil très utile. En effet, se protéger contre les blessures est l'aptitude la plus élémentaire du guerrier. S'il a survécu à cette expérience-là, il n'aura plus que quelques ajustements à faire pour pouvoir commencer à pratiquer la conversation avec talent.

Le guerrier possède des instincts qui le poussent à se jeter avec audace dans la bataille pour se défendre et protéger les siens ; ces instincts entrent en jeu de nos jours encore, chaque fois qu'un homme essaie d'écouter sa compagne. Pour remporter ce combat, il doit apprendre l'art de l'esquive.

On attend d'un homme moderne qu'il soit un guerrier ; mais aujourd'hui, il doit essayer de se défendre sans esprit de vengeance.

L'art de l'esquive exige de nouvelles stratégies mentales. Il s'agit d'estimer correctement la situation. Au lieu de riposter par des reproches et des critiques, l'homme doit apprendre à percevoir le vrai message d'amour présent dans les paroles de sa compagne, et à y répondre de manière à diminuer frictions et conflits. L'art de l'esquive lui permet de garder son sang-froid et de réagir avec respect aux besoins de communiquer exprimés par sa partenaire.

S'il écoute une femme *sans* esquiver, il aura l'impression d'être perpétuellement agressé par ce qu'elle lui dit. Il commencera à se sentir accusé, critiqué, privé de reconnaissance et de confiance, incompris, rejeté, sous-estimé. Et peu importe combien il aime sa compagne. Après avoir encaissé trois directs, il n'est plus en mesure de lui prêter cette oreille attentive qui lui est profitable, à elle. Alors, c'est la guerre.

Quand un homme est blessé par les paroles d'une femme, il lui est difficile de réprimer les vieux instincts guerriers qui le poussent à intimider l'autre, à menacer ou à vouloir se venger. Une fois qu'il aura répliqué en se mettant sur la défensive, il essaiera soit de la faire changer d'avis en usant d'arguments, soit de la protéger contre ses propres réactions agressives en pratiquant le repli émotionnel. Pourtant, sa nouvelle compétence relationnelle lui permet d'écouter sans être blessé ; grâce à cette technique, il peut éviter facilement de répondre par des provocations.

LES FEMMES ONT TOUJOURS ENVIE D'ÊTRE PROTÉGÉES

Les femmes ont beau vivre indépendantes et affirmer leur personnalité, elles n'en possèdent pas moins une nature féminine, et cette nature les pousse à rechercher des hommes forts capables de les protéger, même s'il s'agit d'une autre forme de protection.

De nos jours, les femmes attendent des hommes qu'ils leur apportent le climat affectif et la sécurité grâce auxquels elles pourront explorer et exprimer leurs émotions. Quand un homme parvient à écouter une femme, et à lui permettre de formuler ce qu'elle ressent, sans répondre d'une façon agressive, non seulement elle apprécie beaucoup cette attitude, mais elle est encore plus attirée par lui.

Par l'esquive, un homme évitera de se retrouver de mauvaise humeur en même temps que sa compagne, et il lui offrira un nouveau cadre de protection. Cette habileté d'un genre nouveau, cette force, aidera sa partenaire, non sans lui garantir à lui, en retour, l'amour qu'il mérite.

La sécurité est toujours ce que l'homme peut offrir de mieux à la femme qu'il aime. Dans les sociétés qui vivaient de la chasse, cette sécurité était principalement physique. Aujourd'hui, elle a une dimension émotionnelle.

*Quand une femme se sent assez en sécurité
pour partager ce qu'elle ressent avec l'homme
qu'elle aime, et quand cet homme est
capable d'écouter sans se sentir blessé,
alors la relation peut se développer.*

ACHETER UN ORDINATEUR

Je n'ai jamais oublié le jour où cette vérité a surgi pour la première fois dans mon propre couple. Bien sûr, je savais déjà que les femmes ont besoin de se sentir écoutées et comprises, mais je n'avais jamais pris conscience que cette sécurité avait pour elles, en fait, une importance plus considérable encore.

C'était le dernier jour de l'année, et j'avais décidé de m'offrir un nouvel ordinateur. Cela faisait pas mal de temps que j'y pensais, mais je reportais toujours cet achat. Je résolus de profiter de la fin d'année pour régler la question. Cela me permettrait d'inclure cette dépense dans mes notes de frais de l'année écoulée. J'en parlai à Bonnie, et la puissance de sa réaction me laissa stupéfait.

— *Pourquoi* as-tu besoin d'acheter un nouvel ordinateur ? me demanda-t-elle. Puisque tu en as déjà un.

Je n'aimais guère être « mis à la question ». Cependant je pris le temps de considérer le problème. Puis je m'expliquai en répondant par ces simples mots :

— Eh bien, pour un tas de raisons.

En en disant aussi peu que possible, je me retrouvais en position d'« esquiver » ; ainsi j'évitais d'être touché par l'émotion que je n'aurais pas manqué de susciter chez Bonnie si j'avais réagi avec mes tripes. Si je n'avais pas esquivé, une dispute aurait éclaté. En agissant comme je l'ai fait, j'empêchais la situation de déraper et de finir en bagarre.

Bonnie insista :

— Qu'est-ce qu'il a, ton ordinateur ? Il ne marche plus ?

De nouveau je marquai un temps ; puis je fis observer :

— Tu as l'air contrariée. Qu'est-ce qui ne va pas ?

— Tu as regardé les prix ? poursuivit-elle sans répondre à ma question. Combien coûtera un nouvel ordinateur ?

Elle avait beau me mettre de nouveau à la question, je savais qu'elle était mécontente et qu'elle avait besoin de parler. Si je commençais à l'embarquer dans des explications complexes sur les raisons qui me poussaient à changer d'ordinateur, non seulement cela ne calmerait pas son angoisse, mais celle-ci se nourrirait de son opposition.

Au lieu de répondre aux questions directes des femmes, quand ces questions sont des provocations, les hommes doivent esquiver ; autrement dit, renvoyer aux femmes leurs questions, en répondant au minimum.

Voici ce qui se passa ensuite.

John : Avant de parler de cet ordinateur, je crois que nous ferions mieux de discuter de ce qui ne va pas. Je voudrais comprendre ce que tu éprouves. Pourquoi tu es contrariée.

Bonnie : D'accord, je suis contrariée. Chaque fois que tu as envie de quelque chose, tu sors et tu te le paies. Je ne vois pas pourquoi tu as besoin de changer d'ordinateur. Tu travailles très bien avec celui-là. Si c'est pour dépenser de l'argent, il y a bien d'autres choses à acheter.

John : Très bien. Qu'est-ce que nous devrions plutôt acheter, selon toi ?

Bonnie : Ce n'est pas que je pense à quelque chose

en particulier. C'est juste que je ressens les choses comme ça. Tu t'offres ce dont tu as envie, et moi je passe après, voilà tout. Peut-être que ça me rend folle, de penser que tu désires quelque chose plus que moi. Quand moi j'ai envie d'une chose, ça a toujours l'air d'être peu important.

John : De quoi as-tu envie ?

Bonnie : Je ne sais pas. Mais j'ai l'impression que tout ce que nous faisons t'est destiné à toi, et pas à moi. Nous nous plions toujours à ce que tu veux, et tu suis toujours ton chemin à toi. J'ai peur de ne jamais obtenir ce que moi j'aimerais avoir.

John : Je comprends.

Bonnie : Voilà six mois qu'on doit refaire les sols de la maison. La housse du canapé a besoin d'être changée. Il me manque toujours un buffet dans la cuisine. Il y a tellement de choses dont nous avons besoin, s'il faut vraiment dépenser de l'argent. Et toi, tu décides de changer d'ordinateur. On dirait que tu ne te soucies pas de moi. Tu vas t'acheter ce qui te fait plaisir, et c'est comme ça. Ce que j'en pense éventuellement, ça ne compte pas.

Tandis que cette discussion poursuivait son cours, je m'appliquais résolument à esquiver. Je tins bon, sans exercer de représailles. Je compris alors que je pouvais aller plus loin encore.

John : j'aimerais *vraiment* comprendre ce que tu ressens. Et c'est *vraiment* dur. J'ai l'impression que tu me reproches d'être un égoïste. Je me conduis si mal que ça ?

Bonnie (baissant le ton) : Bien sûr que non. Je n'avais pas l'intention de te contrarier. C'est juste que je suis toute remuée, tout à coup. Mais j'apprécie sincèrement que tu essaies de m'écouter. Le simple fait de pouvoir exprimer ce que j'éprouve, sans que tu te fâches, ça me rend encore plus amoureuse.

141

Sur quoi elle fondit en larmes ; je la serrai amoureusement dans mes bras.

L'IMPORTANCE DU SENTIMENT DE SÉCURITÉ

J'avais compris combien il était important, pour Bonnie, de se sentir suffisamment en sécurité pour pouvoir exprimer ses émotions. Par la suite, lorsque je fis partager cette expérience aux couples qui assistaient à mes séminaires, les femmes avaient les larmes aux yeux à la pensée de ce qu'avait ressenti Bonnie.

Pour une femme, il est vital de pouvoir exprimer ses émotions librement, sans crainte, avec l'aide de son compagnon. Chaque fois, les hommes sont surpris de voir combien leur compagne a besoin de se sentir en sécurité.

Quand un homme est en quête d'une compagne avec qui partager les moments intimes de la vie, ce qu'il veut avant tout, c'est ce sentiment que l'on a besoin de lui et qu'il est apprécié à sa juste valeur. Quand une femme est en quête d'un compagnon, la capacité de ce compagnon à la protéger sera pour elle une clef, une exigence. Il s'agit là d'un sentiment tout à fait primal en rapport direct avec son bien-être émotionnel.

Au cours des siècles passés, les femmes ont choisi leur partenaire en fonction de la protection qu'il était capable de leur offrir, parce que c'était là un élément crucial dans la survie de la famille. Ce rôle protecteur du sexe masculin se prolonge dans la façon dont nous envisageons de nos jours les relations. Mais aujourd'hui, ainsi que je l'ai dit, il s'agira d'une sécurité affective.

La sécurité affective est la garantie, pour une femme, de pouvoir partager ce qu'elle ressent sans être interrompue ni critiquée par son partenaire. Cette force, en la libérant, lui permet d'être elle-même.

Cela signifie qu'elle est en droit de parler à son compagnon sans craindre de le fâcher, et sans redouter de représailles. En d'autres termes, elle peut se permettre d'être mécontente sans que son compagnon se serve de cette mauvaise humeur pour l'agresser ou pour l'ignorer.

LA LIBERTÉ DES FEMMES D'ÊTRE ELLES-MÊMES

Les femmes vivent sous une pression constante : elles sont tenues de se montrer aimantes et douces. Au point que la liberté d'être elles-mêmes devient ce que l'homme peut leur offrir de plus beau. Même si un homme ne comprend pas vraiment ce qu'éprouve sa partenaire, ses efforts pour garder son calme et essayer de la comprendre aident la femme à mieux gérer ses propres émotions.

Il arrive qu'une femme soit incapable de savoir ce qu'elle ressent tant qu'elle n'en a pas parlé. Si elle n'est pas tourmentée par la crainte de voir son compagnon perdre son sang-froid ou cesser de l'aimer, elle se sentira doublement soulagée, et profondément reconnaissante. Même si elle continue de lui en vouloir après qu'il l'a soutenue, il lui sera plus facile de puiser dans les profondeurs de son amour la force d'oublier et de pardonner.

Quand j'ai annoncé à Bonnie mon intention d'aller m'acheter cet ordinateur, elle a réagi en me faisant partager sa réaction instinctive. Elle a exprimé des émotions — et pas seulement vis-à-vis de l'ordinateur – qui la travaillaient depuis un certain temps déjà. En les exprimant verbalement, elle se révélait capable de dépasser ses résistances émotionnelles, et de m'aider.

En termes généraux, quand une personne, homme ou femme, a une forte réaction émotionnelle, celle-ci résulte de la combinaison de nombreux éléments, et pas seulement du sujet dont il est question sur le moment.

LE BON MOMENT POUR RÉSOUDRE LES PROBLÈMES

Ayant pris Bonnie dans mes bras, je commençai à la questionner à mon tour. À présent elle se sentait écoutée ; le moment était venu de mettre de côté les émotions et de se concentrer sur la recherche d'une solution.

– Voilà six mois que je cherche cet ordinateur, commençai-je. C'est une bonne affaire. En plus, si je l'achète aujourd'hui, je peux le déduire de mes impôts. À condition que j'arrive au magasin avant la fermeture, évidemment.

Et j'ajoutai :

– Je comprends que tu aies envie de rendre notre maison plus confortable. Dès mon retour, on s'assied tranquillement et on passe en revue ce qu'il te faut. D'accord ? Ce n'est pas une bonne idée ?

– Elle n'est pas mauvaise a priori, reconnut-elle avec un sourire.

C'est ainsi que j'allai acheter mon ordinateur. Et que Bonnie put faire refaire nos sols. Mais le plus important, c'est que nous avions trouvé tous les deux une satisfaction dans le fait de savoir que chacun avait réussi à entendre le langage de l'autre. Nous avions pleinement communiqué. Et notre amour avait encore grandi.

CHOISIR LE BON MOMENT

Choisir le bon moment, quand on cherche à se sortir d'une difficulté, est un élément essentiel. En ce qui me concerne, j'ai découvert que j'en voulais énormément à Bonnie quand elle continuait de s'abandonner à ses émotions, ou de m'opposer des arguments, alors même que je venais de lui proposer des solutions. En tant qu'homme, je croyais que la meilleure chose que je pouvais lui offrir, c'étaient mes sages conseils. J'avais l'impression de lui donner mon joyau le plus précieux, et qu'elle le dédaignait.

Mais peu à peu, je me rendis compte de ceci. Quand une femme est contrariée, elle est rarement en mesure de juger si une solution est adaptée ou non. Pour la bonne raison que ce dont elle a besoin, ce n'est pas que la question soit réglée, c'est d'être écoutée. Il peut même arriver que le fait de trouver une issue au problème aggrave encore la situation. C'est le cas lorsque la femme a l'impression que ce qu'elle ressent est déprécié, voire nié.

Reprocher à Bonnie de ne pas apprécier mes suggestions quand elle est contrariée et frustrée, c'est comme reprocher à un lion de me mordre la main après que je la lui ai fourrée dans la gueule. Même si je suis en mesure de comprendre intellectuellement qu'il existe des moments où ma femme est absolument incapable de porter un jugement sur la façon dont elle pourrait sortir de ses difficultés, je ressens son attitude comme un rejet.

Proposer des solutions, c'est tout un art. Et cet art consiste avant toute chose à s'assurer que la femme est disponible et prête à accepter d'être aidée.

_Proposer une solution à une femme qui n'est pas
prête à l'entendre, c'est se mettre soi-même,
en tant qu'homme, en position de se sentir
rejeté – et c'est ruiner sa propre aptitude
à écouter sans se mettre en colère._

Une fois qu'un homme aura été touché, il recevra de plein fouet chacun des chocs émotionnels qui suivront. C'est presque inévitable. Et ça fera de plus en plus mal. Quand on a essuyé trois chocs, le mieux est de prendre le temps de se calmer et de remettre ses pensées à plat. Ensuite, quand on se sent à nouveau concentré, on peut reprendre le dialogue.

L'ART DE L'ESQUIVE : SON MÉCANISME INTERNE

Certaines femmes, en découvrant le dialogue ci-dessus, se diront peut-être que John Gray est « un tendre », et que s'il est capable d'écouter sa femme, c'est tout simplement qu'il est fou amoureux d'elle. Certes j'aime Bonnie de tout mon cœur. Mais la vérité, c'est aussi qu'au cours de cet incident à propos de l'ordinateur, nous avons réussi à ne pas nous disputer à coups de mauvais arguments, ni à nous lancer nos désirs à la tête. Pour la bonne raison que j'avais passé des années à exercer mon aptitude à esquiver, et que Bonnie m'avait soutenue dans cette méthode.

Au début de notre mariage, Bonnie et moi nous bagarrions souvent. Et si nous nous disputions, c'est que fondamentalement nous ne parlions pas la même langue. Aujourd'hui que nous avons procédé à une bonne analyse, établi comment chacun fonctionne et appris à pratiquer notre relation d'une façon nouvelle, la communication est infiniment plus facile.

Quand des discussions tournent à la dispute plusieurs fois de suite, l'un des deux partenaires, sinon les deux, commencera à se replier sur lui-même, et sa passion à tiédir. Si les hommes prennent conscience de cela, ils seront alors motivés pour faire un effort d'écoute. Cependant le sillon est plutôt ardu à creuser quand on n'est pas formé à l'art de l'esquive. Les hommes qui suivent mes séminaires se déclarent toujours reconnaissants de mes conseils en la matière. Bien souvent, ils en demandent même une petite rallonge.

Revenons sur l'« incident de l'ordinateur », mais cette fois afin d'observer les réactions internes et les réflexes d'esquive grâce auxquels je suis parvenu à écouter avec patience, puis à offrir à ma femme la considération et le soutien qu'elle mérite. Ma description de ce qu'il convient de faire pour devenir un bon « écouteur » étonnera peut-être certaines femmes ; elle les aidera en tout cas à mieux savoir où les hommes veulent en venir. Une compréhension approfondie les aidera elles-mêmes à savoir se montrer plus disponibles et plus patientes, quand elles auront besoin de marquer une pause et de cesser un moment de parler.

COMMENT SE PRÉPARER À L'ESQUIVE

Avant d'avouer mon intention de changer d'ordinateur, je dois commencer par me préparer. En effet, je sais que je vais rencontrer une résistance chez Bonnie. Tous mes instincts me soufflent : elle n'est pas d'accord. D'abord et avant tout, elle n'a absolument pas la même approche que moi de tous ces gadgets électroniques et autres joujoux.

Cette résistance fait que l'entrée en matière est pour moi difficile. Je me retrouve plus ou moins dans la peau d'un gosse, ou d'un subordonné qui vient demander une autorisation. Je ne me sens pas particulièrement courageux. En fait, j'ai l'impression d'être une mauviette.

Pour surmonter ce sentiment, je dois me souvenir que je n'ai pas besoin de l'approbation de ma femme, mais que c'est lui apporter un soutien que de respecter son désir de participer à la décision. Elle veut vivre avec moi sur un pied d'égalité, et cela implique que son avis soit pris en compte.

Je mets au point mon entrée en matière avec précaution, en prenant soin d'être aussi bref que possible, de façon à laisser du champ à Bonnie, et donc la possibilité de réagir si elle en éprouve l'envie. Après tout, j'ai passé six mois à travailler sur mes propres résistances, à examiner ce problème d'ordinateur en pesant le pour et le contre — pourquoi n'aurait-elle pas des réticences elle aussi ? Cette préparation accomplie, je suis en mesure d'engager la discussion.

SE MAÎTRISER EST IMPORTANT

John (décontracté) : Ça fait plusieurs mois que je songe à changer d'ordinateur. Je sais exactement ce qu'il me faut. Cela dit, je n'ai pas envie de te tenir à l'écart de cette affaire. Qu'est-ce que tu en penses ?

Bonnie (contrariée) : *Pourquoi* as-tu besoin d'acheter un nouvel ordinateur ? Puisque tu en as déjà un.

Je marquai un temps et considérai sa question. Et avant de répondre, je me « maîtrisai », j'évitai de réagir avec mes tripes. Je mis en œuvre ma capacité à esquiver. Le temps de prendre une courte respiration, je me rappelai une chose : il est normal qu'elle soit mécontente. Cela ne veut pas dire que je n'aurai pas mon ordinateur. Ni que je doive me mettre en colère. Laisse-la dire ce qu'elle a à dire. Et voilà une esquive rondement menée.

Bonnie : Qu'est-ce qu'il a, ton ordinateur ? Il ne marche plus ?

John : Mmm.

Arrivé à ce point, je me dépêchai d'esquiver et de reconsidérer la situation en me disant ceci : J'ai le sentiment que Bonnie essaie d'exercer un contrôle sur moi, mais ce n'est pas vrai. Elle ne me dit pas que j'ai tort de vouloir un nouvel ordinateur, et elle n'agit pas non plus comme ma mère en me disant non, pas question que tu t'achètes un ordinateur. Je n'ai pas besoin de lui demander son accord, mais elle mérite ma considération.

Cependant elle est contrariée. Avant d'être à même de m'aider, elle a besoin de parler. Cela prendra peut-être une vingtaine de minutes. Je dois commencer par me détendre : c'est d'une importance cruciale. Je dois me sentir bien. Et la laisser explorer ses émotions à voix haute. Elle aura peut-être l'air de m'accuser mais ce ne sera pas le cas. Je ne dois pas prendre ce qu'elle va me dire pour une attaque personnelle.

Tout en faisant de mon mieux pour esquiver, je continue d'avoir l'impression d'être en train de crier : « Tu ne vas tout de même pas me dire ce que j'ai à faire ! Pourquoi faut-il que tu sois irritée parce que j'achète un nouvel ordinateur ? » Heureusement, j'ai la sagesse de me contenir et de me dérober, au lieu de me laisser aller à réagir avec mes tripes.

LES FEMMES NE DEMANDENT PAS À ÊTRE APPROUVÉES

L'homme a de la peine à comprendre qu'une femme bouleversée ne lui demande ni de l'approuver, ni de se soumettre à sa volonté à elle. Tout ce qu'elle veut, c'est être considérée. À tort, il s'imagine qu'il lui faut se battre pour être lui-même. En réalité, elle veut seulement se sentir écoutée. Elle n'a aucune intention de le freiner, ni d'exercer un contrôle sur lui.

Quand un homme fâché prend la parole, c'est pour essayer de convaincre son interlocuteur qu'il existe une solution au problème posé.

Quand une femme est bouleversée, ce qu'elle veut avant tout, c'est en parler ; ce qu'il convient de faire, elle en décidera plus tard. À tort, l'homme s'imagine qu'il doit lui céder, et sacrifier son propre désir pour lui plaire. Il fait l'erreur de conclure qu'il doit tomber d'accord avec elle pour qu'elle se sente bien à nouveau. S'il n'est pas d'accord avec elle, et s'il n'a pas envie de céder, il se laissera entraîner à mettre le doigt sur les carences de son argumentation à elle, et à essayer de la convaincre.

En prenant conscience de cette différence, l'homme peut maîtriser son inclination à raisonner lorsque sa femme est prise dans ses émotions. Quand je me sers de mon cerveau au lieu de réagir avec mes tripes, alors j'arrive facilement à esquiver. Ce qui ne veut pas dire que je ne doive pas tenir compte de mes pulsions. Elles sont inévitables. Mais dans une relation, on attend des hommes qu'ils contrôlent leurs instincts lorsqu'ils se sentent accusés ou attaqués, non qu'ils essaient de se venger.

Bien sûr, il peut arriver que l'homme soit touché par ce qu'il entend, et contrarié à son tour. Mais c'est justement le but recherché. Une femme est capable d'accepter que son partenaire se mette en colère, s'il parvient à maîtriser ses réactions négatives et à répondre en lui montrant du respect. Aussi long-temps qu'il arrivera à maîtriser ses propres émotions, à ne pas perdre son sang-froid et à ne pas lui renvoyer à la figure ce qu'il ressent, il sera considéré comme un allié. Tandis qu'une seule parole désobligeante pourra ruiner vingt minutes de soutien constructif.

Quand il s'agit d'affects, il est important que les hommes réfléchissent avant d'agir. Chaque fois que je maîtrise mes réactions en me servant de ma tête, nous en sortons gagnants tous les deux, Bonnie et moi. Sinon, nous avons perdu tous les deux. Certes je pourrais peut-être l'emporter à force d'arguments, mais il se peut en même temps que je perde sa confiance.

CE QUE LES FEMMES ADMIRENT CHEZ LES HOMMES

Une femme admire un homme quand il se montre assez fort pour contrôler ses émotions, et assez sensible pour apprécier ce qu'elle lui dit à sa juste valeur. Elle n'estime pas que son compagnon doit se plier à ses quatre volontés, et sortir tout penaud de la discussion.

Une femme admire un homme quand il se montre assez fort pour contrôler ses propres émotions, et assez sensible pour considérer comme valable son point de vue à elle.

Les femmes sont refroidies par les hommes passifs et soumis. Elles n'ont pas envie de jouer les patrons dans une relation intime. Ce qu'elles veulent, c'est être des partenaires à part égale. Une femme ressent le besoin primaire d'être écoutée ; si l'homme respecte ce besoin, elle répondra en respectant à son tour ses désirs à lui.

Revenons à l'incident de l'ordinateur. La discussion se poursuit. Et Bonnie lance alors d'un ton de méfiance, et sans répondre à ma question :

– Très bien ! Tu as regardé les prix ? Combien coûtera un nouvel ordinateur ?

Je me tais. Je sens maintenant la colère gronder en moi. Comment peut-elle se permettre de douter de ma compétence ? Ai-je besoin d'elle pour savoir combien coûte un ordinateur ? Ai-je encore besoin d'une maman ?

Plutôt que de laisser ces émotions s'épanouir, je préfère les garder à l'état de bourgeons. Et je m'efforce de ne pas perdre de vue l'objectif de tout cela – laisser à Bonnie le loisir de me faire partager tout ce qu'elle ressent.

Je juge utile d'avoir toujours mon objectif bien présent à l'esprit. J'ai besoin de me remettre en mémoire le fait que je ne suis pas en train d'essayer de gagner un procès. Au contraire, l'idée est d'apporter à ma femme un soutien efficace dans un moment où elle se sent fragilisée.

Si j'étais en train de plaider dans un contentieux, l'objectif serait de ruiner ses arguments. Je m'efforcerais non seulement de contester sa compétence, mais aussi de faire valoir la mienne dans le domaine des ordinateurs. Après tout, je me sers d'un ordinateur, et elle non ; en plus, je sais programmer. Comment ose-t-elle braver mon autorité en la matière ?

Dans une discussion de couple, c'est le genre d'approche qui conduit tout de suite aux frictions et au conflit. C'est peut-être la bonne manière pour convaincre un juge, mais un homme qui l'emploie dans une relation intime risque fort de se retrouver effectivement devant un juge, pour divorcer cette fois.

La pire attitude qu'un homme puisse avoir dans une discussion avec une femme, c'est ne pas considérer comme important ce qu'elle ressent.

AU LIEU D'ESSAYER D'AVOIR RAISON, ESSAYER D'AGIR DE LA BONNE FAÇON

Quand une femme est perturbée par ses émotions, l'homme n'a pas intérêt à essayer de lui expliquer que c'est son point de vue à lui qui est le bon. En effet, cela revient à considérer ce qu'elle ressent comme nul et non avenu. Au lieu de m'efforcer d'avoir raison contre ma femme, j'essaie de considérer ce qu'il y a de juste dans ce qu'elle éprouve. Alors elle sera en mesure de m'apporter à son tour le soutien que j'attends.

Pour continuer à faire en sorte que la discussion soit pour elle une aide, j'ai besoin de me dire que Bonnie n'a aucune intention de me discréditer. Poser des questions est une réaction automatique, chez les femmes qui ne se sentent pas assez en sécurité pour faire partager leurs sentiments. Ainsi, au lieu de répliquer, j'esquivai les missiles de la défiance. Je me dis qu'elle était prise dans un processus, et qu'elle n'avait aucune intention de contester mes compétences.

Plutôt que de me sentir mis au défi, j'avais appris à interpréter les questions de ma femme comme une « demande d'écoute ».

Quand les femmes sont prises par leurs émotions, en général elles posent des questions ; et ces questions sont un appel à être questionnées elles-mêmes, car cela les aide à explorer leurs sentiments.

Si Bonnie avait des doutes et des craintes, c'était moins sur mes compétences que sur mon aptitude à prendre en compte ce qu'elle ressentait. Et ces doutes étaient légitimes. En effet, ma réaction première était celle-ci : je n'ai pas envie qu'elle se mêle de mes affaires. Pourtant, si j'écoute mon cœur et ma raison, je me soucie d'elle, je veux lui offrir le respect qu'elle mérite.

Mais revenons à notre dialogue.

L'OBJECTIF PREMIER

Donc, en réponse aux questions de Bonnie, je m'abstiens de réagir avec mes tripes. Mieux vaut m'aligner à nouveau sur mon objectif initial, qui consiste à la soutenir, et à être soutenu par elle en retour.

John : Je pense qu'avant de parler de cet ordinateur, nous devrions commencer par évoquer ce que nous ressentons. Je veux comprendre pourquoi tu penses ainsi, et pourquoi tu es contrariée.

Il est nécessaire de recentrer ainsi le problème. Même quand l'homme met en œuvre sa capacité à établir de nouvelles relations, et ne tente pas de résoudre les ennuis de sa femme, les questions qu'elle lui pose peuvent le pousser dans une attitude défensive. Soudain, au lieu de l'interroger à son tour, il se met à apporter des solutions.

Or plus l'homme propose de réponses, plus la femme aura de questions à poser, et plus il en sera irrité. Au contraire, plus elle pourra s'exprimer, plus elle se sentira écoutée, et plus elle appréciera son partenaire. La technique que l'homme doit avoir à l'esprit consiste à différer les réponses. Il ne doit pas rétorquer par des réponses mais par d'autres questions. Il doit inviter sa partenaire à s'exprimer plus encore.

Un homme sera toujours tenté de défendre son point de vue. Instinctivement, il sent que s'il pouvait faire partager à sa partenaire la façon dont il vit *lui* la situation, elle ne s'en sentirait que mieux. En réalité, elle ne se sentira mieux que quand il acceptera de partager la façon dont *elle* vit les choses. Quand une femme se sent comprise, et que ses réactions sont prises en compte, elle arrive à se détendre. Sinon, elle a l'impression qu'elle va être obligée de se battre pour arriver à être entendue.

DIFFÉRER LES SOLUTIONS

À ce stade de la discussion au sujet de l'ordinateur, je me retiens de proposer à Bonnie des solutions. Je m'abstiens aussi de lui expliquer qu'en tant qu'auteur, je suis aussi dépendant de mon ordinateur qu'un cow-boy de son cheval. Que j'aime les ordinateurs, et que j'ai tout de même les moyens de m'en payer un. Qu'après avoir étudié les prix, je suis arrivé à la certitude que ce modèle-là est une bonne affaire. Ou encore qu'en l'achetant aujourd'hui et en faisant passer la dépense en notes de frais de cette année, je fais en réalité des économies... Oui, je m'abstiens de lui dire tout cela. En effet, ces arguments resteront vains tant que je ne saurai pas ce qui a vraiment mis Bonnie dans cet état.

Si l'affaire ne l'avait pas contrariée, si elle n'avait pas eu tout à coup besoin de parler quand j'ai mis cette histoire sur le tapis, elle se serait contentée de répondre :
— Ah bon ? Tu as envie d'un nouvel ordinateur ? Lequel veux-tu acheter ?

Et après un moment, elle aurait ajouté :

— Combien va-t-il coûter ? Tu as regardé les prix ? Et caetera. On en aurait discuté et voilà tout.

Mais il se trouve qu'elle ne réagit pas d'une façon aussi détendue. Et pour éviter d'aggraver les choses quand un tel cas se présente, j'ai appris à ne jamais m'embarquer dans une discussion d'ordre logique orientée vers une recherche de solutions techniques.

Quand une femme est contrariée, il lui est extrêmement difficile d'accepter les explications fournies par son partenaire, et même d'accepter une approche rationnelle de la situation.

ÉVITER LES GÉNÉRALISATIONS

À ma question concernant ce qu'elle éprouvait, Bonnie répondit :

— D'accord, je suis contrariée. Chaque fois que tu as envie de quelque chose, tu sors et tu te l'achètes. Je ne vois pas pourquoi tu as besoin de changer d'ordinateur. Tu travailles très bien avec celui-là. Si c'est pour dépenser de l'argent, il y a bien d'autres choses à acheter.

Elle reconnaissait qu'elle était contrariée. J'entendis en moi une voix s'écrier : « Parfait ! Maintenant, elle va pouvoir en parler. » Après, elle ne tardera plus à se sentir mieux. Fais bien attention, John. Surtout n'essaie pas de rectifier ce qu'elle dit. Écoute et tais-toi. Rappelle-toi que les sentiments éprouvés ne doivent pas être pris à la lettre. Ce sont des formes poétiques qui expriment des émotions. Elles ne doivent pas être prises comme des déclarations de fait. Ni comme des critiques à mon égard.

Chaque fois que Bonnie se lance dans des affirmations inexactes, ou dans des généralisations

156

hâtives, je me détends. En effet, cela me rappelle aussitôt que nous ne sommes pas en train de discuter logiquement sur des faits. Elle exprime le besoin d'être écoutée. Et c'est quand elle se sentira entendue que son anxiété tombera.

La plupart du temps, l'homme corrige les propos de sa femme. Il pense que, autrement, elle continuera de s'y cramponner comme à des vérités. Cette attitude est légitime devant un tribunal mais pas dans une relation intime. Si ma femme déclare devant un juge : « Chaque fois que tu as envie de quelque chose, tu sors et tu te l'achètes », alors je suis obligé de lui démontrer qu'il s'agit d'une déclaration incorrecte. Je me défends en lui rappelant toutes les choses dont j'avais envie et auxquelles j'ai renoncé. Je mets en avant toutes les fois où j'ai fait pour elle le sacrifice de mes propres désirs. C'est la façon dont tourne la roue de la justice. Ce n'est pas ainsi que fonctionne une relation de couple.

En lui expliquant que je fais moi aussi des sacrifices — comme attendre six mois, par exemple, avant de me décider à acheter cet ordinateur —, je ne fais que lui confirmer que, d'une façon générale, je ne comprends pas ce qu'elle ressent. Je ne fais que l'inciter à parler à son tour de ses propres renoncements. Et sans même nous en rendre compte, nous voilà en train de nous disputer à propos de qui se sacrifie le plus.

POSER DES QUESTIONS AMICALES

La discussion continue. Bonnie ajoute :
— Il y a tellement de choses dont nous avons besoin, s'il faut vraiment dépenser de l'argent.
Sur quoi elle marque une pause. C'est l'occasion

pour moi de me montrer courtois et de lui demander ce nous devrions plutôt acheter.

Quand elle se tait, je suis devant un choix. Soit lui poser une question sur un ton amical, ou neutre à tout le moins, afin de l'inciter à s'exprimer davantage. Soit défaire tout ce que j'ai construit en posant une question agressive dans le genre : « Comment peux-tu dire ça ? »

Ce que nombre d'hommes ne comprennent pas, c'est que plus une femme sent qu'elle est contrariée à bon droit, plus elle se calme facilement. Quand un homme s'abstient de reprocher à une femme de se montrer critique ou accusateur envers lui, il lui offre une chance de renoncer à son attitude vindicative.

QUAND LES HOMMES SE DISPUTENT
AVEC DES ÉMOTIONS

L'homme a quelquefois le sentiment que sa femme ne veut pas démordre de ses opinions. Mais c'est une erreur. Car le plus souvent, quand une femme ouvre son cœur à son compagnon, elle ne cherche pas à conclure, pas plus qu'elle n'exprime des opinions arrêtées.

----

*Quand une femme exprime des émotions
négatives, c'est en général qu'elle arrive
au milieu d'un processus de prise de conscience
de ce qu'elle ressent. Il ne s'agit pas
de déclarations objectives.*

Elle parle pour « découvrir » la gamme des sentiments présents en elle – elle ne procède pas à la description précise d'une réalité objective. Ça, c'est ce que font les hommes. Elle, elle est curieuse de

158

découvrir et d'identifier ce qui se passe dans son univers intérieur, subjectif.

Donc j'attends toujours que Bonnie réponde à ma question. Selon *elle*, que devrions-nous acheter, plutôt qu'un ordinateur ? Et Bonnie continue de chercher à savoir ce qu'elle éprouve réellement. Elle finit par me dire :

— Ce n'est pas que je pense à quelque chose en particulier. C'est juste que je ressens les choses comme ça. J'ai le sentiment que tu t'offres ce dont tu as envie, et moi je passe après. Peut-être que ça me rend folle, de penser que tu désires quelque chose plus que moi. Quand moi j'ai envie de quelque chose, ça a toujours l'air d'être peu important.

Je comprends alors ce que signifie son « Ce n'est pas que je pense à quelque chose en particulier ». Elle me parle de ce qu'elle ressent, pas de fait précis. Mais même avec son aide, je suis encore obligé de batailler pour essayer d'esquiver mon propre sentiment d'être critiqué et déprécié. Intérieurement, je fulmine.

« Comment ça, tu passes après ? » Telle est la question que je pose en silence. « Avec tout ce que je fais pour toi ? Je travaille dur et je fais en sorte que tu puisses avoir pratiquement tout ce que tu veux. Comment peux-tu avoir le cran ne serait-ce que de suggérer que ça ne compte pas pour moi ? » Dire cela, ce serait réagir avec mes tripes ; et je puis déjà apprécier à quel point ce serait contre-productif.

Si je me mettais à vouloir « lui dire ce que je pense d'elle », ce serait vouloir la convaincre qu'elle a tort, ou qu'elle se montre très injuste. Je ne pourrais alors l'emporter qu'en dépréciant ses sentiments, donc en la confirmant dans ses doutes et sa méfiance. Mais en l'écoutant, en évitant de l'attaquer, je lui donne le temps et l'occasion d'en dire plus, de se rappeler de bonnes impressions me concernant, et de laisser s'effacer la mauvaise perception qu'elle peut avoir

159

d'*elle-même*. Et en dépit de mon ressentiment, je suis certain que tout rentrera bientôt dans l'ordre.

Quand une femme a la chance de pouvoir faire partager librement ce qu'elle éprouve, elle en vient vite à se sentir plus amoureuse. Il se peut quelquefois qu'elle comprenne à quel point elle a tort, combien ses déclarations sont injustes, mais la plupart du temps elle se contente tout simplement de les oublier, dès lors qu'elle commence à envisager les choses dans une perspective d'amour.

Les hommes ne communiquent pas volontiers en assistant à un changement d'humeur qu'ils ne comprennent pas car il est tout simplement étranger à leur nature. Quand un homme fâché s'adresse à la personne responsable de sa mauvaise humeur, il a tendance à rester en colère, sauf si l'autre accepte clairement de se ranger à son point de vue, ou jusqu'à ce qu'une solution soit trouvée. En tout cas, il a du mal à se contenter d'écouter l'autre en hochant tranquillement la tête avec une expression de sympathie.

Quand une femme tente de lui faire partager ses sentiments négatifs, l'homme commet l'erreur de les considérer comme la conclusion à laquelle cette femme est parvenue. Du coup, il se sent accusé. Il ignore que ces sentiments se modifieront, à condition qu'il permette à sa femme de les exprimer.

POURQUOI LES HOMMES SE SENTENT MIS EN ACCUSATION

C'est tout à fait commun, lors des consultations. La femme essaie de faire partager ce qu'elle ressent ; et l'homme aussitôt se sent attaqué, mis sur le banc des accusés. Exemple.

Lui : Tu es en train de m'accuser.

Elle : Mais non. J'essaie de te faire partager ce que je ressens, c'est tout.

Lui : Mais en me disant ce que tu ressens, tu m'accuses. Quand tu dis que tu as l'impression de ne pas exister, j'entends que je manque d'attentions à ton égard. Quand tu dis que tu ne te sens pas aimée, tu m'accuses de ne pas t'aimer.

Elle : Non. Je dis seulement ce que j'éprouve. Je ne te parle pas de toi, mais de moi.

Lui : Si, tu me parles de moi ! Je suis le seul homme avec qui tu sois mariée.

Elle : Je ne peux rien te dire.

Lui : Et ça continue. Tu m'accuses d'être responsable de ce que tu ressens.

En l'absence d'intervention, ils vont continuer à se disputer comme ça un moment, puis ils vont arrêter, vaincus par la frustration.

Il faut expliquer aux hommes ce qui se passe vraiment chez une femme quand elle a l'air de leur adresser des reproches ; et aux femmes qu'elles peuvent rendre la communication beaucoup plus facile, dès lors qu'elles arrivent à comprendre pourquoi leur partenaire se sent mis en accusation.

À partir du moment où l'homme prend conscience du mécanisme de pensée féminin, il peut envisager les choses du point de vue de sa partenaire, et s'apercevoir qu'elle n'est pas du tout en train de lui adresser des reproches.

Pendant des années, je ne suis pas parvenu à prendre conscience de ce phénomène. J'écoutais ma femme et je me sentais constamment mis sur la sellette. J'avais toutes les peines du monde à esquiver les coups. Alors qu'elle essayait de me faire partager ce qu'elle ressentait, j'éprouvais un besoin impérieux de me disputer avec elle. Jusqu'au jour où tout a

161

changé. La prise de conscience se produisit un jour où je l'accompagnai pour faire du shopping.

Tandis que j'observais ma femme en train de faire ses achats, je notai une différence frappante entre nous deux. Ma méthode consistait à chercher ce que je voulais acheter, à le payer et à sortir du magasin au plus vite. J'étais comme un chasseur qui venait de tuer une proie, et qui n'avait rien de plus pressé que de la rapporter chez lui. Au contraire, Bonnie prenait plaisir à essayer toutes sortes d'articles.

Quand elle eut enfin trouvé une boutique qui l'intéressait, j'en ressentis un profond soulagement et je m'affalai sur une chaise près de la cabine d'essayage. Bonnie était tout excitée. Et moi aussi, j'étais tout excité. D'abord parce qu'elle était contente, et surtout parce que nous en aurions bientôt terminé. Comme j'avais tort !

Au lieu de se contenter d'acheter rapidement un ou deux vêtements, Bonnie mettait un temps infini à les essayer pour savoir comment elle se sentait une fois qu'ils étaient sur elle. Debout devant la glace, elle faisait des commentaires du genre :

— C'est sympa, ce truc-là, non ? Non. Je ne trouve pas, finalement. Est-ce que ça me va vraiment ? La couleur me plaît. La longueur, j'aime bien.

En définitive, elle déclarait :

— Non. Ça ne me va pas. Ce n'est pas mon genre.

La scène se répéta. Un article, puis un autre... Quelquefois, avant de retourner dans la cabine d'essayage, elle disait :

— Ça, c'est bien.

Trois quarts d'heure après, on partit sans qu'elle eût rien acheté. Et à ma grande surprise, elle ne se sentait pas frustrée le moins du monde. Je n'arrivais pas à comprendre comment on pouvait dépenser autant d'énergie à chasser, et être encore de bonne humeur après être rentré bredouille.

162

COMMENT ESQUIVER LES REPROCHES

Réfléchissant à cet incident, je m'aperçus qu'il y avait là une clef qui permettait de comprendre pourquoi une femme avait l'air de porter des accusations tout en protestant que non, pas du tout.

Voyez-vous, une femme submergée par l'émotion parlera de ce qu'elle ressent exactement de la même façon qu'elle fait ses achats. Elle ne s'attend pas à vous voir arrêter votre choix sur un sentiment particulier ; pas plus qu'elle n'a l'intention d'arrêter nécessairement son propre choix. Dans le fond, que fait-elle ? Elle essaie des émotions pour savoir laquelle lui va. Et l'opération prend beaucoup de temps. Elle teste les émotions comme elle essaie un vêtement après l'autre, en cherchant à savoir si « ça lui va », si c'est bien « son genre ».

> *Les femmes qui expriment leurs sentiments ne sont pas engagées par eux. Elles sont prises dans un processus qui consiste à découvrir ce qui leur va le mieux. Une femme peut fort bien dire d'un vêtement : « C'est sympa. » Cela ne signifie pas qu'elle va l'acheter et le porter toute sa vie.*

À présent, dans un souci de justice, quand j'ai le sentiment que ma femme m'adresse des reproches, je fais comme si nous étions en train de faire des courses. Elle essaie des articles et voilà tout. Cela peut prendre une heure. Quand ce sera fini, on pourra enfin « sortir de la boutique ». Et c'est seulement alors que je saurai ce qu'elle pense pour de bon.

163

LES SENTIMENTS NÉGATIFS NE DURENT PAS TOUJOURS

Un homme parviendra à esquiver les sentiments agressifs d'une femme, et à ne pas se sentir accusé, s'il se souvient que ces sentiments n'ont pas vocation à durer toujours. Sa compagne les essaie pour savoir s'ils lui vont. S'il commence à se disputer avec elle, elle adoptera aussitôt une attitude défensive. Protéger une femme, c'est l'inviter à remettre son sentiment négatif dans le rayon pour en « choisir » un autre, plus positif.

Si les femmes expriment leurs affects négatifs à voix haute, c'est pour en découvrir d'autres, positifs ceux-là. Des sentiments d'amour. Des représentations plus fidèles de ce qui leur arrive. Même si l'homme a commis une erreur, et même si elle est en train de laisser sortir ses émotions négatives, elle est en mesure d'avoir une vision plus large de la réalité, et de se rappeler tout le bien dont son compagnon est capable.

Le fait de formuler des sentiments négatifs aide les femmes à accepter les hommes et à les aimer tels qu'ils sont, sans vouloir dépendre d'eux ou attendre d'eux qu'ils soient parfaits. Le véritable amour ne repose sur aucune perfection. Ce dont une femme a besoin, c'est d'être protégée par son conjoint. Elle a besoin de pouvoir exprimer ce qu'elle ressent sans être ensuite redevable de chaque mot qu'elle a prononcé.

Si elle veut trouver l'amour dans son cœur,
une femme doit pouvoir exprimer
ses émotions en toute liberté.

LES SENTIMENTS NE SONT PAS DES FAITS

Quand un homme exprime ce qu'il ressent, il dit un fait – quelquefois, il estime avoir raison même sans disposer d'un grand nombre de preuves objectives. Pour une femme, extérioriser ses sentiments a un tout autre sens. Ce qu'elle éprouve a beaucoup moins à voir avec le monde extérieur qu'avec son *expérience* du monde extérieur. Pour les femmes, les affects et les faits sont comme des animaux d'espèces différentes.

Le commentaire de Bonnie était donc le suivant :

— Je me sens comme si tout ce que nous faisons t'était destiné à toi, et pas à moi. Nous faisons toujours ce que tu veux, et tu suis toujours ton chemin à toi.

J'interprétais cette phrase comme une critique à mon égard, exactement comme si elle avait dit :

— Tu es un égoïste. Tu ne penses qu'à toi. Tu ne te soucies pas de moi. Il faut toujours en passer par tes désirs à toi.

Mais j'esquivai en me rappelant qu'elle parlait de ce qu'elle ressentait, non de faits me concernant. Et de me rappeler cela l'aida à s'en souvenir aussi. Je me sentais sûr de moi car je savais que quand une femme a la possibilité de s'exprimer, de dramatiser, voire d'intensifier ce qu'elle éprouve dans une situation donnée, et quand elle a l'impression d'être écoutée, elle finit par envisager d'elle-même les éléments positifs de cette situation.

COMMENT ESQUIVER L'ATTITUDE CRITIQUE

Pour esquiver l'attitude critique de Bonnie, j'ai dû me souvenir que ce qu'elle disait n'était en rien une déclaration concernant des faits. Ce qu'elle ressentait n'était pas un propos en forme de reproche à mon sujet ni au sujet de ma conduite. Traduit dans une langue que je puisse comprendre, cela pouvait donner :

— Quelquefois, quand je suis sous le coup de l'émotion et donc incapable de réfléchir clairement, comme en ce moment par exemple, j'oublie complètement que tu es un type formidable. J'oublie aussi tout ce que tu fais pour moi. *C'est comme si* tout ce que nous faisons, nous le faisions pour toi et jamais pour moi. *C'est comme si* nous faisions toujours ce que tu veux. *Comme si* je ne pouvais jamais rien demander, *comme si* tu ne te souciais pas de moi. Alors que tu prends soin de moi, je le sais très bien. Mais voilà, *quelquefois* je réagis comme ça. Et particulièrement quand tu as envie de quelque chose, comme aujourd'hui par exemple. Quand tu as vraiment envie de quelque chose, tu l'exprimes si nettement que je me sens tout à coup *comme si* nous avions cessé d'être ensemble. Comme si je pouvais demander n'importe quoi, et que tu n'en tenais jamais compte. Je sais très bien que je suis importante pour toi. Mais ces sentiments, je les éprouve. C'est comme ça. Le fait que tu les entendes m'aide à me sentir mieux. Tu veux bien me rassurer, me dire que je compte pour toi, que tu veux bien m'écouter quand j'exprime ce que je ressens ?

Mais attendre d'elle qu'elle tienne un pareil discours, c'est tout simplement irréaliste. Pour dire cela, elle devrait aller contre sa nature féminine. Elle devrait devenir extrêmement rationnelle, logique. Elle devrait se montrer exacte et objective. Et cela au moment même où elle est prise dans un processus d'exploration de ses sentiments, où elle tente de les faire partager et d'exprimer son malaise.

*Un homme ne doit pas demander à une femme
de montrer des qualités d'exactitude et de
rationalité masculines ; ainsi il lui permettra
de devenir non seulement plus objective, mais
aussi plus aimante, plus confiante,
plus à même de s'accepter et d'estimer
l'autre à sa juste valeur.*

S'il veut esquiver les critiques avec succès, un homme ne doit pas oublier que les sentiments négatifs de sa femme sont susceptibles de se renverser de 180 degrés en l'espace de quelques minutes, et cela sans même qu'il ait besoin de rien dire. S'il réagit négativement aux sentiments négatifs de sa partenaire, elle ne se sentira pas comprise, et elle continuera à vouloir expliquer ce qu'elle ressent avant de passer à autre chose. Réagir par la mauvaise humeur ne fait que prolonger le processus.

Une femme est capable de dire dans la même phrase : « J'ai le sentiment que tu ne te soucies que de toi », et : « Tu es vraiment quelqu'un avec qui on se sent soutenue et en sécurité. » Pour elle, il n'y a pas contradiction — au contraire, c'est parfaitement normal.

Dès lors qu'il a pris conscience de cette souplesse inhérente à la nature féminine, un homme est en mesure de se détendre et d'écouter sa partenaire, au lieu de s'obstiner à vouloir la faire changer d'avis. Un homme qui ne sait pas comment esquiver réagira « avec ses tripes », ce qui aura pour conséquence d'obliger la femme à perdre sa souplesse, à se refermer, à devenir rigide.

POUR DÉSAMORCER, POSER PLUS DE QUESTIONS

Chaque fois qu'un homme pose des questions à une femme, il lui envoie un message *désarmant* et apaisant, à savoir qu'il se soucie d'elle, et qu'il est là pour elle. En posant des questions, ou en prononçant des déclarations de type « Comment puis-je t'aider ? » ou « Parle, je t'écoute », il la délivre de l'impression qu'elle éprouve de livrer un combat difficile. On trouvera au chapitre 7 une liste de questions « désarmantes ».

Poser des questions, c'est gagner la partie ;
réagir avec ses tripes, c'est la perdre.

Pour apporter un soutien à une femme contrariée, ou submergée par ses émotions, le secret consiste à l'aider dans sa traversée, ceci en l'invitant à exprimer plus encore ses sentiments – qu'ils soient positifs ou négatifs, précis ou non, défensifs ou vulnérables. Plus l'homme aura entendu de mots, plus il se sera dérobé, plus la femme se sentira écoutée, prise en considération ; et c'est le meilleur moyen de la ramener à une attitude aimante.

CONSEILS FONDAMENTAUX À L'INTENTION DES HOMMES QUI VEULENT APPORTER AUX FEMMES UN SOUTIEN

Souvenez-vous : quand une femme n'est pas obligée de se battre pour être entendue, elle peut s'abandonner à ce qui lui est le plus naturel – parler et renverser sa propre attitude. Pour aider votre partenaire à se sentir plus aimante et plus confiante, voici, messieurs, une liste de conseils à l'intention des hommes :

1 – Quand vous avez l'impression qu'elle est contrariée, n'attendez pas pour engager la discussion (en agissant ainsi, vous effacez déjà 50 pour cent de la charge émotionnelle).

2 – Tandis que vous la laissez parler, gardez bien en mémoire que vous ne lui serez d'aucune aide en montrant que ce qu'elle dit vous bouleverse aussi.

3 – Si fort que soit votre besoin de l'interrompre ou de la reprendre, ne le faites pas.

4 – Si vous ne savez que dire, alors ne dites rien. Si vous ne trouvez rien de positif ou d'aimable à dire, taisez-vous.

5 – Si elle cesse de parler, relancez par des questions jusqu'à ce qu'elle parle à nouveau.

6 – N'essayez pas de corriger ou de juger ses sentiments.

7 – Demeurez aussi calme et concentré que possible. Verrouillez vos réactions les plus fortes. (Sachez qu'en perdant le contrôle de vousmême, en réagissant « avec vos tripes », même brièvement, vous perdez tout ; vous serez alors obligé de tout recommencer, avec en plus un handicap à traîner.)

Esquiver et désarmer, c'est combattre. Dans un combat réel, l'homme a besoin d'attendre le bon moment pour frapper et établir le contact. Dans une discussion avec la femme qu'il aime, il doit appliquer cette même capacité, c'est-à-dire attendre le bon moment pour prononcer le mot ou la phrase de réconfort qui mettra fin au combat.

Dans une discussion avec la femme qu'il aime,
l'homme a besoin de mettre en œuvre
son aptitude de guerrier.

Revenons à cette discussion au sujet de l'ordinateur. J'avais longuement écouté Bonnie me dire ce qu'elle ressentait, et je savais que sa nature allait l'obliger à marquer une pause. Ce serait le moment de lui demander ce qu'elle voulait acheter. En l'encourageant à exprimer un désir – et quand bien même elle ne savait pas encore quel était ce désir –, je lui faisais comprendre que mon intention était de l'aider.

Le fait de lui demander ce qu'elle aurait envie d'acheter ne signifie pas que je doive renoncer à ma propre envie. Cela signifie que j'ai l'intention de manifester de l'intérêt pour ses désirs aussi bien que pour les miens. Je lui montre ainsi que je prends en compte ses besoins aussi sérieusement que les miens. Cette notion d'égalité est un baume souverain pour guérir l'âme des femmes.

QUE VEUT DIRE « COMPRENDRE SES SENTIMENTS »

Pour illustrer le point suivant, continuons à examiner cette même discussion. Tandis que Bonnie explique ce qu'elle ressent, j'attends le bon moment pour placer une parole de réconfort, et l'assurer que je suis de son côté. C'est alors qu'elle me dit ses craintes de ne pas pouvoir obtenir ce dont elle a envie. Rien de plus facile que de lui faire une réponse rassurante :

– Je comprends ton sentiment.

Le fait de dire que je la comprends ne signifie pas que je suis d'accord avec ses craintes. Ma réaction n'est pas de lui dire :

– Comme tu as raison ! Vu que tu as épousé un fieffé égoïste !

Non. Je déclare simplement :

– Je comprends ce que tu ressens.

En d'autres termes :

– Je comprends ce que c'est, que d'avoir peur de ne jamais avoir ce qu'on désire. À moi aussi, il est arrivé de ressentir cela dans ma vie. Ça fait mal. C'est désagréable.

Au cours d'une discussion émotionnellement chargée, l'homme doit rester vigilant et se tenir prêt à accomplir des gestes simples qui marquent son intention de soutenir sa partenaire. Par exemple, l'approuver d'un hochement de tête, la prendre entre ses bras, prononcer des mots gentils.

DE L'IMPORTANCE DU REGARD

Quand les femmes sont bouleversées, elles veulent qu'on les regarde. Contrairement aux hommes, elles n'ont aucune envie qu'on les laisse tranquilles ; elles ne veulent pas être seules. La chose la plus importante qu'un homme puisse faire alors, c'est de percevoir que sa femme est contrariée. Le fait de se sentir observée la conduira directement à se voir elle-même, et l'aidera à explorer la gamme de ses sentiments.

Quand un homme écoute, sa tendance innée le pousse à regarder ailleurs pour mieux réfléchir à ce qu'il entend. Les femmes ont de la peine à comprendre cette différence de nature. En effet, quand elles mettent en mots leurs émotions, d'instinct, elles appuient leurs paroles de leur regard.

À force de regarder sa compagne dans les yeux

pendant qu'elle parle, l'homme a tendance à faire le vide dans sa pensée et perd ainsi le fil de ses idées. S'il ne se rend pas compte que sa femme a besoin d'échanger plus de regards, l'homme détournera les yeux pour essayer de réfléchir à ce que sa partenaire lui dit, ou à ce qu'il va devoir répondre.

Apprendre à garder le contact oculaire est une façon d'aider la femme ; c'est aussi un moyen, pour l'homme, de ne pas réagir en proposant tout de suite une solution. Le jeu consiste alors à se souvenir qu'il ne doit pas détourner les yeux, et qu'il ne doit pas non plus laisser son esprit se vider.

Il y arrivera s'il apprend à regarder d'une certaine façon. Au lieu de fixer sa femme, il doit d'abord plonger ses yeux dans les siens pendant deux ou trois secondes. Quand il éprouvera le besoin naturel de regarder ailleurs, au lieu de tourner la tête, il regardera le bout du nez de sa femme. Puis ses lèvres. Puis le menton. Et enfin le visage tout entier. Après quoi il recommencera depuis le début.

Cette méthode permet à l'homme de ne pas cesser de regarder sa femme ; elle l'aide aussi à ne pas se déconcentrer. C'est également une façon de se relaxer en faisant quelque chose au lieu d'attendre passivement.

UNE ATTITUDE FROIDE

Il arrive que ma femme se montre froide à mon égard. En pareil cas, ma vieille approche, pour faire en sorte qu'elle se sente mieux, consistait à la laisser délibérément seule et tranquille. Mais je m'apercevais au bout d'un moment qu'elle se montrait de plus en plus froide, et que sa mauvaise humeur se dirigeait définitivement contre moi. Je me retrouvais alors en train de maugréer que je ne méritais pas ça. Alors je me mettais en colère. Erreur et maladresse ! Nous finissions par nous disputer.

Quand je commençai à en savoir plus sur les femmes, je changeai d'attitude.

En effet, il m'était apparu que le fait de vouloir laisser Bonnie seule et tranquille ne faisait qu'aggraver les choses. Que ce qu'elle recherchait dans ces cas-là, ce n'était pas la solitude mais au contraire un surcroît d'attention. La plupart du temps, sa mauvaise humeur ne me concernait même pas, ce n'est pas moi qui étais en cause – elle avait besoin de parler, voilà tout, c'était sa méthode à elle pour retrouver sa gaieté. Lorsque je faisais semblant de n'avoir rien remarqué, et que je m'approchais d'elle pour la toucher et lui poser des questions comme si de rien n'était, le résultat était qu'elle devenait de plus en plus froide et distante. Alors, quand bien même je n'étais pas la cause de son mécontentement, elle se mettait à s'en prendre à moi.

Aujourd'hui, je gère ce genre de situations tout autrement. Je mets un vêtement chaud et je fonce droit dans l'orage. Je sais que c'est le meilleur moyen de réchauffer l'atmosphère et d'engager la discussion. Je sais qu'ainsi Bonnie finira par se sentir mieux, du seul fait que j'aurai su esquiver, désarmer, entrer en contact.

COMMENT RENDRE À UNE FEMME SA BONNE HUMEUR

Désormais, quand je sens que la température est en train de baisser, je réagis aussitôt en allant auprès de Bonnie et en la touchant.

Si elle ne me repousse pas quand j'établis un contact physique, je sais que je ne suis pas la cause de sa détresse. Si elle me repousse, je comprends qu'il va me falloir esquiver sérieusement. Mais je sais aussi qu'après, elle me reviendra plus aimante encore.

Si je la touche, ce n'est pas seulement pour désamorcer sa colère, c'est aussi pour prendre la température. Si elle est réellement fâchée contre moi, je réfléchis et je pose les questions appropriées. Sinon, je me détends. Esquiver ne sera pas nécessaire. Pour engager la discussion, je lui demande comment s'est passée sa journée, ou si elle est fâchée contre moi. On trouvera une liste complète de questions à poser en pareil cas au chapitre 7.

Le plus souvent, la réponse sera :

— Mais non, ce n'est pas toi. C'est bien autre chose.

Et elle continuera de parler. Et même si elle *était* un peu fâchée contre son compagnon, elle se dépêchera de renoncer à tout reproche du simple fait qu'il aura pris les devants. Une femme qui se sent soutenue est capable de se montrer très aimante.

Quand une femme submergée par ses émotions dit : « Ce n'est pas toi », puis commence à s'ouvrir de ce qui la contrarie, il devient plus facile, pour l'homme, de l'écouter.

COMMENT RÉAGIR QUAND ELLE EST FÂCHÉE CONTRE VOUS

Quand une femme est fâchée contre un homme, le message le plus fort qu'il puisse lui envoyer, c'est qu'elle a raison de lui en vouloir. Que c'est une bonne chose pour elle de se mettre en colère. Et qu'il a vraiment l'intention de comprendre comment il a bien pu la mettre dans cet état, de sorte à ne plus recommencer.

Ma méthode est de toucher Bonnie. Si elle reste

froide à mon égard, ou si elle me repousse, je veille à ne pas me montrer blessé ou offensé par son attitude. Puisque je suis venu prendre la température, je dois m'attendre à cette possibilité. Si je ne m'y étais pas préparé, je réagirais instinctivement en me mettant en colère.

Prenons maintenant un autre exemple. Je m'aperçois un jour que Bonnie se montre froide avec moi depuis des heures. Franchement, je n'ai aucune idée de ce qui a pu la mécontenter. Autrefois, j'aurais réagi en me sentant désavoué et injustement traité. Mais aujourd'hui, non. Je sais comment m'y prendre pour empêcher cette contrariété de se développer. Il suffit de donner à Bonnie une chance de s'exprimer.

Je la touchai. Aussitôt elle me repoussa. Au lieu de la harceler, je convoquai ma capacité à esquiver. Ainsi j'étais en mesure de ne pas prendre sa réaction comme une attaque personnelle. Je restai dans les parages tout en continuant de regarder dans sa direction et en m'interrogeant sur ce qui pouvait la fâcher à ce point. C'est ainsi qu'elle mit peut-être quinze ou trente secondes avant de se rendre compte qu'elle m'avait envoyé aux pelotes. Et comme je n'avais pas répliqué sur le mode agressif, il ne m'était pas difficile de rétablir la confiance.

Aujourd'hui, je suis absolument certain qu'elle était en fait vraiment furieuse contre moi ce jour-là. Afin de ne pas me sentir blessé par sa colère et ses accusations à mon égard, j'eus la prudence de ne pas lui poser une question du genre : « Tu m'en veux ? » ou : « J'ai fait quelque chose qui t'a déplu ? » Si je ne voulais pas me sentir offensé, je devais commencer par éviter toute question qui risquait de m'enfermer dans ma propre colère.

Dans ces moments-là, la question la plus neutre est la suivante :

— Tu veux qu'on parle ?

Si la réponse est non, esquiver n'est pas difficile. Je comprends sans peine qu'elle n'a pas du tout envie de parler. Je dis alors :

— Je t'assure que j'aimerais vraiment savoir ce qui ne va pas.

Là encore, je prends soin de ne pas trop prêter le flanc à son courroux.

Elle marque une pause, puis répond :

— Oh, qu'est-ce que tu veux que je te dise ?

Alors que, au contraire, elle a une foule de choses à me confier. Le moment est venu de me tenir prêt à esquiver.

Mon intention est de continuer à poursuivre toujours le même objectif : l'aider, la soutenir. En me retenant d'en dire plus, je gagne son respect. Et elle reçoit le message cinq sur cinq : je suis là pour l'aider.

Quand une femme ne veut pas parler, c'est généralement parce qu'elle ne se sent pas en sécurité, pas assez protégée, ou insuffisamment comprise. Et cette résistance ne peut être vaincue qu'à force de gentillesse.

Tout en gardant ce principe à l'esprit, je demande :

— C'est quelque chose que j'ai dit ? Que j'ai fait ?

Sa réponse consiste à prendre une profonde inspiration, puis à lâcher un long soupir, signe qu'elle n'a vraiment pas envie d'en parler. J'ajoute après un temps :

— Si j'ai dit ou fait quoi que ce soit, je t'assure que je ne demande qu'à le savoir. Si je t'ai blessée, je veux savoir comment, ainsi ça ne se reproduira plus.

À ce point de la discussion, elle consent à entrouvrir la porte.

— L'autre jour, dit-elle doucement, nous étions en train de discuter, et tu as répondu au téléphone alors que j'étais au beau milieu d'une phrase. Et après avoir raccroché, tu ne m'as même pas demandé de finir. Vraiment ça m'a fait de la peine.

— Je suis désolé, dis-je alors. C'est vraiment grossier de ma part.

Une vague d'explications est en train de m'envahir, mais je me hâte de l'endiguer. Et je mets gentiment la main sur l'épaule de Bonnie. Cette fois, elle ne me repousse pas.

Elle commence à me parler de ce qu'elle ressent, et au bout d'un moment nous sommes à nouveau très proches l'un de l'autre. Pendant toutes ces années, j'ignorais la manière de m'y prendre. Mais comment aurais-je pu le savoir ? Personne ne m'avait appris. Aujourd'hui que je « travaille » à partir d'une conception nouvelle, basée sur de nouvelles compétences relationnelles, je sais comment procéder.

L'APPRENTISSAGE DE L'ESQUIVE EXIGE-T-IL DES QUALITÉS SPÉCIALES ?

Une fois maîtrisés les éléments qui composent les nouvelles compétences relationnelles, il suffira de quelques instants pour savoir comment s'y prendre. C'est un peu comme pour frapper dans une balle de tennis, ou dans une balle de golf – on doit pratiquer beaucoup si l'on veut perfectionner son smash, mais quand le geste est acquis, il devient pratiquement un automatisme.

Apprendre à écouter, c'est comme se former à n'importe quelle autre discipline. Par exemple, la première fois que l'on conduit une voiture, les opérations nous semblent très complexes. Ensuite on acquiert de l'expérience et on n'y pense même plus, on conduit avec naturel ; et cette activité se résume le plus souvent à une suite d'actes réflexes.

Pour un homme, le fait d'apprendre à écouter avec attention, sans se sentir lui-même contrarié ou frustré par ce qu'il entend, est à coup sûr une discipline nouvelle et complexe. Mais avec la pratique, cette discipline peut devenir une seconde nature.

SI SEULEMENT NOS PÈRES AVAIENT SU

Imaginons qu'un homme, en grandissant, ait observé des centaines de fois son père en train d'écouter patiemment sa mère, il n'aurait pas besoin aujourd'hui de cet entraînement. Mais nos pères et nos mères ignoraient tout des nouvelles compétences relationnelles, c'est pourquoi nous sommes obligés d'en apprendre les techniques.

Il n'en ira pas ainsi pour les générations futures. Nos enfants auront eu la chance de voir leurs parents appliquer ces modèles de communication, par conséquent ils n'auront pas à travailler dur pour s'y former.

En attendant, il faut que les hommes apprennent cette importante technique, et les femmes ont un rôle inestimable à jouer dans cet apprentissage. Pour revenir à mon expérience personnelle, je puis dire que le facteur déterminant a été la coopération de ma femme. Son soutien aussi. En évitant de me demander d'être parfait, en me faisant savoir quand mon aide avait été efficace, elle a beaucoup facilité les choses.

Dans le chapitre suivant, nous explorerons les techniques relationnelles modernes dont les femmes peuvent se servir pour aider les hommes dans leur apprentissage de l'écoute. Il s'agit de remettre en fonction une aptitude ancestrale : permettre le développement. Elles découvriront comment montrer la voie à un homme sans le materner. Elles seront dès lors en mesure de mobiliser cette capacité à l'amour inconditionnel qui leur est si naturelle, et qui en même temps leur garantit l'amour et la protection dont elles ont besoin.

CHAPITRE 6

L'aptitude des femmes à faire en sorte d'être écoutées quand elles parlent

Quand les femmes s'adressent aux hommes sur le mode qui leur sert à communiquer avec les autres femmes, soit les hommes ne comprennent pas ce qu'elles leur disent, soit ils cessent de les écouter. Exactement comme si elles parlaient un langage qu'ils avaient du mal à saisir. Mais les hommes peuvent apprendre le langage des femmes, et celles-ci peuvent aider considérablement à leur initiation ; il leur suffit de modifier légèrement leur style de communication.

En veillant à marquer une pause, et à préparer son partenaire à l'écoute de ce qu'elle ressent, la femme se met en situation de gagner le soutien dont elle a besoin.

En exprimant clairement son désir d'être soutenue, elle arrivera à se détendre, et à exprimer ses sentiments, sans avoir à se soucier du fait que son compagnon pourrait se fâcher, ou cesser de l'écouter.

Faire en sorte que l'homme écoute, c'est aussi simple que de prononcer la phrase suivante :

— Tu n'es pas obligé de dire quelque chose, ou de faire quoi que ce soit ; j'ai juste besoin de parler, d'exprimer ce que j'éprouve pour me sentir mieux après.

Une pause a été marquée, et l'homme est maintenant préparé. Il ne se sentira pas obligé, s'il veut la voir de meilleure humeur, de lui donner un conseil ou de proposer une solution. Pendant qu'elle parlera, au lieu de se concentrer sur une façon de résoudre le problème, il se détendra et offrira une écoute attentive. Ainsi il en fera aussi peu que possible ; mais ce peu apportera à sa partenaire le soutien émotionnel qu'elle recherche.

Parler en termes logiques, tout en se concentrant sur un problème : voilà comment les hommes communiquent, et comment se traitent les affaires. Mais c'est aussi ce que l'on attend d'une femme qui travaille, huit heures par jour et à différents niveaux. Si elle se contraint à parler « mâle », elle sera plus écoutée ; mais sa féminité en aura pris un coup.

Quand une femme rentre à la maison, sa première priorité consiste à retrouver son équilibre en redevenant féminine. Néanmoins, si elle se met brusquement à parler « femme », et si elle commence tout de suite et sans prévenir à tenter d'épancher le flot de ses sentiments, elle risque de détruire la relation du couple. Et elle finira par devoir renoncer soit aux hommes, soit à sa féminité — deux perspectives désastreuses du point de vue de son bonheur et de son épanouissement personnel.

Après s'être montrée toute la journée combative, compétitive, efficace, une femme a besoin de se détendre et de reprendre contact avec la part chaleureuse, aimante et féminine d'elle-même. Elle a besoin de liberté, de permissivité et de soutien. Elle a besoin de mettre en mots ce qu'elle éprouve sans souci d'atteindre un but quelconque, sans souci de logique, de précision ou de rationalité.

Pour récupérer après une journée de travail, il faut qu'elle puisse s'exprimer en toute liberté. Si elle est obligée de veiller à ce que ses sentiments soient formulés correctement, avec précision et dans un esprit logique, alors elle reste du côté masculin. Certains hommes ne comprennent pas ce qui est nécessaire à une femme pour développer la part féminine d'elle-même, et ils sont frustrés quand leur partenaire extériorise ses émotions sur le mode féminin.

Et un homme ne peut le comprendre instinctivement, étant donné que la part mâle de lui-même se développe quand il s'exprime directement, clairement, logiquement et en fonction d'un but précis, après avoir pris le temps de la réflexion et de l'élaboration. Il ignore absolument que le fait de demander la même chose à sa partenaire est une attitude contre-productive qui empêche l'épanouissement de la féminité.

UN NOUVEAU DILEMME

La femme d'aujourd'hui se trouve placée devant un nouveau dilemme. Soit elle s'entraîne à s'exprimer comme un homme, et dans ce cas elle renonce à une part d'elle-même, en même temps qu'à une source essentielle de bonheur, soit elle ne tient aucun compte des résistances des hommes et dans ce cas elle les perd. Elle décide d'exprimer librement ce qu'elle ressent, et son partenaire cesse d'écouter. Résultat, elle a perdu amour et soutien. Aucune de ces deux approches n'est valable. Heureusement, il existe un autre moyen.

Traditionnellement, les femmes ne dépendaient pas de leur conjoint pour alimenter la conversation ;

pas plus d'ailleurs qu'on ne les préparait à parler toute la journée un langage masculin. S'il arrivait qu'une femme soit obligée de se montrer plus directe, quand d'aventure elle avait une conversation avec un homme, ce n'était pas un problème puisqu'il lui restait tout le reste de la journée pour s'exprimer sur le mode « femme ».

Si les femmes d'aujourd'hui ont plus besoin de s'exprimer sur le mode « femme » avec leurs partenaires mâles, c'est que leur travail les prive de cette possibilité.

Le besoin féminin de communiquer avec les hommes est un défi nouveau, pour les hommes comme pour les femmes. En mettant en œuvre ses compétences nouvelles, une femme peut aider grandement l'homme à être à son écoute quand elle exprime ses émotions. Une fois que l'homme est préparé à écouter, la femme peut se détendre et se laisser aller. C'est là tout le secret. Quelques mots prononcés par elle, et voici l'homme mis en condition pour admettre qu'elle possède un style de communication différent. Même si ce qu'elle dit aurait normalement des chances d'apparaître comme des critiques et des accusations, en termes de langage « mâle », même s'il n'est pas encore devenu un expert dans l'art de l'esquive, il saura se montrer efficace, à condition bien sûr d'avoir été correctement préparé.

LE GRAND HOUDINI

Lorsque je veux traiter du besoin qu'à l'homme d'être préparé, j'ai recours à mon exemple favori, emprunté à la vie du grand Houdini.

Le magicien Harry Houdini prétendait être capable

de se sortir de n'importe quelle situation. C'était un virtuose de l'évasion, comme chacun sait. Il se rendit célèbre en réussissant à sortir de caisses fermées par des chaînes, de camisoles de force, de coffres-forts et de toutes sortes de prisons. Mais il aimait à lancer également un autre genre de défi, moins connu celui-là.

Il disait que n'importe quel individu de n'importe quel gabarit pouvait le frapper au ventre sans provoquer aucune contusion. Il était capable d'encaisser les coups les plus violents.

Un soir d'Halloween, pendant l'entracte de son show de magicien, un étudiant se glissa dans les coulisses et lui dit :

— C'est vrai que vous êtes capable d'encaisser n'importe quel coup de poing ?

— C'est vrai, confirma Houdini.

Sans lui laisser le temps de se préparer, l'étudiant le frappa. Et c'est ce coup de poing qui tua le grand Houdini. On l'emmena à l'hôpital en urgence, mais il succomba le lendemain.

Comme Houdini, un homme peut encaisser les coups qu'une femme lui donne en parlant, mais à condition d'y avoir été préparé. S'il ne veut pas être blessé, il lui faut raidir ses muscles abdominaux. Sans préparation, il est vulnérable. Et on peut lui faire facilement du mal.

Il existe toute une variété de façons, pour une femme, de préparer un homme à écouter ce qu'elle a à dire sans en sortir avec des bleus partout. Dans ce chapitre, je vais offrir quelques suggestions. Certaines vous conviendront, d'autres non. Au fur et à mesure que le temps passera, d'autres modes de préparation pourront se révéler mieux adaptés à votre couple.

ESSAYER DES ARTICLES

Ce qui est proposé ici se rapporte au cas où vous vous trouvez en présence de plusieurs vêtements que vous aimeriez porter. Essayez-les, voyez s'ils vous vont. S'ils vous plaisent, essayez-les de nouveau, mais cette fois en présence de votre partenaire ; ainsi vous saurez s'ils lui plaisent autant qu'à vous. Faites votre choix.

Considérez les exemples qui suivent comme des bases applicables éventuellement à d'autres formes d'expression. Une fois que vous aurez pris le pli, ces modèles deviendront une façon parfaitement naturelle d'aider l'être que vous aimez le plus dans la vie. Et vous finirez par les appliquer à toutes vos relations.

EXPLIQUER À L'HOMME CE QU'ON ATTEND DE LUI

En général, quand une femme lui parle, l'homme ignore quelle réaction est attendue de sa part. Pour lui, écouter une femme est chose difficile. En effet, il ne comprend pas vraiment ce qu'elle dit, dans le langage qui est le sien. S'il n'est pas formé à l'art d'esquiver, plus il tendra l'oreille, et plus il se sentira heurté par ce qu'il entendra, et qu'il interprétera, dans son langage « mâle », comme étant des critiques.

L'homme esquive plus facilement dans l'arène de son travail, là où il n'est pas obligé de se soucier du bien-être des autres. Dans ses relations amoureuses, il se montre beaucoup plus ouvert et vulnérable, de sorte que les coups lui font encore plus mal.

La femme, pour bien assumer le rôle qui est le sien aujourd'hui, doit faire comprendre ses attentes avant de commencer à parler. Si elle explique clairement à son conjoint ce qu'elle attend de lui, dans un langage qu'il peut comprendre, alors il pourra se détendre au lieu de s'escrimer à trouver ce qu'elle peut bien vouloir. C'est une nouvelle façon de procéder pour une femme mais, une fois acquise, cette méthode lui permet de s'affirmer en tant que femme moderne.

UNE NOUVELLE UTILISATION D'ANCIENNES APTITUDES

Bien que cela paraisse nouveau, en fait « préparer le terrain » est une ancienne technique à laquelle les femmes sont rompues depuis la nuit des temps. En agissant ainsi, elles obéissent à un instinct ancestral. Pendant que l'homme des cavernes se concentrait sur sa journée de chasse, sa partenaire préparait l'avenir.

Les femmes savent intuitivement que les choses se feront d'elles-mêmes, par étapes, dans la mesure où on aura créé pour elles les bonnes conditions. Elles connaissent de façon innée la devise : Prévenir un peu vaut mieux que guérir beaucoup.

Jusqu'à notre époque, les femmes exerçaient leurs responsabilités quotidiennes en se montrant prévoyantes. Chaque jour, elles anticipaient la meilleure façon de nourrir la famille. Pour créer une atmosphère propice à elles-mêmes et à leur progéniture, elles arrangeaient la maison de sorte qu'elle soit aussi accueillante et belle que possible. Lorsqu'elles voulaient un jardin, elles commençaient par retourner la terre, ensuite elles semaient des graines.

En tant que mères, les femmes ont toujours pris

le temps de préparer leur progéniture à affronter le monde, pas à pas. Pour apprendre à l'enfant à jouer de façon indépendante, une mère commencera par lui donner des jouets correspondant à son âge, elle créera pour lui des conditions de jeu favorables. Quand elle voudra initier son enfant à la lecture, elle commencera par lui lire elle-même des histoires. Elle sait que si elle « prépare » un cadre épanouissant, l'enfant progressera et se développera de lui-même.

La femme a toujours accordé énormément d'attention à sa toilette, à son apparence. Une femme, pour s'habiller, a besoin de temps. C'est instinctif. Elle veut être vêtue de façon appropriée. Elle doit choisir le bon maquillage, prendre soin de sa peau qui est sensible, porter les bijoux qui lui permettront de capter l'attention, en fonction des événements auxquels elle se prépare.

Même en termes biologiques, les femmes ont besoin de se préparer. Neuf mois durant, elles se préparent à accoucher. Pour atteindre à une pleine satisfaction sexuelle, elles ont besoin de temps, de stimulations, de préliminaires. De même en ce qui concerne leur cycle menstruel : elles prévoient une protection hygiénique.

Dans la tradition, la femme se préparait au mariage en demeurant vierge. Avant d'avoir un rapport sexuel, et éventuellement un enfant, elle s'assurait que son partenaire s'engageait pour de bon, et qu'il pourrait subvenir à leurs besoins. L'assurance vie elle-même correspond à un antique rituel de prévoyance féminin. Dans les temps anciens, les femmes devaient envisager la possibilité de devenir veuves sans perdre pour autant les bénéfices de leur statut social.

Les femmes se préparent toujours. Leur nature le veut : elles savent le faire. Et l'une de leurs plus grandes frustrations secrètes est précisément de ne pas savoir comment mettre un homme en condition

187

pour les écouter. Une femme qui n'a pas compris clairement qu'il existe un parler « mâle » et un parler « femme » ne saura pas intuitivement combien il est néfaste de plonger sans préambule dans une conversation avec son conjoint. Elle pensera naïvement ceci : puisqu'il m'aime, il doit comprendre d'instinct mon langage.

Et quand les femmes préparent le terrain, elles le font souvent d'une façon appropriée à un échange verbal avec d'autres femmes, mais pas avec un homme. Elles se disent à tort que le meilleur moyen de mettre son partenaire en condition consiste à lui poser un tas de questions sur la façon dont s'est passée sa journée. Mais ça, ça ne marche pas.

Savoir préparer un homme à écouter fait partie des nouvelles compétences féminines.

De même que l'homme peut apprendre à esquiver en développant ses anciennes aptitudes guerrières, la femme peut apprendre à préparer l'homme à écouter : pour cela, elle doit mettre d'anciens talents féminins au service de ses nouvelles compétences relationnelles.

Les temps ont tellement changé que l'homme d'aujourd'hui, même intelligent et bien intentionné, ignore les besoins réels d'une femme. Quand elle lui parlera, sa réaction sera de lui proposer tout un assortiment de commentaires, de corrections et de solutions possibles. À quoi elle répondra :

— Mais tu ne comprends pas !

Le fait de n'être pas comprise fait partie des griefs habituels que les femmes adressent aux hommes. C'est un tel poncif que les hommes se mettent sur la défensive dès qu'ils l'entendent. En effet, en langage « mâle », la formule ci-dessus signifie qu'il est stupide, et inapte à venir en aide à sa propre femme.

Cette phrase : « Tu ne comprends pas », vient automatiquement aux lèvres des femmes. C'est pourquoi elles la prononcent sans se rendre compte qu'elles ne font ainsi qu'empêcher leur partenaire de leur apporter l'assistance qu'elles réclament. Cette phrase, l'homme l'entend comme une critique ; en plus, elle n'a pas de sens pour lui.

L'homme a généralement l'impression que ce qu'il fait, bien au contraire, démontre qu'il comprend sa femme ; et afin de conserver sa fierté, il est prêt à se battre pour en apporter la preuve définitive. Résultat, alors qu'il avait commencé en essayant d'épauler sa femme, il finit par avoir envie de se disputer avec elle.

COMMENT AMENER UN HOMME À ÉCOUTER

Quand une femme dit : « Tu ne comprends pas », cela signifie pour elle : « Tu ne comprends pas que ce n'est pas une *solution* que j'attends de toi en ce moment précis. »

Mais lui, il a le sentiment qu'elle n'apprécie pas à leur juste valeur les solutions qu'il lui propose ; c'est pourquoi il se cramponne à son idée, argumente encore plus et continue d'expliquer. Ainsi il empêche sa femme de parler. Alors que parler est exactement ce dont elle a besoin.

Si une femme veut faire comprendre à son compagnon ce qu'elle attend réellement de lui, elle doit éviter de lui dire : « Tu ne comprends pas. » Même si c'est ce qu'elle pense. Cette phrase sonne aux oreilles de l'homme comme une accusation trop dure à entendre.

Mais il existe une alternative. D'abord, marquez un temps, et considérez qu'il fait de son mieux pour comprendre, justement. Dites au bout d'un instant :

— Je vais essayer de le dire autrement, si tu veux bien.

Ce message est aussi une façon de signaler à votre partenaire qu'il n'a pas compris, mais il ne sonne pas comme une critique. Ainsi, l'homme a envie d'écouter davantage, et de réfléchir à nouveau à ce que vous lui expliquez. Il ne se sent pas critiqué, ou mis au banc des accusés ; du coup, il est encore plus impatient de vous aider. Une femme doit savoir comment se fait le déclic chez les hommes ; sinon, elle ne comprendra jamais pourquoi il préfère de loin entendre : « Je vais essayer de le dire autrement, si tu veux bien », plutôt que : « Tu ne comprends pas. » Mais pour un homme, c'est une différence si évidente qu'il ne songerait jamais à rien suggérer de tel lui-même.

LA SAGESSE CONSEILLE DE MARQUER UN TEMPS ET DE PRÉPARER LE TERRAIN

Quand un homme propose des solutions alors que la femme a seulement besoin d'être écoutée, la façon moderne pour elle de gérer la relation consiste à éviter de l'offenser. Ainsi il se sentira soutenu dans son propre désir d'aider sa compagne. Apprendre à « marquer un temps » et à « préparer le terrain » : c'est ainsi que la femme pourra continuer à s'exprimer sans être interrompue par des offres de solutions.

Plus vite la femme aura dit clairement qu'elle attend autre chose que des solutions, plus l'homme se sentira à l'aise et plus il renoncera facilement à son envie de « jouer les réparateurs ». Ainsi il adoptera une attitude différente, celle de l'écoute. Imaginons par exemple un homme qui vient de passer vingt minutes à écouter et à donner des conseils. Sa femme marque un temps, puis elle lui fait savoir qu'elle ne veut pas de ses conseils. L'homme se sentira idiot et dévalorisé ; il se réfugiera dans une attitude défensive.

Quelquefois, quand Bonnie me parle de ses problèmes, je commence par lui proposer de petites solutions. J'ai beau enseigner la façon de maîtriser les relations nouvelles, il m'arrive à moi aussi d'oublier l'art de l'esquive.

Au lieu de réagir en disant : « Tu ne comprends pas », ou : « Tu ne m'écoutes pas », elle marque un temps, et elle me prépare à l'aider. Au lieu de se focaliser sur le fait que je m'y prends mal, elle me rappelle en quoi consiste mon rôle. C'est la bonne stratégie. C'est la façon actuelle de gérer la relation.

Sur un ton parfaitement décontracté, elle dit :

— Oh, tu n'es pas obligé d'essayer de résoudre mon problème. J'ai besoin d'en parler, c'est tout. D'ailleurs je me sens déjà mieux. Je crois que j'avais juste envie d'être écoutée.

Elle dit cela comme on s'adresse à l'invité qui se lève à la fin du dîner en proposant d'aller faire la vaisselle. En pareil cas, une maîtresse de maison aimable aurait le réflexe de dire :

— Oh, ne t'embête pas avec ça. Je m'en occuperai plus tard. Ce n'est pas un bien grand travail. Passons plutôt au salon.

Lorsque Bonnie, de cette même façon, me remet en tête les compétences qui sont supposées êtres les miennes à notre époque, je suis très content de pouvoir l'aider. Quand une femme s'adresse à un homme sur ce ton pour le rappeler à ses devoirs, elle minimise l'erreur qu'il vient de commettre, et le met ainsi en condition d'écoute.

Un jour que j'avais écouté Bonnie pendant une dizaine de minutes, je commençai à avoir l'air vraiment accablé. J'étais rentré à la maison en pleine forme. Puis je l'avais écoutée se plaindre. À présent j'éprouvais un complet sentiment d'échec. Je me sentais frustré. J'avais l'impression qu'elle était vraiment malheureuse, et moi à peu près impuissant à y rien changer.

Elle finit par s'apercevoir que j'étais secoué.

— Tu as l'air exactement comme j'étais tout à l'heure, me dit-elle alors.

Ce fut une révélation.

— Tu veux dire que tu te sens mieux ? demandai-je.

— Oui. Je me sens beaucoup mieux maintenant. Je suis désolée pour toi. Mais oui, je me sens bien mieux.

Et soudain, je me sentis mieux à mon tour.

— Bien, lui dis-je. Si tu te sens mieux, alors moi aussi. J'ai cru qu'on était partis pour passer une soirée atroce.

Je crois que sur un plan émotionnel, j'avais même cru que nous étions partis pour avoir désormais une existence atroce ! Mais Bonnie m'avait renvoyé des sentiments positifs en disant combien cela lui avait fait du bien de se sentir écoutée ; et cela me remettait de bonne humeur.

Résultat, la fois suivante, ce fut pour moi bien plus facile de l'écouter sans me sentir accablé. Chaque fois que nous parlions *et* que je l'avais aidée à se sentir mieux, cela facilitait les choses pour la fois suivante.

AIDER LA FEMME À MARQUER UN TEMPS
POUR REGARDER LA RÉALITÉ

Je me souviens d'une autre anecdote. Bonnie, un jour qu'elle était vraiment fâchée contre moi, me dit quelque chose comme :

— J'ai l'impression que tu n'as plus envie de passer du temps avec moi. Ton travail est plus important que moi. Alors qu'on était si heureux avant. On dirait que les choses s'aggravent de jour en jour.

Voilà qui n'était pas facile à entendre. Mais je continuai à esquiver. Je me rappelai que ce n'était pas de moi qu'elle parlait ; elle ne faisait qu'essayer de savoir ce qui la contrariait vraiment.

À un moment, voulant éviter de me sentir attaqué, et plus fâché encore, je l'invitai à marquer une pause et à regarder la réalité.

— Je commence à avoir l'impression de ne rien faire de bien. Est-ce que vraiment les choses ne vont pas mieux ? Il n'y a pas quelque chose que j'aurais réussi ?

— Si, répondit-elle. Autrefois, je n'aurais jamais dit ça. Je me sens tellement en sécurité avec toi. Mais j'ai eu besoin d'exprimer ça. Je vais me sentir mieux maintenant que c'est fait. Je sais que c'était dur à entendre pour toi. Et j'apprécie que tu aies écouté.

— D'accord, dis-je. Dans ce cas, continue.

J'avais besoin de m'entendre dire que ce qu'elle éprouvait n'était pas dirigé contre moi.

Une fois, elle marqua une pause au milieu d'une conversation.

— Je sais que ce que je dis te semble très injuste, dit-elle. Mais j'ai juste besoin d'exprimer mes sentiments. Parce que ça me fait du bien. D'accord ?

Dans l'instant, je me sentis à même de me détendre. Je pouvais l'écouter sans me replier sur une attitude défensive.

— Merci, dis-je. Ça me va.

Toute la différence était là : elle avait pris le temps de marquer une pause et de me préparer à écouter.

En général, les femmes ignorent que quelques mots fort simples peuvent faire toute la différence pour les hommes.

LES CHOSES ONT L'AIR PIRES QUE CE QU'ELLES SONT EN FAIT

Une autre fois, au milieu d'une discussion difficile, Bonnie déclara :

— Je sais combien ça doit être dur pour toi. Mais j'ai besoin d'en parler, c'est tout. Les choses ont l'air d'être pires que ce qu'elles sont en fait. Mais ce n'est pas une si grande affaire. Tout ce que je veux, c'est que tu saches comment ça se passe en moi.

Les choses ont l'air d'être pires que ce qu'elles sont en fait... Mais ce n'est pas une si grande affaire... Ces mots étaient pour moi comme du miel. Certes, un homme ne doit jamais dire à une femme : « Ce n'est pas une si grande affaire. » Mais si une femme se sent suffisamment en sécurité pour partager ses émotions, et si elle voit que son compagnon est prêt à considérer ce qu'elle ressent comme une grande affaire, alors elle est capable de dire elle-même : « Ce n'est pas une si grande affaire. »

Pour nombre de femmes, cette phrase en elle-même serait contre-productive, en particulier si on la lui répète sans arrêt. Mais en tant qu'adulte, si elle voit que l'on respecte ce qu'elle éprouve, il devient plus facile pour elle de prononcer à son tour le genre de phrases qui peuvent aider un homme à écouter.

Quand une femme commence à comprendre les hommes, elle s'aperçoit qu'ils respecteront d'autant

194

plus ses sentiments à elle qu'elle ne l'a pas demandé. Dire : « Ce n'est pas une si grande affaire, j'ai juste besoin de savoir ce que je ressens », c'est préparer son partenaire, et faire en sorte qu'il écoute avec plus d'attention.

À d'autres moments, la bonne technique pour préparer l'homme à écouter consiste à dire :

— Je ressens un tas de choses. J'aimerais bien en parler. Mais sache que même si c'est dur à entendre, en réalité ça ne va pas si mal. J'ai juste besoin d'en parler, et de sentir que tu te soucies de moi. Tu n'as pas besoin de parler, ou de faire quoi que ce soit.

Ce genre d'approche incite l'homme à réfléchir aux efforts qu'il pourrait faire pour mieux aider sa femme.

QUE DIRE QUAND IL A DE LA PEINE À ÉCOUTER

Quand une femme pressent que l'homme n'a pas très envie d'entendre ce qu'elle a à lui dire, il existe une façon moderne de le préparer. Il s'agit de faire en sorte qu'il ait la possibilité d'esquiver. Une femme m'apprend un jour qu'elle venait de dire à son mari :

— Merci de m'aider, là. Vraiment j'apprécie que tu essaies d'esquiver ce que je te dis. Je sais que ça ne doit pas être facile à entendre.

Il s'agit là d'une technique relationnelle particulièrement avancée. En effet, la plupart du temps, une fois que sa partenaire a admis la difficulté à laquelle il est soumis, l'homme est prêt à accepter le rôle. En général, une femme estime que son conjoint doit l'écouter puisqu'il l'aime. Aucun instinct ne lui permet de comprendre à quel point c'est dur de subir des retours négatifs de la part de l'être qui vous est le plus cher. Le fait d'attendre de lui qu'il se prête facilement à l'art de l'écoute, simplement parce qu'il l'aime, cela lui rend la chose plus compliquée encore. C'est pourquoi il est préférable de commencer par reconnaître que c'est difficile pour lui ; ainsi la femme favorisera chez lui l'envie de faire ce qu'il faut pour apprendre à lui prêter une oreille attentive.

Au travail, l'homme est heureux d'accomplir telle tâche ardue, à condition d'être payé en retour. Si on lui en demande plus, sans reconnaître la valeur de son effort ni lui offrir de compensation, il commence à penser que l'on a surestimé ses forces, et par voie de conséquence il traîne les pieds encore plus. En outre, dans la relation, quand on lui demande quelque chose de difficile, il attend que son effort soit apprécié à sa juste valeur. Sinon, il se dira : « À quoi bon ? » Voyons un exemple.

PEARL ET MARTY

Pearl, énervée de voir que Marty, son mari, « ratait toujours la bretelle de sortie d'autoroute », s'estima en droit de lui prodiguer quelques conseils sur la meilleure façon de conduire, conseils qu'il n'avait pas sollicités le moins du monde. Cela eut pour effet de le contrarier profondément, chose à laquelle elle ne s'était pas du tout attendue. Elle percevait ses résistances, mais elle les jugeait stupides et enfantines. Par conséquent, elle continua à lui donner des conseils en matière de conduite automobile, et lui continua de détester ça.

En assistant à un de mes séminaires, Pearl comprit qu'elle s'était trompée.

— Maintenant, dit-elle, je vois bien que j'aurais mieux fait de le laisser conduire et tirer lui-même les leçons de ses erreurs. Je ne savais pas que c'était en fait une occasion de lui donner l'amour dont il avait besoin. Mais et moi alors ? Si nous allons au mariage de ma fille, et qu'on arrive en retard parce qu'il a encore raté la sortie de l'autoroute ! Est-ce que je n'aurai jamais le droit de rien lui dire ?

La réponse est *si*. Pearl a le droit de lui donner des conseils. Mais avec beaucoup de parcimonie, et seulement dans des situations de force 10 sur une échelle qui compte dix degrés. Si elle ne l'a pas jusque-là accablé de conseils, Marty devrait être capable d'en accepter un sans le prendre mal.

La meilleure façon de préparer un homme à accepter un jour un conseil dans un moment crucial, c'est de garder vos remarques pour vous quand il commet de petites erreurs sans gravité.

Si votre partenaire rate ses sorties d'autoroute, évitez de lui donner des leçons de conduite. Servez-vous de l'incident comme d'une occasion pour le préparer à de futures observations qui, elles, en vaudront la peine. Essayez de vous taire, et agissez comme s'il était parfaitement normal, pour un homme brillant, d'être tellement concentré sur ses pensées qu'il en rate la bretelle d'autoroute. Non seulement il vous en sera très reconnaissant, mais il se montrera ensuite plus ouvert à vos conseils.

Dans tous les cas, une femme doit savoir accepter les petites erreurs de la part de son partenaire ; ainsi, le moment venu, il acceptera plus volontiers de sa part des suggestions importantes.

ARRIVER À L'HEURE À L'ÉGLISE

En réponse à sa question, j'expliquai à Pearl que si elle avait peur d'arriver en retard à l'église le jour du mariage de sa fille, la meilleure chose à faire était de *prévenir* Marty, de sorte qu'il prenne ses craintes en considération. Elle pouvait dire par exemple :

— Je sais que tu détestes ça, Marty, quand je te fais des remarques sur ta façon de conduire, et d'ailleurs j'essaie de ne pas le faire. Mais aujourd'hui, ça t'embêterait si je jouais les copilotes ? Je suis tellement nerveuse avec tout ça. Ça m'aiderait à me calmer, tu sais.

Marty répondra oui. Elle devra alors le remercier, comme s'il lui accordait une faveur. Non seulement il a montré qu'il était prêt à écouter sa compagne, mais il est désormais préparé à mieux accueillir les conseils qu'elle pourrait lui donner dans l'avenir.

C'est comme si elle lui disait :

— Je respecte le besoin que tu as de faire les choses par toi-même. Et je n'ai pas le droit de piétiner ta sensibilité. Je ne te demande pas plus que tu ne peux donner. J'apprécie que tu fasses preuve de souplesse aujourd'hui, et que tu veuilles bien m'aider.

C'est le genre de propos qui petit à petit aide un homme à s'ouvrir aux préoccupations de sa compagne, ainsi qu'aux conseils qu'elle est susceptible de lui donner sur d'autres sujets. Le fond de l'affaire est que plus un homme se sent apprécié, plus il a l'impression que l'on a confiance en lui, plus il est prêt à accepter les efforts supplémentaires qui lui sont demandés.

Dans ma propre relation de couple, lorsque nous sommes en retard, ou si je ne suis pas sûr de mon itinéraire, je m'arrange pour me débrouiller tout seul. Mais je sais que Bonnie aura du mal à contenir son envie de me donner des indications sur la route à suivre, et pour dire la vérité j'aurais bien besoin de ses conseils. Dans ces moments-là, je dis :

— Allez, si tu as envie de jouer les copilotes. Pour une fois, c'est d'accord. J'apprécierais un coup de main.

Très souvent, la femme a le sentiment que son

compagnon n'a pas envie de l'écouter. Et comme elle ne sait pas de quelle façon s'y prendre en pareil cas, elle préfère se taire. Mais elle est obligée de gaspiller ses forces pour franchir ce mur de résistance. Et en général, elle se paie elle-même de cet effort en se rappelant toutes les fois où son conjoint n'a pas voulu l'écouter. Autrement dit, elle va de l'avant sans tenir compte de ses résistances à lui.

C'est comme si elle se disait à elle-même :

— Je m'en moque, s'il ne veut pas m'écouter. Il faut que je le lui dise, c'est tout.

Ce genre de déclarations autoritaires n'est pas ce qu'il y a de mieux pour favoriser la communication. Ce n'est pas ainsi que l'on construit des ponts entre les êtres. Du reste, cela ne fait que renforcer ses résistances à lui.

Si une femme ne sait pas comment s'y prendre pour exprimer ce qu'elle a à dire, et d'une façon qui puisse être entendue par son partenaire, la technique la plus efficace consiste à le lui faire savoir, tout simplement. Il lui en sera reconnaissant, et ensuite il essaiera de l'aider. Dès l'instant qu'il se sentira soutenu, il sera plus enclin à accepter les erreurs qu'elle pourrait commettre, et à mieux comprendre le message qu'elle essaie de lui faire passer.

Ce qu'un homme a le plus de mal à supporter, c'est que sa compagne lui demande de l'écouter sans se mettre en colère à cause de ce qu'il va entendre. Quand une femme prévoit que son partenaire a des chances d'interpréter de travers ses paroles, le mieux est de commencer par le lui faire savoir. En disant par exemple :

— Il y a quelque chose dont j'aimerais te parler, mais je ne sais pas encore très bien comment l'exprimer. En tout cas, je ne veux pas que tu prennes ça pour une critique ou une accusation. Mais le fait que tu saches ce que j'ai ressenti, ça m'aiderait beaucoup. Tu veux bien m'écouter pendant quelques minutes ?

En le prévenant de ce qui l'attend, elle lui fait savoir qu'elle est consciente de l'effort demandé, et qu'elle n'a pas du tout l'intention de rendre les choses plus difficiles encore. Ce simple propos aide beaucoup l'homme à écouter sa compagne, et à essayer de comprendre ce qu'elle veut dire dans son langage « femme », plutôt que de tout interpréter dans son propre langage « mâle ».

JE NE CHERCHE PAS À TE FAIRE CHANGER D'AVIS

J'ai vu un jour Julie, ma belle-fille, manier avec beaucoup d'adresse une nouvelle technique de communication. Elle avait seize ans, et j'en fus très impressionné. Bonnie et moi avions décidé de prendre trois jours de vacances, le temps que des travaux soient effectués dans notre maison. Pour diverses raisons, Julie ne voulait pas venir avec nous ; mais elle ne voulait pas non plus rester dans une maison en chantier.

— Je ressens un tas de trucs, me dit-elle. Je voudrais juste que tu m'écoutes. Je ne cherche pas à te faire changer d'avis, je veux juste que tu prennes mon point de vue en considération.

Et elle commença à m'expliquer qu'elle n'aimait pas être dans une maison en travaux. Dans l'avenir, elle espérait que nous les ferions à un moment où elle aurait elle aussi la possibilité d'aller passer quelque temps ailleurs. Tandis qu'elle m'offrait de partager ses sentiments, l'émotion grandit en elle ; après quoi elle se sentit mieux. Je me rappelle combien il m'avait été facile de l'écouter, du simple fait qu'elle m'avait préparé au moyen de cette phrase :

200

— Je ne cherche pas à te faire changer d'avis.

Cette phrase m'avait libéré et rendu disponible. Le résultat de cette conversation fut que je devins par la suite beaucoup plus réceptif aux demandes de Julie ; et que je fis en sorte de ne plus jamais partir en la laissant seule dans une maison en chantier. L'expérience me rendit même plus attentif en général.

C'est cela qui est surprenant chez les hommes. Approchés de la mauvaise façon, ils se mettent sur la défensive et rejettent les sentiments et les besoins des femmes. En revanche, lorsqu'ils sont préparés, quand on les aide à adopter une attitude rassurante, cela les rend plus perceptifs dans tous les domaines.

CE N'EST PAS TA FAUTE

Plus une femme pratique ce genre de préparation, moins elle aura besoin de le faire par la suite. Chaque interaction réussie aide l'homme dans son apprentissage de l'esquive ; ainsi il fait mieux la fois suivante. Comme chaque fois que l'on veut se former à une nouvelle technique, il est prudent de commencer par les problèmes les plus simples, pour aller ensuite graduellement vers des difficultés complexes.

Les hommes ont besoin d'aide pour apprendre à esquiver, mais il arrive que les femmes oublient de marquer un temps et de se livrer à la préparation nécessaire. Dans ces moments-là, la femme doit bien se souvenir qu'il n'est jamais trop tard pour corriger le tir. Si elle note que son conjoint est en train de passer un mauvais quart d'heure, qu'il se sent frustré et furieux, elle peut alors marquer une pause, et revenir à la technique de mise en condition.

Elle peut dire par exemple :

– Je comprends que tu ressens...

Voyant que ce qu'il éprouve est pris en considération, il commencera à se calmer. Il y a une autre chose qui a pour effet de mettre les hommes hors d'eux, c'est quand ils se sentent accusés. Il faut alors les aider à esquiver. Et pour cela, quelques mots peuvent suffire à tout changer. J'ai en mémoire quantité de discussions avec Bonnie, au cours desquelles elle prononçait deux ou trois phrases simples qui suffisaient à me détendre ; alors je pouvais écouter, au lieu de me défendre et de me bagarrer.

Au beau milieu de la discussion, quand elle devinait que j'étais blessé par ce que j'entendais, elle marquait une pause, puis reprenait :

– Je sais que tu vas sûrement prendre ça pour une accusation. Mais ce n'en est pas une. Tu ne mérites pas d'être incriminé pour quoi que ce soit. J'ai besoin de dire ce que je ressens, c'est tout. Je sais qu'il y a un autre aspect à tout cela. Mais laisse-moi d'abord passer en revue mes émotions. Après, nous serons en mesure d'étudier ton approche du problème.

Au bout de quelques minutes, je n'avais plus du tout besoin de me défendre.

– Bon, disais-je. Je comprends ce qui t'a contrariée. Et je suis content qu'on ait pu en parler.

Si je réagissais avec mes tripes, je m'estimais mis en accusation et je détestais cela ; mais mon cœur et ma raison me soufflaient que ce type d'échange verbal permettait de garder vivantes et la passion et la relation.

« TU N'ES PAS OBLIGÉ DE DIRE QUELQUE CHOSE »

La phrase la plus décisive et la plus efficace qu'une femme puisse prononcer est certainement celle-ci :
– Tu n'es pas obligé de dire quelque chose.

C'est un message très important. En effet, il délivre l'homme du besoin instinctif de se défendre. En outre, c'est une façon aimable de lui rappeler que son rôle ne consiste pas à résoudre ses problèmes à elle.

En général, une femme n'y pense pas, étant donné qu'il est difficile de lâcher dans une conversation entre femmes :

— Tu n'es pas obligée de dire quelque chose.

Quand une femme s'exprime en langage « femme », la tradition lui indique que c'est chacune son tour d'avoir la parole ; la règle tacite veut que si je t'écoute pendant cinq minutes, ce sera à toi ensuite de m'écouter pendant cinq minutes.

Avec un homme, c'est différent. Pour lui, la phrase : « Tu n'es pas obligé de dire quelque chose » n'est pas du tout agressive – au contraire, elle le soulage. Et cette réaction n'est pas difficile à comprendre.

« TU NE M'ÉCOUTES PAS »

Une autre phrase très fréquente dans la bouche des femmes : « Tu ne m'écoutes pas. »

Quand une femme dit cela, l'homme se sent frustré. En effet, à sa façon à lui, *il écoutait*. Du moins il essayait. Et même si ce n'était pas le cas, c'est le genre d'observation qu'il prend mal, étant donné que sa mère la lui répétait chaque fois qu'elle était fâchée contre lui.

S'il l'entend à nouveau alors qu'il est devenu adulte, il a l'impression que sa compagne le traite comme un enfant. Il ne se sent pas seulement « diminué » mais également « contrôlé ». De même qu'une femme n'a pas envie de materner l'homme de sa vie, ce dernier n'a aucune envie de vivre sous l'empire d'une mère. Et voilà qu'il se sent mis en accusation, alors qu'elle voulait seulement qu'il l'écoute.

Quand une femme dit : « Tu ne m'écoutes pas », c'est en général parce que l'homme ne lui offre pas toute son attention. Seule une partie de lui-même est réellement disponible. Mais elle, elle a besoin d'être pleinement entendue.

Dire : « Tu ne m'écoutes pas », ce n'est pas faire passer le bon message. Le bon message tient plutôt dans ces mots : « Tu ne me donnes pas toute ton attention. »

Pour un homme, il y a un monde entre ces deux déclarations. Le second message, il lui est impossible de le contester. Tandis que le premier agit sur lui comme un vrai repoussoir.

Quand un homme n'écoute qu'à moitié, quand il est distrait, ou qu'il regarde ailleurs, les femmes ont pour habitude de le lui faire remarquer en élevant la voix. Car pour une femme, élever la voix est une façon de dire : « Tu ne m'écoutes pas. » Cette méthode est très mauvaise ; en effet, il écoutera encore moins. De même que crier après les enfants est la meilleure façon de les programmer pour qu'ils n'écoutent pas.

Ce genre de retour négatif ne fonctionne tout simplement pas. Et pour la plupart des femmes, l'autre option consiste à se fâcher et à tourner les talons. Est-ce sans espoir ? Non. Il existe une possibilité. Elle consiste à apprendre à marquer un temps et à préparer son partenaire. Avec cette technique, la femme obtiendra aussitôt le résultat qu'elle recherche. Voyons cela à partir d'un exemple.

Très souvent, quand une femme lui parle de sa journée, l'homme commence par se concentrer sur ce qu'elle dit, puis il s'aperçoit qu'elle va en avoir pour un moment. Alors il se met à feuilleter un magazine en attendant qu'elle en « vienne au fait ». S'il est en train de regarder la télévision, il accordera à sa femme une brève attention, puis il retournera à son émission.

Dans le meilleur des cas, il écoutera une trentaine de secondes. Ensuite, quand il verra qu'elle ne s'exprime pas de façon directe, en allant droit au but, il recherchera automatiquement un autre objet sur lequel concentrer son côté masculin. Le journal, par exemple, qui fonctionne très bien en pareille circonstance. En effet, les articles des journaux sont conçus de telle sorte que l'on entre tout de suite dans le vif du sujet : qui, quoi, où, quand, comment et pourquoi.

Dans mes séminaires, j'ai l'habitude de demander combien de femmes ont connu cette situation : elles commencent à parler, et leur partenaire presque aussitôt se met à feuilleter un magazine. Je vois alors se lever presque toutes les mains. Si je pratique ainsi, c'est pour que les femmes présentes dans la salle se rendent compte qu'elles ne sont pas *les seules* à avoir un mari qui ne les *écoute pas*.

Martha suivait mon séminaire. Son mari, non. Elle apprit dans mon cours à préparer l'homme à écouter, et cela provoqua dans sa vie un changement immédiat et significatif. Elle arrivait maintenant à obtenir beaucoup plus que les trente secondes habituelles ; elle commençait même à bénéficier d'une pleine attention.

Martha et Robert étaient mariés depuis neuf ans. C'était une situation banale : dès qu'elle lui adressait la parole, il tendait vaguement l'oreille, puis il se tournait à nouveau vers la télévision. Sa réaction à elle était de continuer à parler. Au bout d'un moment, elle piquait une colère et lui reprochait de ne pas l'écouter. Certes, il s'agit là d'une réaction instinctive. Hélas, cette méthode ne donne aucun résultat.

Ce comportement se répéta pendant des années. Même quand Martha se plaignait, Robert ne quittait pas le petit écran des yeux. Et si la télévision n'était pas allumée, il se plongeait dans un magazine. Pendant ce temps, Martha poursuivait sa litanie. Comme des milliers de femmes, elle n'arrivait pas à obtenir l'aide dont elle avait besoin.

Si Robert ne lui consacrait pas une pleine et entière attention, c'est qu'il ne ressentait pas lui-même cette nécessité de raconter sa journée à une oreille attentive. Ce n'est pas que Robert ne s'intéressait pas à *elle* ; mais peu lui importaient les détails de sa vie quotidienne.

Pour lui, les détails n'avaient d'importance que dans la mesure où ils convergeaient vers un point précis. Les hommes ont coutume d'organiser les faits sur un mode logique, pour préciser un point ou chercher une solution. Alors qu'une femme parle pour se détendre et entrer en contact avec son partenaire. Ainsi elle évoquera des détails qui ne seront pas forcément rapportés à un problème précis ou à une recherche de solution. Si elle cherche à mettre des mots sur ses émotions, ce n'est pas pour prendre une décision mais pour faire partager son expérience. Et l'homme, quand il s'aperçoit qu'elle n'a pas l'intention d'aller droit au but, préfère se tourner à nouveau vers la télévision ou chercher dans un magazine un sujet sur lequel il puisse se concentrer.

L'homme a besoin d'avoir un but, un objet sur lequel fixer ses pensées. Lorsque sa compagne essaie de lui faire comprendre ce qu'elle ressent, son esprit se raidit aussitôt et s'efforce d'identifier le problème.

Quand il voit qu'elle n'en viendra au fait que dans un bon moment, il se détend et reprend son journal, ou son magazine, ou il retourne à sa télé. En général, il n'a aucune intention de se montrer désagréable. Le plus souvent, il ne se rend même pas compte de ce qui se passe.

IL PENSE QU'IL L'ÉCOUTE

Quand sa femme parle, l'homme regarde ailleurs, et pourtant il pense qu'il l'écoute. Il est vrai qu'une partie de lui-même continue de tendre l'oreille, dans l'attente du moment où elle en viendra au fait, et où il pourra enfin proposer une réponse. En un sens, il attend son tour de « faire quelque chose ». Ainsi une petite partie de lui-même s'applique à entendre, et écoute ce qu'elle dit, de manière à pouvoir intervenir le moment venu en suggérant une solution. Quand elle l'accuse de ne pas l'écouter, cela le surprend. Car il sait que ce n'est pas complètement vrai.

Tant qu'elle lui reprochera de ne pas écouter, il ne pourra pas recevoir le bon message. Le bon message étant : « Quand tu regardes la télé, j'ai l'impression que tu ne me donnes pas une attention pleine et entière. Si tu voulais le faire, et éteindre la télé, ça m'aiderait à m'exprimer beaucoup plus vite, et tout irait mieux. » Ce message-là, un homme est en mesure de l'entendre. Et il lui apporte en plus un objet sur lequel concentrer son attention.

Les hommes ont de la peine à saisir à quel point l'attention qu'ils accordent aux femmes leur est importante et bénéfique.

Quand une femme ne comprend pas la façon qu'a un homme de penser et de parler, elle s'imagine à tort qu'il ne se soucie pas d'elle. Martha était prête à mettre fin à son mariage. Elle était arrivée à la conclusion qu'elle comptait moins que la télévision dans la vie de Robert. Lorsqu'elle le voyait feuilleter un magazine alors qu'elle était en train de lui parler, elle se disait : « Il me déteste. »

Alors éclatait la dispute habituelle.

Elle : Tu ne m'écoutes pas.

Lui : Si, je t'écoute.

Elle : Tu ne peux pas m'écouter et regarder la télé en même temps.

Lui : Comment sais-tu ce que je peux et ne peux pas faire ?

Elle : Voilà. Impossible de parler avec toi.

Lui : Je suis en train de regarder la télé. Et j'entends tout ce que tu me dis. Je peux te répéter tout ce que tu as dit.

Elle : Je savais que je n'arriverais pas à discuter avec toi.

Des années durant, la même dispute se répéta dans diverses versions. Puis Martha essaya une approche différente.

La fois suivante, lorsque Robert prit un magazine, au lieu de lui reprocher son attitude et de laisser exploser son sentiment de frustration, elle appliqua sa nouvelle compétence relationnelle. Elle cessa de parler et se plongea dans le magazine *avec* lui. Trente secondes plus tard, Robert s'aperçut qu'elle se taisait. En marquant une pause, elle avait capté son attention ; à présent il se souvenait qu'elle était en train de lui parler.

— Merci, dit-elle alors. Vraiment j'apprécie, quand tu me donnes toute ton attention. J'en ai pour trois minutes, pas plus. D'accord ?

Quand elle eut parlé durant trois minutes, elle le remercia à nouveau pour l'attention qu'il lui avait accordée. Ils ne s'étaient pas disputés, et Martha avait obtenu ce qu'elle voulait. Dès lors, Robert commença à se montrer plus attentif quand elle lui parlait. Et s'il venait à oublier de le faire, elle savait comment s'y prendre pour rectifier le tir.

Peu à peu, Robert découvrit que Martha appréciait énormément une vraie écoute de sa part, et qu'elle ne s'en portait que mieux. Instinctivement, il se sentit motivé pour lui en donner encore plus.

Si une femme veut que son compagnon l'écoute, elle doit le prévenir que ça ne va pas durer des heures. C'est très important. L'homme a besoin de savoir ce qu'on attend de lui, combien de temps cela va lui prendre, et ce qu'il est supposé apporter en retour.

En termes clairs et positifs, Martha l'a informé qu'elle avait besoin de toute son attention (et pas seulement d'être écoutée d'une oreille). Elle l'a prévenu aussi que l'affaire prendrait trois minutes. Après quoi elle lui a dit combien elle était touchée par son geste.

Trois minutes est un bon laps de temps pour un homme. Cela lui permet de muscler ses capacités à lui apporter les nourritures affectives dont elle a besoin. Ensuite, la femme pourra essayer sur des périodes de plus en plus longues, et augmenter le laps de temps au cours duquel elle peut s'exprimer.

Quand elle voyait que Robert commençait à se sentir frustré, Martha observait une nouvelle pause, et le préparait à nouveau à l'écoute par ces mots :

— Encore trois minutes. Après, ce sera tout.

Ainsi elle s'assurait qu'il apprenait progressivement à l'aider. Et s'il lui restait encore des choses à dire, alors elle appliquait une autre compétence relationnelle, celle qui consiste à *différer* : elle remettait la suite à plus tard.

UN MODE DE COMMUNICATION FÉMININ

Savoir communique est un atout pour une femme moderne. Si elle ne s'en sert pas, elle perd le contact avec sa capacité naturelle à ressentir de l'amour dans son cœur, et à recevoir le soutien des autres ; elle perd son aptitude à se sentir chaleureuse, tendre et douce. Si elle apprend à épauler son partenaire sur un mode particulier, elle s'assure de recevoir en retour le soutien dont elle aussi a besoin pour développer l'aspect féminin de sa nature.

Pour parvenir à cette fin, elle doit absolument comprendre que personne n'a jamais appris aux hommes à se mettre l'écoute de ce que les femmes ressentent. Aussi, ils ne savent pas le faire. Prendre clairement acte de cette réalité permet à la femme de trouver la patience nécessaire, et de mesurer les progrès de son partenaire.

En général, les femmes ont l'impression que si un homme les aime, il aura envie de partager ce qu'elles éprouvent. Mais un homme ne vit pas les choses de la même façon. Pour lui, le partage des sentiments n'est pas important. Et du temps de leurs parents, les femmes ne s'adressaient pas aux hommes pour leur faire part de ce qu'elles ressentaient.

Quand un homme s'éprend d'une femme,
il ignore qu'il lui faudra engager des discussions
avec elle, et que l'écoute ne lui sera pas
chose facile.

Tout cela fonctionne aujourd'hui d'une façon différente. Un homme attentif, mais qui n'a pas appris à esquiver, souffrira d'autant plus quand il se sentira attaqué. Lorsque sa compagne est malheureuse, il a beaucoup de peine à l'écouter sans éprouver la sensation d'être placé au banc des accusés. C'est difficile pour lui, étant donné que plus il aime sa femme, plus il vit comme un échec le fait qu'elle ne se sente pas aimée et protégée.

La femme doit comprendre qu'un homme a réellement besoin de soutien pour pouvoir soutenir à son tour. Ainsi elle sera motivée pour l'aider, sans avoir l'impression qu'on l'oblige à mendier un peu d'amour. Un homme peut à la fois protéger une femme et se montrer réticent quand il s'agit de l'écouter. Une femme assez perspicace pour comprendre cela aura moins de peine à prendre la responsabilité d'engager la communication d'une façon qui soit bénéfique à tous les deux.

CHOISIR LE BON MOMENT, OU L'IMPORTANCE DU « TIMING »

J'ai déjà dit à quel point un bon « timing » était essentiel en matière de communication. Quand un homme récupère après sa journée de travail, lui en demander plus est contre-productif. Tant qu'il n'est pas formé à l'art de l'écoute, le fait d'engager une discussion avec lui à ce moment-là revient à exiger de lui un effort supplémentaire. Résultat, il résiste. Il avait beau être impatient de rentrer, sa tête a envie de quelque chose de peu contraignant, comme regarder la télé ou se plonger dans un magazine. Cette tendance est innée chez lui. Vouloir la combattre ne sert à rien. Mais une femme peut travailler cette question ; alors elle obtiendra gain de cause.

Dans mon ouvrage intitulé *Les Hommes viennent de Mars, les femmes de Vénus*, j'ai longuement étudié cette inclination qu'ont les hommes à s'abstraire de toute relation, le temps de recharger leurs batteries. Et ma description renvoyait au temps des cavernes. La première fois que j'ai entendu parler de ce concept, c'était dans la bouche d'une indigène d'Amérique. Cette femme parlait de sa tribu. Quand une femme se mariait, expliquait-elle, sa mère, par précaution, lui donnait le conseil suivant : « Un homme qui t'aime revient toujours dans sa tanière. La femme ne doit pas essayer de le suivre, sous peine d'être brûlée par le dragon. Il reviendra. Il reviendra et tout ira bien. »

Pour un homme, le temps du retour dans la tanière est un temps solitaire. C'est une réminiscence de l'époque où il pouvait effectivement récupérer ses forces après sa journée de chasse, oublier ses problèmes en regardant le feu, reprendre contact petit à petit avec son affectivité, et se souvenir que l'amour est important pour lui. Dès qu'il se sentira mieux, il sortira automatiquement de son refuge, disponible à nouveau pour la relation.

Pour avoir l'assurance qu'une discussion apportera vraiment l'aide mutuelle recherchée, la femme a quelquefois besoin de différer l'expression de ses sentiments, autrement dit d'attendre que son partenaire soit de nouveau hors de sa tanière. Engager une conversation avant qu'il ne soit en mesure d'écouter peut se révéler désastreux. La femme doit marquer une pause, attendre le bon moment ; ainsi elle parviendra à son but.

Une femme inscrite dans mon séminaire me dit un jour qu'elle voulait à tout prix entrer dans cette « tanière ». Elle aurait utilisé de la dynamite pour arriver à pénétrer dans le lieu où se terrait son mari ; mais elle se serait aperçue alors qu'il n'avait qu'une envie, creuser et creuser encore, s'enfoncer dans un tunnel toujours plus profond. Elle ne comprenait pas qu'il avait besoin d'un moment de solitude avant de pouvoir partager des sentiments et entrer en contact avec le pôle féminin de l'existence. Plus elle essayait de l'approcher, plus il s'éloignait d'elle.

Quand un homme n'a pas la possibilité de prendre le temps qui lui est nécessaire, il devient extrêmement difficile pour lui de renouer avec l'affectivité qui, à l'origine, lui a permis de se sentir attiré par sa femme. Il en va de même pour une femme qui n'a jamais l'occasion de pouvoir exprimer ce qu'elle ressent, et de renouer avec sa propre dimension féminine : elle perd le contact avec son affectivité profonde.

POURQUOI LES HOMMES ONT BESOIN DE LEUR TANIÈRE

La plupart des femmes ne comprennent pas le sens qu'à la tanière pour un homme ; elles ne savent pas voir non plus quand il est disponible. Une femme se sentira frustrée si, ayant besoin de parler, elle ignore quand son partenaire sortira de son refuge. Elle voudrait qu'il soit là, mais comment le faire sortir ? Et son besoin de parler ne fait que grandir encore.

Les hommes vivent une frustration analogue quand les femmes leur parlent de leurs problèmes. Ils se demandent combien de temps cela va durer, quand elle se sentira mieux. Ils craignent que leur compagne ne soit jamais heureuse. Pour un homme, il n'est pas facile de discerner vraiment si sa partenaire a besoin d'un conseil, ou si elle a juste besoin de s'épancher.

De même qu'il n'est pas facile pour une femme de percevoir s'il regarde la télévision parce qu'il n'a rien d'autre à faire, ou s'il s'est replié dans sa tanière et rendu indisponible à toute discussion. Ce sont des problèmes ordinaires. Pour les dépasser, nous avons besoin non seulement de bien saisir nos différences, mais de nous former à de nouvelles aptitudes, afin de donner à l'autre ce qu'il attend.

LE BESOIN D'UN SIGNAL CLAIR

Pour savoir si son conjoint est disponible ou non, une femme a besoin d'un signal clair. De la même façon, un homme a besoin de savoir si sa compagne est en quête d'une solution ou si elle veut juste s'exprimer.

L'homme a de la peine à admettre que la femme puisse se sentir mieux simplement parce qu'elle a mis en mots des sentiments négatifs ; de même, la femme saisit mal comment un homme peut prétendre l'aimer tout en se détournant d'elle quand elle lui adresse la parole.

Nous avons vu que la femme doit marquer une pause avant de parler ou de demander quelque chose à son compagnon ; mais elle doit en premier lieu savoir s'il est ou non sorti de sa tanière. S'il n'est pas disponible, il faut qu'elle diffère. Ainsi elle lui apporte son soutien ; et non seulement il passera à l'avenir moins de temps dans son repaire, mais il se montrera plus aimant quand il en sera sorti.

Au lieu d'essayer de changer son partenaire, une femme doit tenter de l'aider à être efficace quand à son tour il veut lui offrir un appui ; ainsi elle améliorera considérablement sa relation avec lui.

Quand l'homme est dans sa caverne personnelle, ce n'est pas le bon moment pour lui demander quelque chose. Cette attitude de non-demande et de confiance se révélera très attractive aux yeux de l'homme ; et elle contribuera à diminuer le temps passé dans son refuge.

QUAND UN HOMME EST-IL SORTI DE SA TANIÈRE ?

Une femme a beau avoir compris le besoin qu'a l'homme de rester dans sa tanière, il n'en demeure pas moins difficile pour elle de déterminer s'il en est sorti ou non. C'est une question que les femmes ne cessent de me poser :

— Comment puis-je savoir si c'est le bon moment pour parler ou pas ? Comment savoir s'il est toujours dans sa caverne ou s'il en est sorti ?

Pour répondre, j'ai coutume de me servir d'un de mes exemples favoris. Il s'agit de ma fille Lauren, et d'un épisode qui s'est déroulé quand elle avait sept ans. Elle était présente à l'un de mes cours sur les différences entre les hommes et les femmes. Tout en ayant l'air de jouer au fond de la salle, elle avait tendu l'oreille et retenu pas mal de choses.

J'expliquais dans ce cours que la femme ne devait pas essayer d'entrer dans la tanière. À ce moment-là, je ne me rendais pas compte que Lauren écoutait. Après le cours, comme nous rentrions à la maison, elle me dit :

— Papa, tu as dit que si on va dans la tanière de l'homme, on sera brûlée par le dragon. C'est pour ça que tu es en colère après moi, des fois ? C'est à cause du dragon, hein ? Tu m'aimes toujours, même quand tu dis ça ?

— Oui, répondis-je. Des fois, je suis dans ma tanière, et tout ce dont j'ai envie, c'est d'être seul un moment. Après, je reviens. Et s'il arrive que je sois fâché après toi, je t'aime toujours.

— Merci, papa, dit-elle. Je suis bien contente d'avoir appris l'histoire de la tanière.

Le lendemain, elle vint me voir alors que j'étais plongé dans mon journal.

— Papa, dit-elle, tu es dans ta tanière, là ? Si oui,

215

je ne t'embête pas. Je n'ai pas envie d'être brûlée par le dragon.

Je répondis que j'étais dans ma tanière, en effet, et que je ne tarderais pas à en sortir.

C'est alors qu'elle reprit :

— Tu me diras quand tu seras sorti ? Parce que je voudrais te parler.

Quand j'eus fini de lire mon journal, je n'eus aucune peine à me rappeler que ma fille souhaitait me parler. J'allai la voir et je lui demandai ce qu'elle avait à me dire.

Il arrive que la solution d'un problème complexe se trouve là, sous votre nez. On a écrit des volumes entiers sur la question de savoir comment s'y prendre pour parler à un homme ; et c'est une petite fille qui possédait la réponse.

La façon la plus simple de savoir si un homme est dans sa tanière, c'est encore de le lui demander. La chose paraîtra élémentaire, elle exige néanmoins une grande pratique ; en effet, une femme ne doit pas se sentir rejetée du fait que son compagnon n'a pas envie de lui parler.

_____

**Pour savoir si un homme est dans sa tanière,
il suffit de le lui demander.**

_____

Une femme qui aime un homme et se sent assez en sécurité pour exprimer ce qu'elle ressent sera impatiente de lui parler. Mais il peut n'être pas disponible. D'où une situation embarrassante. Dans ces cas-là, la femme a quelquefois l'impression d'aimer son partenaire plus qu'il ne l'aime.

ENTAMER UN RAPPORT SEXUEL ET
ENTAMER UNE DISCUSSION

L'homme peut comprendre les sentiments sa compagne dans ces moments-là ; il lui suffit de faire la comparaison avec ce qu'il ressent, lui, à l'égard de la sexualité. Lui aussi se trouve dans une situation embarrassante lorsqu'il s'approche de sa compagne, et qu'il la trouve indisponible pour un rapport sexuel.

Quand un homme aime profondément une femme, le moment où il éprouvera le plus son amour à elle, c'est pendant l'amour. Durant la phase d'excitation, il est beaucoup plus réceptif au fait de donner et de recevoir. S'il se sent repoussé quand il est excité, il le vit en général comme le défi le plus ardu à négocier de toute son existence relationnelle.

Tout homme qui a aimé passionnément une femme sait combien il est frustrant de se voir repoussé quand il a envie de lui faire l'amour. S'il insiste, et s'il continue à obtenir une réponse négative, alors son désir le quittera obligatoirement.

QUAND LES HOMMES PERDENT LE GOÛT DU SEXE

Et il ne saura même pas pourquoi il n'a plus envie de faire l'amour. La seule idée d'avoir un rapport sexuel suffira à le fatiguer. La cause de cette fatigue, c'est qu'il est en train d'essayer de supprimer ses envies sexuelles. Il faut pas mal d'énergie pour arriver à perdre ses désirs sexuels. Mais c'est ainsi que réagit automatiquement un homme qui encaisse des refus à répétition.

De la même façon, quand une femme se sent repoussée parce que son conjoint ne veut pas parler, elle perd le contact avec la part tendre et féminine d'elle-même, celle qu'elle tente de faire partager en parlant. Alors la simple perspective d'avoir à entamer la conversation peut quelquefois suffire à la fatiguer ou à la contrarier. L'énergie mobilisée pour anéantir ses puissances féminines l'a épuisée.

Un homme qui a compris cela est beaucoup plus motivé pour rassurer sa compagne et l'aider à s'exprimer. S'il n'est pas conscient du problème, il ne se rendra même pas compte qu'il est capable de la blesser.

Il est certain qu'une femme a besoin de comprendre et d'accepter la nécessité qu'a un homme de rester dans sa tanière ; il est vrai aussi que l'homme peut se montrer réceptif à ce qu'elle ressent à ce sujet. En faisant savoir clairement à sa partenaire s'il est encore dans sa tanière ou s'il en est sorti, il lui facilite énormément la tâche.

De la même façon, si elle veut garder vivante la flamme du désir chez son conjoint, la femme doit lui envoyer des signaux clairs, afin qu'il sache quand elle est disponible pour l'amour physique, et quand elle ne l'est pas.

LE SIGNAL ANNONÇANT QU'IL EST SORTI DE SA TANIÈRE

Pour faire savoir à sa femme qu'il est sorti de sa tanière, un homme doit le dire dans un langage qu'elle soit à même de comprendre. Et le meilleur moyen consiste sans doute à la caresser en manifestant une intention non pas sexuelle, mais tout simplement affectueuse.

Quand je suis sorti de mon refuge, et disponible pour parler, je vais voir ma femme et j'ai pour elle un geste tendre, ou je la prends dans mes bras. Le message est clair : on peut m'adresser la parole.

Pour elle, cela fait une grande différence. Ainsi elle

n'a pas à se tourmenter pour savoir de quelle humeur je suis.

Quand un homme est sorti de sa tanière, il peut aussi le signaler en engageant une conversation. Cela ne signifie pas qu'il a un tas de choses à dire. C'est juste une façon d'avertir sa compagne qu'il est sorti de sa tanière, et qu'il est prêt à l'écouter si elle a besoin de parler. Il peut aussi faire passer le message en l'interrogeant sur sa journée.

Le fait d'entamer la discussion est particulièrement utile. En effet, les femmes d'aujourd'hui voient leur côté masculin extrêmement sollicité, au point qu'elles ne savent même plus qu'elles ont besoin de parler ; c'est pourquoi il faut quelquefois leur poser la question. C'est encore plus vrai quand elles ont essayé par le passé d'exprimer ce qu'elles ressentaient, et qu'elles se sont brûlé les ailes ; alors elles n'ont même plus conscience d'avoir besoin de cette forme d'échange.

Engager la conversation, de la part d'un homme, constitue un signal clair : la femme cesse de se dire qu'elle n'intéresse pas son partenaire, et qu'il n'a pas envie de l'écouter.

MARQUER UNE PAUSE ET DIFFÉRER L'EXPRESSION DES SENTIMENTS

Une femme est obligée de batailler dur si elle ne veut pas que sa réaction soit interprétée par son partenaire sur le mode : « Tu es un vilain garçon, tu ne fais pas plaisir à maman. » Aider son conjoint signifie l'accepter, prendre soin de lui avec amour, et non pas essayer de lui apprendre à être un « bon garçon ».

Même si son intention est de faire passer un message positif, le moment sera mal choisi si l'homme est en train de regagner sa tanière. Elle ne pourra franchir l'obstacle qu'en acceptant de « différer ». Autrement dit, en attendant l'heure où son compagnon sera réceptif et disponible pour l'écoute.

Les sentiments négatifs, tel celui cité ci-dessus, ont sur l'homme une influence néfaste, et le mieux est de s'en ouvrir à une amie, point. En renonçant à adresser à son partenaire un message négatif, la femme s'assure qu'il reviendra bientôt. Et ce soutien, il lui est plus facile de l'offrir à l'autre si elle est capable de se rendre compte qu'il est dans sa tanière, et que lorsqu'il en sortira, ce sera de son plein gré.

En ce qui me concerne, quand je suis de mauvaise humeur, quand j'ai besoin de rentrer dans ma tanière, je vais faire un tour en voiture. Il me suffit alors de dire ceci :

— Je vais faire un tour en voiture.

Ma femme comprend alors que je retourne dans ma tanière. Ma voiture est noire avec intérieur noir. Pour moi, c'est comme une caverne ambulante. Lorsque je regarde la télévision, si je suis dans ma tanière, je zappe à chaque coupure publicitaire. Mais si je suis ouvert et réceptif à ma femme, je profite de ces pauses pour couper le son et parler avec elle.

En général, quand un homme se livre à une activité que sa femme considère comme une perte de temps, c'est qu'il est dans sa tanière. Il bricole son ordinateur, ou il va dans le garage réparer sa vieille bagnole. Pour d'autres, c'est leur atelier ou une balade en montagne, un jogging dans le quartier, un entraînement de gym, un film.

COMMENT DEMANDER À UN HOMME DE PARLER

Un homme peut comprendre à quel point il est important de signaler clairement à sa femme qu'il est dans sa tanière ; si ce n'est pas le cas, la femme doit se débrouiller pour s'en rendre compte toute seule. Et même si un homme a compris l'importance d'envoyer des messages clairs, il peut lui arriver quelquefois d'oublier de le faire. En pareil cas, il est essentiel que la femme soit formée à l'art de discerner s'il est ou non dans sa tanière.

Afin de savoir si sa compagne est contrariée, l'homme la caressera gentiment, ou lui demandera si elle a besoin de parler ; de même, pour savoir si son conjoint est disponible, la femme aura recours à des questions simples.

Quand une femme a envie de parler, elle ne doit pas considérer que son partenaire est par définition disponible. Au contraire, elle doit commencer par marquer une pause. Ensuite, elle peut s'approcher de lui, afin de « vérifier » si le moment est bien choisi ou non. Et il existe diverses façons de le faire.

Par exemple, en l'interrogeant sur sa journée, elle saura tout de suite s'il est d'humeur à s'épancher. En effet, si la réponse est brève, du genre « Ça va », ou « Très bien », le message est clair : ou bien il est dans sa tanière, ou bien il est disponible pour une conversation mais à condition que ce soit elle qui bavarde un peu.

Elle peut reprendre alors en disant :

— On peut parler maintenant, ou tu préfères plus tard ?

En général, s'il n'est pas profondément enfoui dans sa tanière, la réponse sera la suivante :

— Non, non, on peut parler.

Il montre encore une légère réticence, mais ce n'est pas parce qu'il est dans son refuge, et ce n'est pas non plus qu'il ne se soucie pas de sa compagne, c'est tout simplement qu'il n'a pas grand-chose à raconter. Ne soyez pas déçue si vous ne recevez pas une réponse du genre :

— Oh, merci. Oui, oui, j'ai très envie de parler.

Il peut aussi marquer une hésitation avant de répondre nettement :

— Pas pour le moment.

Dans ce cas, la femme dira :

— Très bien, je tenterai ma chance plus tard. Dans vingt minutes ? Ça ira ?

En général, c'est une durée convenable. S'il a besoin d'être seul plus longtemps, il faut être prête à l'accepter. C'est essentiel. Plus la femme est aimable, moins elle est « demandeuse », plus l'homme aura à cœur de prendre le temps de parler.

C'est la même chose quand un homme s'approche de sa femme pour lui manifester sa tendresse par un geste ; il aurait tort de s'imaginer qu'elle doit toujours répondre à ce geste de façon chaleureuse et aimante. Elle peut aussi s'écarter. Dans ce cas, il n'a pas à se mettre en colère. Au contraire, il doit esquiver et rester disponible pour elle ; ainsi elle s'ouvrira plus facilement à lui.

Symétriquement, plus une femme se montrera compréhensive envers son conjoint, tout en lui signalant qu'elle a hâte de lui parler, et plus il aura envie de lui donner ce qu'elle attend.

LES RÈGLES TACITES DE LA COMMUNICATION

Quand une femme a envie de parler, en général elle attend son tour. C'est sa façon à elle d'être polie.

Soit elle commence par écouter pour parler ensuite, soit elle attend qu'on lui pose une question.

Ces règles tacites sont étrangères à la plupart des hommes. Une femme qui attend que son compagnon lui pose une question sur sa journée risque de n'avoir jamais l'occasion de s'exprimer.

La règle tacite, chez les hommes, c'est que si vous avez quelque chose à dire, vous le dites. L'homme n'attend pas qu'on lui pose des questions ; et il s'attend rarement à ce que sa compagne lui en pose.

Mais si elle l'interroge, alors il parle, tout heureux de lui faire plaisir en lui répondant.

Les hommes ne soupçonnent même pas qu'après avoir parlé, ils sont supposés poser une question à leur tour.

Et un homme a beau avoir appris ce que femme attend de lui, à savoir qu'il lui pose des questions sur sa journée, il a parfois tendance à oublier cette règle. Quand sa compagne lui demande comment il va, il se concentre sur sa propre réponse, et du coup il oublie de lui demander comment elle va.

Si son conjoint répond brièvement, alors la femme n'a même pas besoin d'attendre. Elle peut commencer à lui raconter sa journée, cela ne le dérangera pas. Il ne prendra pas mal le fait qu'elle lui parle sans avoir pris soin de l'écouter d'abord.

LES HOMMES QUI PARLENT TROP

Une femme qui vivait seule et assistait à mon séminaire me posa un jour cette question :

— Vous dites que les hommes n'ont pas envie de parler, mais mon expérience est bien différente. Moi, je trouve que les hommes parlent trop et n'écoutent pas ce que j'ai à dire. Comment puis-je les amener à écouter ?

Je lui demandai si elle avait elle-même un bon sens de l'écoute. « Oui ! » répondit-elle avec une grande fierté. Je lui demandai alors si elle posait beaucoup de questions. Et de nouveau elle me répondit fièrement « oui ».

Puis elle ajouta :

— Je fais toujours tout ce qu'il faut, mais eux, ils ne m'écoutent pas.

— Vous faites tout ce qu'il faut, lui expliquai-je alors, pour amener *une femme* à vous écouter. Mais un homme, ce n'est pas pareil. Si vous voulez qu'un homme cesse de parler et se mette à écouter pour de bon, il faut commencer par arrêter de lui poser des questions.

Plus une femme interroge un homme, plus il se sent obligé de réfléchir aux réponses à faire, et moins il pense à marquer une pause pour la laisser parler, elle.

À cette femme, j'ai expliqué que pour obtenir d'un homme une attention pleine et entière, la première chose à faire était d'arrêter de l'interroger, d'attendre qu'il marque un temps, et de dire alors par exemple :

— Maintenant, je comprends mieux pourquoi...

C'est ce genre de phrases introductives qui permettent à une femme d'obtenir une pleine attention de la part des hommes : ils aiment s'entendre dire qu'ils ont aidé l'autre à comprendre. Ces simples mots : « Je comprends mieux pourquoi » sont si doux à entendre pour un homme qu'il cessera immédiatement de parler pour écouter ce que son interlocutrice a à dire.

Le moyen le plus efficace, pour gagner l'attention d'un homme, est de le « préparer » à la conversation. Il faut pour cela qu'il décroche de son besoin de parler encore et encore. En le prévenant qu'il ne sera pas obligé de parler, la femme l'aide à se détendre ;

sinon, il essaiera d'imaginer des réponses. Après tout, c'est elle qui a besoin de s'épancher, pas lui.

Avoir conscience de cela est un point essentiel. Un homme peut être sorti de sa tanière, et disponible pour une conversation, sans avoir nécessairement mille choses à raconter. Instinctivement, il n'éprouve pas le besoin d'engager une discussion. Quand une femme a le sentiment qu'il n'a rien de particulier à dire, elle peut avoir l'impression d'agir avec maladresse en continuant de parler ou en lui demandant de l'écouter.

Elle trouve difficile de dire quelque chose comme :
— Écoute, tu n'as pas très envie de parler, mais moi j'ai un tas de choses à te raconter. Tu veux bien m'écouter ? Tu ne seras pas obligé de me donner des réponses, tu sais.

Elle ne comprend pas que pour lui, ces phrases ne sont pas du tout dures à entendre. Ce sont des paroles directes, et ce ne sont pas des demandes. Deux particularités qui plaisent aux hommes.

Ainsi « préparé », l'homme n'a pas besoin d'opposer de résistance. Il est prêt à l'écoute. Puisqu'il est clair qu'il ne sera pas tenu de répondre.

POURQUOI LES FEMMES N'ENGAGENT PAS LA CONVERSATION

En fait, les moments au cours desquels les hommes sont sortis de leur tanière et disponibles pour avoir une conversation ne sont pas rares du tout. Mais une femme n'en a pas forcément conscience, surtout si chaque fois qu'elle a essayé, elle a eu le sentiment d'avoir à lui tirer les vers du nez.

Après avoir en vain tenté leur chance deux ou trois fois, beaucoup de femmes renoncent, sans même savoir ce qui s'est vraiment passé. Elles s'imaginent

225

qu'ils n'ont rien à dire, qu'ils n'ont pas envie de parler. Ils rentrent à la maison pour se réfugier dans leur tanière.

Ce que ces femmes-là ne voient pas, c'est qu'elles passent à côté de quelque chose dont elles pourraient tirer le plus grand bonheur. La vie leur a appris qu'essayer de faire partager à un homme son univers intérieur est une tentative vouée à l'échec. Mais grâce aux nouvelles compétences relationnelles, et à une description appropriée de la bonne façon de s'y prendre, elles peuvent obtenir le soutien et le respect qu'elles attendent lorsqu'elles ont besoin de s'épancher.

Il y a aussi les femmes qui, sachant qu'elles passent à côté de quelque chose, réagissent en accusant les hommes de ne pas vouloir leur parler. C'est que leurs mères ne leur ont pas appris ce qu'est la tanière. Et la pire attitude est justement celle qui consiste à accuser son conjoint de refuser la conversation. C'est exactement comme si l'homme reprochait à la femme de parler trop. Aucune de ces deux approches n'est efficace ni productive.

La femme veut connaître ses propres besoins, c'est pourquoi elle persiste à tenter d'obtenir attention et compréhension de la part de son partenaire.

LES NOUVELLES COMPÉTENCES COMMUNICATIONNELLES

Pour garantir la meilleure qualité de communication dans une relation de couple, hommes et femmes doivent mettre en œuvre de nouvelles compétences. Il existe un moyen facile pour aider les femmes à ne pas oublier ce que l'on attend d'elles, et ce moyen s'appelle le « TPDP » : marquer un temps, préparer, différer, persévérer. L'homme, lui, aura en tête l'« EDD » : esquiver, désarmer, délivrer son message. Si chacun des deux fait de son mieux, la relation deviendra beaucoup plus facile. Si ces efforts ne sont pas faits, la relation sera inutilement difficile.

Un mari ou un compagnon peut n'avoir jamais lu ce livre ; le fait d'appliquer cette méthode permet à la femme d'obtenir beaucoup de lui. Elle apprendra à parler d'une manière qui correspond à sa propre nature ; et cela le motivera, lui, pour écouter mieux et mieux aider sa femme. Voici une description du TPDP qui aidera la femme à se rappeler la technique de base qui lui permettra d'obtenir le soutien dont elle a besoin.

1 - Marquer un TEMPS

A — Vérifiez que le moment est bien choisi en lui posant tout simplement la question.

B — Si vous savez qu'il est dans sa tanière, ne le dérangez pas.

2 - PRÉPARER

A — Fixez une durée. Dites-lui combien de temps cela va prendre. Un homme qui n'est pas prévenu sur ce point a tendance à paniquer. S'il sait qu'une limite a été fixée, il se détend.

B — Expliquez-lui clairement ce qui va se passer. Précisez bien qu'il ne sera pas obligé d'apporter une réponse, ni de prononcer des paroles de réconfort.

C — Encouragez-le. De temps en temps, rappelez-lui que vous n'êtes pas en train de l'accuser ou de lui reprocher quoi que ce soit ; vous savez que ce que vous dites est peut-être dur à entendre.

D – Félicitez-le. Quand vous avez fini, faites-lui
savoir combien vous appréciez le fait qu'il
ait su vous écouter, et à quel point vous vous
sentez mieux grâce à son aide.

3 – DIFFÉRER

A – S'il est dans sa tanière, remettez à plus tard,
quand il sera plus disponible et capable de
donner.
B – Ne lui demandez pas tout de suite plus que
ce qu'il peut donner, tant qu'il n'a pas appris
à écouter ; ensuite, vous augmenterez la difficulté à petites doses.
C – Quand vous avez des reproches à lui faire,
commencez par en parler à quelqu'un
d'autre ; vous lui en parlerez à lui quand vous
vous sentirez plus aimante et bien au point
sur vos griefs.

4 – PERSÉVÉRER

A – Continuez à lui offrir l'aide dont il a besoin
pour vous soutenir. Ne soyez pas surprise
s'il a oublié les principes de base.
B – S'il rechigne à entrer dans la conversation,
persévérez. Demandez-lui de bien vouloir
vous écouter, même s'il n'a lui-même rien à
dire, ou peu de chose.
C – Dépassez votre envie de baisser les bras et
de ne plus communiquer avec lui. Soyez
patiente. Continuez de pratiquer cette technique.

Un des obstacles les plus importants, lorsque l'on
veut pratiquer le TPDP et l'EDD, c'est le fait de ne
pas comprendre que les hommes et les femmes parlent des langages différents. Un homme a fait des

progrès lents mais réels, et soudain il échoue à écouter sa partenaire, ou à respecter ce qu'elle ressent ; alors elle se sent désespérée. De façon analogue, une femme fera des progrès dans l'art de soutenir son partenaire, et soudain elle oubliera de marquer une pause ou de le préparer ; lui se sentira accusé, et en déduira automatiquement que toute cette technique ne marche pas.

Mais si nous comprenons que nous parlons en fait des langages différents, nous nous rendons compte plus facilement que notre partenaire nous aime, et qu'il fait de son mieux, à sa façon.

CHAPITRE 7

Les hommes parlent le langage « mâle », les femmes parlent le langage « femme »

Pour elle, la chose va de soi : une femme qui est contrariée doit parler si elle veut se sentir mieux. De même quand elle est stressée : parler l'aide à se détendre. Pour lui, cela ne va pas de soi du tout. Tout se passe en réalité comme si les hommes et les femmes usaient secrètement de deux langages différents, composés de toute une série de différences verbales complexes correspondant elles-mêmes à des différences physiques et émotionnelles. Voici un exemple.

BOB ET MARGE : AVANT

Bob et Marge sont mariés depuis six ans. Ils s'aiment beaucoup, mais ils n'ont pas compris qu'il existe une différence fondamentale entre les hommes et les femmes. Quand Marge rentre à la maison épuisée par sa journée de travail, Bob sait qu'elle est contrariée.

— Qu'est-ce qui ne va pas, Marge ? lui demande-t-il alors en s'efforçant de se montrer amical et réconfortant.

Marge lâche un profond soupir, puis répond :

— Tout le monde me demande quelque chose. J'ai l'impression que c'est à moi de tout faire.

Aussitôt, Bob se sent frustré. Il essaie de l'aider, et elle répond comme si c'était sa faute à lui. Du coup, il se replie et se met sur la défensive.

— Comment ça, c'est à toi de tout faire ? Et moi, je ne fais rien ?

— Je ne dis pas que tu ne fais rien, non. Je dis que j'ai l'impression que c'est à moi de tout faire. Ça ne veut pas dire que tu ne fais rien. J'exprime ce que je ressens. Je peux exprimer quelque chose sans que tu le prennes pour une attaque personnelle ?

Réaction de Bob :

— Écoute, si tu dis que tu fais tout, ça veut dire que je ne fais rien. Si tu dis que tout le monde te demande quelque chose, ça veut dire que je t'en demande trop.

— Sauf que je n'ai pas dit ça, réplique Marge. Je n'ai pas dit que tu m'en demandais trop. J'ai dit que j'avais le sentiment qu'on attendait quelque chose de moi. Je n'ai pas fait allusion à toi en particulier. Je n'ai fait qu'exprimer un sentiment que j'éprouvais, à savoir que je ne peux pas tout faire pour tout le monde.

Bob commence à se fâcher.

— D'accord, d'accord. C'est toi qui fais tout. Moi, je ne fais rien. Tu sais ce que je pense ? Je pense que ce que je fais, c'est comme si je ne faisais rien. On n'en fait jamais assez avec toi. Personne n'arrivera à te rendre heureuse.

— Pourquoi faut-il que tu ramènes tout à toi alors que j'essaie d'exprimer ce que je ressens ? Je n'ai pas dit que c'était ta faute. Tout ce que je veux, c'est pouvoir parler.

— Très bien, répond Bob d'un ton sarcastique.

— Mais on ne peut pas parler avec toi.

Marge est en train de commettre une erreur : elle se dit qu'il vaut mieux ne plus essayer à l'avenir de faire partager à Bob ce qu'elle ressent.

— On *peut* discuter avec moi ! s'écrie Bob.

Mais Marge a déjà quitté la pièce en claquant la porte.

— Pourquoi es-tu si négative ? dit-il encore.

POURQUOI NOUS NOUS DISPUTONS

Arrivé à ce point, Bob se sent mis en accusation. Il pense que sa femme ne l'estime pas à sa juste valeur. Marge, elle, est dans tous ses états. Comme dans la plupart des disputes qui opposent les hommes et les femmes, Bob ne comprend pas que tout ce que Marge demande, c'est de pouvoir parler, afin de se sentir mieux après. Comme la plupart des hommes, il commet l'erreur de prendre ce qu'elle dit à la lettre et de chercher les arguments à lui opposer. Il n'a pas encore appris qu'il existe une nouvelle aptitude relationnelle, et que cette aptitude consiste à écouter sans se sentir mis en accusation.

Comme la plupart des femmes, Marge attend de Bob qu'il admette qu'elle n'est pas en train de l'accuser. Elle, de son côté, ne voit pas qu'elle pourrait appliquer à cette situation une compétence nouvelle grâce à laquelle il ne sentirait ni accusé, ni sous-estimé.

Un homme qui n'est pas formé à interpréter correctement ce qu'une femme veut dire devient de moins en moins apte à écouter avec sympathie.

L'homme n'est pas en mesure d'écouter s'il juge que ses efforts ne sont ni reconnus ni appréciés. Sa compagne a beau être contrariée par des sentiments dont il n'est que peu responsable, il prend ce qu'elle lui dit comme des attaques personnelles.

Au lieu de bien comprendre ce qui se passe, et de mettre en œuvre une nouvelle compétence relationnelle, ce qui permettrait de remédier à la situation, Marge se sent prête à baisser les bras. Bob, lui, renforce sa réticence naturelle à écouter une femme qui exprime ses émotions ; et ce message est interprété par elle de la façon suivante : « Il ne m'aime pas, il ne m'apportera jamais l'aide dont j'ai besoin. » Autrement dit, le problème ne fait que s'aggraver. Marge se sent de plus en plus malheureuse et seule.

BOB ET MARGE : APRÈS

En se formant aux nouvelles techniques relationnelles, Bob a appris à se dérober aux paroles à forte charge émotive dont Marge l'abreuve. Ainsi il ne se sent plus mis au banc des accusés. Marge, quant à elle, a appris à préparer Bob à l'écouter quand elle exprime ce qu'elle ressent, de sorte qu'il lui soit plus facile d'esquiver les balles. Aujourd'hui qu'ils possèdent une certaine pratique, leur discussion donne ceci.

— Marge, ça ne va pas ?

Marge marque une pause. Ainsi elle réfléchit au moyen de le préparer à écouter sans se sentir critiqué.

— Merci de me poser la question, dit-elle.

Elle se tait un instant, puis ajoute :

— Mais j'ai eu une journée affreuse.

De nouveau une pause, puis :

— J'ai juste besoin d'en parler. Après, ça ira mieux, j'en suis sûre. D'accord ?

— Bien sûr.

Maintenant, Bob est préparé. Il sait qu'il ne sera pas tenu d'agir pour qu'elle se sente mieux. Le fait d'en avoir conscience lui permet de se sentir détendu, et de ne pas se mettre à réfléchir à quelle solution il pourrait bien offrir.

— Tout le monde me demande quelque chose. J'ai l'impression que c'est à moi de tout faire.

Marge ayant posé le décor et préparé Bob, elle se sent parfaitement libre d'exprimer ses émotions. Et cette libre expression est essentielle si elle souhaite se délivrer de son sentiment de frustration.

Cette fois, Bob ne se sent pas mal à l'aise. Il comprend en effet qu'elle a juste besoin de parler. Il n'a aucune peine à esquiver les balles. Il écoute et c'est tout. Quand elle marque un temps, il l'invite avec chaleur à en dire plus, il émet des « Mmm ? » sympathiques.

— Aujourd'hui, continue Marge, j'avais ce livre à finir quand Richard a appelé. Il n'a toujours pas payé ses factures. Il a fallu que j'aille à la banque effectuer un transfert sur son compte.

— Oh, là là ! soupire Bob, l'air de dire avec empathie : « Que tu as dû t'embêter ! »

— Il y avait une circulation terrible, continue Marge. D'habitude, ce n'est pas à ce point. Tout me tombait dessus au même moment. J'avais trop de choses à faire, pour trop de gens à la fois, et sans en avoir le temps. C'était de la folie furieuse. Une histoire de dingue, vraiment !

Bob approuve d'un hochement de tête.

— J'ai fini par retourner au travail, poursuit-elle. Et là, j'avais quinze messages sur ma boîte vocale – quinze messages ! Je n'avais absolument pas le temps de faire les courses de tout le monde.

— Mmm..., fait Bob.

Il comprend : il y avait largement de quoi en avoir par-dessus la tête.

— Je veux dire, j'ai géré ça au mieux mais bon... Trop, c'est trop.

— C'est atroce, tu veux dire ! s'exclame Bob en se rapprochant d'elle. Marge, tu prends trop sur toi. Laisse-moi t'embrasser.

Après qu'il l'a serrée dans ses bras, Marge prend une profonde inspiration, puis soupire lentement, comme si elle se délivrait d'un poids énorme.

— C'est exactement ce dont j'avais besoin, dit-elle alors. Comme c'est bon de rentrer à la maison. Merci de m'avoir écoutée.

Marge prend bien soin de lui faire savoir combien son aide lui a été précieuse.

Au cours de cette discussion, Bob se rappelle qu'il ne doit pas minimiser ce que ressent Marge, ni lui reprocher de l'exprimer. Au contraire, il doit la soutenir avec adresse, en se concentrant sur le côté féminin de Marge, au lieu de la pousser sur le versant masculin, comme pendant sa journée de travail. Du mieux qu'il en est capable, il essaie de parler son langage à elle.

AMÉLIORER LA COMMUNICATION : LES BÉNÉFICES À TIRER

En s'entraînant à améliorer leurs compétences relationnelles, Bob et Marge non seulement évitent les disputes, mais apprennent à résoudre leurs vraies difficultés. Le problème de Marge étant qu'elle se laisse déborder à la fois par ses émotions et par son travail ; celui de Bob étant son sentiment d'échec et l'impression de ne pas jouir de la considération de sa partenaire. Quelques connaissances basiques ont permis à Bob d'aider Marge à développer son pôle féminin, et Marge ne l'en aime que davantage.

Pour arriver à se libérer de ses émotions, Marge avait besoin de pouvoir en parler sans inhibition, c'est-à-dire en langage « femme ». Et Bob, à présent capable de procurer à sa compagne la sécurité affective dont elle a besoin, a senti combien elle appréciait son aide.

Bob avait beau n'être pas le seul à faire bouillir la marmite familiale, il était conforté dans le sentiment que l'on avait besoin de lui, que l'on savait apprécier sa capacité d'écoute. Marge avait beau rentrer à la maison malheureuse et insatisfaite, elle était contente de retrouver Bob, sachant que, après leur discussion, elle se sentirait à nouveau apaisée et très aimée de lui. Elle n'était plus obligée de se concentrer pour essayer de résoudre les problèmes qu'elle rencontrait au travail et chez elle ; il lui suffisait de se libérer de son sentiment de panique, après quoi elle n'avait plus qu'à retrouver le pôle « femme » de sa nature.

De nos jours, dans la plupart des couples, on ne parle pas couramment le langage de l'autre. Quand un homme et une femme ont un échange verbal, ils n'en tirent aucune satisfaction et ne font qu'éprouver un sentiment de frustration croissant.

La relation de couple devrait être pour la femme un moyen de se libérer de ses fardeaux ; hélas, elle est trop souvent un fardeau supplémentaire. Elle devrait aider l'homme à donner un sens à sa vie ; hélas, elle ne fait trop souvent qu'aggraver son sentiment d'échec.

Si l'on considère les nouvelles formes de stress auxquelles sont soumises les relations de couple et la vie familiale, ainsi que l'absence de structure traditionnelle où puiser un soutien, il n'est pas étonnant qu'il soit difficile de rester ensemble, et que des millions de gens préfèrent choisir de vivre seuls.

BRISER LA BARRIÈRE DU LANGAGE

Ainsi que nous l'avons vu, il n'y a plus de raison pour que les choses continuent ainsi. La frustration mâle, par exemple, peut être apaisée facilement ; il suffit, au terme d'un échange chargé d'émotion, que les femmes combinent des phrases à partir des modèles suivants :

« Merci beaucoup de m'avoir écoutée. »

« J'avais juste besoin de me délivrer de tout ça. »

« Désolée, ça n'a pas dû être facile à entendre. »

« Tu peux oublier tout ce que je viens de dire. »

« Ça n'a plus d'importance, maintenant. »

« Je me sens tellement mieux. »

« Merci de m'avoir aidée à me délivrer de tout ça. Merci de m'avoir laissée parler. »

« Vraiment ça m'a été utile, cette discussion. À présent, je vois les choses sous une meilleure perspective. »

« Je me sens beaucoup mieux. Merci de m'avoir écoutée. »

« Ouaou ! j'en avais, des trucs à dire. Ça va mieux maintenant. »

« Je me sens tellement mieux. Des fois, il faut que je parle, c'est tout. Ça suffit à me remettre de bonne humeur. »

« J'apprécie que tu sois aussi patient. Ça m'aide à parler, à me libérer. »

Nombre de ces commentaires seront perçus par l'homme comme des paroles bienfaisantes grâce auxquelles il se sentira chaudement apprécié. Et cela parce qu'ils ont une signification spéciale et positive en langage « mâle », autrement dit dans son langage natif.

Quand une femme dit à un homme sur un ton amical : « Ça ira », ou : « Ce n'est pas si grave », ou encore : « C'est bien », ou : « N'en parlons plus », elle lui rend les choses plus faciles : à l'avenir, il n'en écoutera que mieux. Elle l'aide aussi à se remettre en mémoire les incidents qui la contrarient et la font pleurer, et donc à les éviter.

Quand un homme commence à voir à quel point une femme a besoin d'oublier les événements qui la rendent malheureuse, il a tendance à faire de plus en plus attention.

Quand une femme dit : « Merci de m'avoir écoutée, je sais que ça n'a pas été facile pour toi », l'homme traduit aussitôt ce propos en langage « mâle », ce qui donne : « C'était dur mais j'ai bien géré le coup ! » La prochaine fois que sa femme se montrera contrariée, il aura encore plus envie de l'écouter. En effet il aura confiance en sa propre capacité à « gérer le coup » ; il saura combien son attitude est appréciée.

Après avoir exprimé ce qu'elle ressent, la femme dédramatisera en disant : « Maintenant que c'est sorti, ça n'a plus d'importance. » Ce que l'homme traduira en langage « mâle » par ces mots : « Elle est gentille de me dire ça, mais je sais qu'en fait c'est très important pour elle. La prochaine fois, j'essaierai de me montrer encore plus réceptif. »

QUAND LA FEMME N'ARRIVE PAS À PARLER « FEMME »

Pour une femme, se contraindre à parler uniquement comme parle un homme, c'est agir contre ses propres instincts. Cela peut même finir par réduire à néant ses efforts pour lutter contre le stress ; cela peut la couper de son aptitude à être chaleureuse, ouverte, aimante et féminine, cette faculté qui lui permet de garder confiance en la vie, de l'accepter et de l'apprécier.

Les hommes ont tout intérêt à se rappeler que l'instinct des femmes les forme à percevoir la communication comme un moyen d'exprimer leurs pensées, de clarifier l'échelle de leurs priorités et d'explorer leurs émotions. Nous avons déjà abordé ce point. Tôt dans l'histoire, les femmes ont appris à gérer les difficultés de l'existence en en parlant avec d'autres femmes du matin au soir. La femme se sentait en sécurité tant qu'elle pouvait parler, nouer des alliances et des amitiés. Le fait de parler, en tant que tel, lui procurait instinctivement un sentiment de sécurité.

Ce sentiment se développant chez elle, elle commence à pouvoir réfléchir avec plus de clarté, et exprimer des choses avec plus d'efficacité et d'amour. Au vrai sens du terme, le fait de parler est pour elle comme une pompe à générer de la clarté. L'encourager à parler « femme », c'est lui offrir un précieux cadeau.

Une femme qui n'a jamais la possibilité de s'exprimer librement perd quelque chose d'essentiel.

POURQUOI LES HOMMES NE PARLENT PAS

Pour un homme, c'est tout le contraire. Lui, il éprouve un sentiment de sécurité instinctif en réalisant silencieusement un projet. Tout en ayant l'air de se livrer à des occupations sans importance, comme laver la voiture ou pousser une balle de golf

239

en direction d'un trou, il se libère silencieusement de ses pensées et de ses soucis ; il peut en faisant cela clarifier ses priorités aussi bien que développer une stratégie d'action.

Il peut oublier le stress accumulé durant sa journée et commencer à se détendre, recouvrer le plaisir du couple et dans le confort de sa maison. C'est dans ce processus intérieur et silencieux qu'il puise son sentiment de sécurité.

Le chasseur assurait sa survie en se déplaçant sans bruit ; et c'est de la même façon qu'il atteignait son but. Les chasseurs parlent le langage « mâle ». Ils disent les choses en peu de mots. Le silence, pour l'homme, est un patrimoine inné.

Quand une femme se sent libre de s'exprimer, son sentiment de sécurité va croissant. Le fait d'évoquer ses problèmes et ses émotions est l'expression naturelle et automatique de la façon dont son cerveau produit de l'information ; c'est aussi l'expression de la façon dont survivaient ses ancêtres, ces femmes dont le rôle était de veiller au développement de la vie. La femme au foyer parle d'instinct le langage « femme », un langage au vocabulaire sans fin. Parler, pour la femme, est un patrimoine inné.

En prenant conscience de cette différence cruciale, hommes et femmes peuvent se soutenir mutuellement de façon plus aimante et plus efficace.

COMMENT LES HOMMES RÉGISSENT À L'EXPRESSION DES ÉMOTIONS

Quand une femme dit qu'elle a besoin de parler, l'homme pense aussitôt qu'elle va lui reprocher quelque chose. Quand elle commence à parler de ses problèmes, il commet l'erreur de penser qu'il a échoué à la rendre heureuse. Et si elle manifeste l'intention d'évoquer la relation dans le couple, il ne se rend pas compte qu'elle essaie juste de recouvrer son côté femme. Il suppose qu'elle lui adresse des critiques, ou qu'elle veut essayer de le changer.

Cette erreur vient du fait qu'il interprète les remarques de sa compagne en langage « mâle », alors qu'elle s'exprime en langage « femme ». Autant dire que la ligne, entre eux, est complètement coupée.

Un homme qui ne comprend pas le langage « femme » réagira de trois façons possibles :

1 - *Il propose une solution.*

Tout ce que demande la femme, c'est que son partenaire l'écoute, qu'il montre de la sympathie. S'il n'y arrive pas, il devrait au moins l'écouter sans l'interrompre. Ou émettre un son comme « Mmm... », de manière à lui faire savoir qu'il considère ce qu'elle dit avec intérêt, en essayant de la comprendre.

2 - *Il minimise les problèmes qu'elle soulève.*

Il se dit qu'ainsi, elle se sentira mieux. Ce qu'il ne voit pas, c'est que sa compagne cherche beaucoup plus à découvrir ses émotions qu'à les décrire de façon précise. Ce qu'elle dit, ce sont des choses du genre :

« Ce n'est pas une si grande affaire. »
« Ce n'est pas la peine d'en parler. »
« Mais où est le problème ? »
« Bon, on ne peut rien y faire, de toute façon. »
« Oublie ça. Je m'en occupe. »

3 – Il déprécie ce qu'elle ressent.

Il s'imagine qu'il l'aide à analyser et à corriger ses idées, alors qu'il ne fait que déprécier ses émotions. Il ne comprend pas qu'en parlant, elle se libère de certaines choses. Il prononce ce genre de phrases :

« Il ne faut pas te rendre malade pour si peu. »

« Ne t'en fais pas pour ça. »

« À mon avis, tu exagères beaucoup. »

« Mais on en a déjà parlé. »

PARLER SANS VISER UN BUT PRÉCIS

Permettre à une femme de parler d'une façon non directe, sans viser un but précis (c'est-à-dire dans un pur langage « femme »), c'est lui offrir la possibilité de reprendre contact avec le versant féminin d'elle-même ; elle ne s'en montrera que plus habile à gérer le stress, ce stress produit par l'obligation où elle est de tenir toute la journée un rôle calqué sur le modèle masculin. En essayant de lui donner des conseils, ou de l'aider à résoudre ses problèmes, son compagnon ne fait que l'obliger à rester sur le versant masculin de sa nature. En fait, il lui demande de continuer à s'exprimer en langage « mâle ». Au contraire, s'il la laisse parler de ses problèmes sans mettre en avant aucune urgence ni aucune nécessité de les résoudre rapidement, il lui est d'un grand secours, car il l'aide à renouer avec le langage « femme ». Il suffit qu'il réponde avec empathie, avec sympathie, avec compréhension ; autrement dit en cultivant le pôle « femme » de sa compagne. Ainsi soutenue, elle arrivera à se débarrasser de ses fardeaux et des pensées qui la rendent malheureuse. Peu à peu, elle retrouvera son énergie. Et son cœur s'emplira à nouveau d'amour et de reconnaissance.

Lorsque la femme parvient à se libérer de ses sentiments négatifs de cette manière, au lieu de s'y cramponner secrètement, elle aide son conjoint à se montrer plus présent dans leur relation de couple. L'homme, en engageant la conversation, jouera alors auprès d'elle un rôle particulièrement utile. En effet, de nos jours, on force tellement les femmes à pencher du côté de Mars, qu'elles ne savent même plus qu'elles ont besoin de parler. C'est pourquoi il faut leur donner la possibilité de mettre en mots leurs sentiments. Notamment quand elles ont été échaudées. Une femme qui s'est vue repoussée chaque fois qu'elle essayait d'exprimer ses sentiments peut en avoir perdu le besoin. En prenant l'initiative de la conversation, l'homme lui adresse un signal clair : elle ne doit pas avoir peur de parler, elle sera écoutée avec intérêt.

Mais quelquefois, tout en éprouvant le besoin de se confier, elle ne sait pas par où commencer.

LES QUESTIONS QUI AIDENT LA FEMME À S'OUVRIR

Un homme peut aider sa compagne à s'épancher, tout en lui faisant savoir qu'il est parfaitement prêt à l'écouter. Voici le genre de questions susceptibles de constituer une bonne entrée en matière.

1 – « Tu as passé une mauvaise journée ? »
2 – « Alors, cette journée ? »
3 – « Ça me fait plaisir de te retrouver. Laisse-moi t'embrasser. »
4 – « Tu as besoin de quelque chose ? »
5 – « Parle-moi de ta journée. Ça s'est passé comment ? »
6 – « Tu as l'air en forme. La journée s'est bien passée ? »

7 – « Tu m'as l'air d'avoir passé une journée super. »
8 – « Tu as l'air fatigué... »
9 – « Quelque chose t'a contrariée ? »
10 – « Comment tu te sens ? »

Chacune de ces déclarations véhicule un message qui n'est pas une demande mais une invitation à parler un court moment, voire plus longtemps si nécessaire. Si la réponse se résume à quelques mots brefs, il faudra l'inviter à en dire un peu plus. Par exemple ainsi :

1 – « Qu'est-ce qui s'est passé ? »
2 – « Dis-m'en un peu plus. »
3 – « Et après, qu'est-ce qui est arrivé ? »
4 – « Ça se présentait bien ? » Ou : « Ça se présente bien ? »

MESSAGE SIGNIFIANT QU'IL N'EST PAS ACTUELLEMENT EN MESURE D'ÉCOUTER

Il arrive qu'un homme soit trop stressé par sa journée de travail pour pouvoir écouter sa compagne. Il peut alors le lui faire savoir par un message clair. Une bonne façon de lui dire simplement qu'il n'est pas disponible consiste à utiliser les formules suivantes :

1 – « J'ai besoin de rester seul un moment. À tout à l'heure. »
2 – « J'ai besoin de passer un moment à faire ceci, ceci ou cela. À tout à l'heure. »
3 – « Je vais m'enfermer dans ma tanière, là. J'ai besoin de faire ceci, ceci ou cela. À tout à l'heure. »

244

4 — « Je suis dans ma tanière, là. On en parlera
tout à l'heure. »

Il est important qu'un homme puisse se sentir libre
de parler ainsi. Lui répondre par un message négatif
ne fait que retarder le moment où il sortira de sa
tanière. Voici quelques messages que les femmes ont
coutume de lui adresser en pareille situation, et qui
ont un effet négatif :

1 — « Ah bon ? Maintenant ? Mais pourquoi ? »
2 — « On n'a même pas passé un moment
ensemble. »
3 — « Pourquoi est-ce que tu ne peux pas être là
quand j'ai besoin de toi ? »
4 — « Tu ne penses qu'à toi. »
5 — « J'ai fait quelque chose ? »
6 — « Tu ne vas pas me laisser maintenant. »
7 — « Tu es trop souvent ailleurs. »
8 — « Tu ne m'aimes pas ! »
9 — « Ça, je ne peux pas, tu vois. Je me sens
abandonnée. Rejetée. »
10 — « J'en étais sûre. Tu ne te soucies pas de
moi. »
11 — « Mais tu es déjà allé dans ta tanière, cette
semaine. »

Ces messages sont à éviter. Ainsi l'homme se sentira libre et soutenu. Il aura la certitude qu'il peut
s'isoler quand il en a besoin, et revenir quand il veut.
Bien souvent, quand un homme s'absente, il ne tarde
pas à avoir envie de revenir, mais il se souvient alors
des commentaires négatifs qu'il a encaissés de la part
de sa compagne, et il n'est pas certain que son retour
sera bien accueilli. C'est ainsi qu'il se retrouve avec
un problème : doit-il s'excuser d'avoir passé un
moment seul, alors qu'il en avait besoin ? S'il craint
d'être rejeté quand il reviendra, sa réaction consistera

à rester dans sa tanière encore plus longtemps, et à n'en sortir que lorsqu'il sera sûr que tout est oublié et pardonné.

AIDER UN HOMME À PRATIQUER L'ESQUIVE

Au cours d'une discussion difficile, une femme peut avoir recours à certains petits commentaires, à des « adoucisseurs » qui lui permettront d'aider son conjoint à esquiver ; ainsi il sera mieux à même d'écouter ce qu'elle a à lui dire sans chercher à lui opposer des arguments. En voici quelques exemples.

Ne dites pas :	**Dites plutôt :**
1. « J'en ai assez que... »	1. « Je n'en suis pas absolument sûre, mais il me semble que... »
2. « Je suis certaine que... »	2. « Je ne sais pas si tu le ressens comme moi, mais il me semble que... »
3. « Je ne crois pas que ce soit vrai. J'ai plutôt l'impression que... »	3. « Ce n'est pas ce que je pense, tu vois. Mais je le ressens comme ça... »
4. « Je ne suis pas du tout d'accord. Je crois plutôt que... »	4. « Je n'y ai pas vraiment réfléchi, tu sais. Mais là, maintenant, ce que je ressens, c'est... »
5. « Tu sais pourquoi je ne suis pas d'accord ? »	5. « Je ne vois pas vraiment les choses de cette manière. Pour moi... »

6. « Ce n'est pas ça du tout. Moi... »	6. « Je ne sais pas ce qui est vrai et pas vrai. Mais ce que je ressens... »
7. « Ce n'est pas vrai ! Pour moi... »	7. « C'est mon expérience. Et d'après mon expérience, ce que je ressens... »

Ce genre de déclarations a le don de rassurer un homme : il se dit que les propos et les sentiments de sa partenaire ne sont pas gravés dans la pierre. Cela lui rappelle que le fait d'apprendre à faire partager ses émotions est un travail qui s'inscrit dans la durée. Il esquive alors les critiques avec plus d'adresse ; et il évite de prendre les émotions de sa compagne pour des faits.

Les exemples ci-dessus peuvent de la même façon être utilisés par lui. Très souvent, les hommes expriment leurs idées avec une telle certitude d'avoir raison que les femmes ont l'impression qu'elles n'arriveront jamais à faire entendre leur propre point de vue. Si l'homme se sert de ces « adoucisseurs », la femme se sent libre d'exprimer elle aussi ses opinions.

QUAND L'HOMME SE RETIRE DANS SA TANIÈRE

Quand les hommes se réfugient dans leur caverne privée, c'est une erreur communément commise par les femmes, de s'imaginer que quelque chose ne va pas ; par conséquent, elles essaient de l'en faire sortir. Elles interprètent mal les besoins de leur compagnon, pensent qu'il est en train de perdre son temps et commencent à lui adresser des reproches.

Mais l'homme ne sera pas en mesure de sortir de sa tanière avant d'avoir substantiellement oublié les problèmes de sa journée. S'il sent que sa femme l'attend à la porte avec un surcroît de problèmes à lui faire résoudre, il n'a tout simplement plus envie de sortir. Et à ce moment-là, ce qui le retient dans sa tanière, c'est sa résistance à elle à l'accepter tel qu'il est.

Plus les femmes essaient de faire sortir leur partenaire de sa tanière, plus il a envie d'y rester longtemps.

Faire revenir petit à petit un homme dans sa famille est un point crucial de la nouvelle technique relationnelle. Voici trois étapes fondamentales qu'il convient de respecter.

Première étape

Consentez-lui largement le temps d'être seul, et faites-lui savoir que cela ne vous dérange pas. Ne vous fâchez pas, et ne le prenez pas mal quand il exprime le désir de passer un moment avec ses copains. Au contraire, encouragez-le à le faire.

Essayez d'éviter de lui mettre la pression ou de lui adresser des reproches à ce sujet. Souvenez-vous que le fait de donner un avis non sollicité, en langage « mâle », est généralement interprété comme une critique. Rappelez-lui plutôt combien vous appréciez les efforts qu'il accomplit afin de réussir dans son travail.

Si possible, agissez comme si le fait qu'il se refugie dans sa tanière n'était pas un gros problème pour vous. Et quand il reviendra, quand il recommencera à se montrer affectueux, arrangez-vous pour qu'il sache combien vous trouvez cela agréable.

Deuxième étape

Demandez-lui de vous rendre un certain nombre de petits services, et montrez-vous reconnaissante quand ce sera fait. Par exemple, ne lui reprochez pas de ne pas passer assez de temps avec vous. C'est une accusation, et elle ne fera que le pousser à se retrancher dans une attitude défensive. Demandez-lui plutôt de vous emmener dans tel restaurant, ou voir tel film, en précisant bien la date. Ne lui laissez pas le soin d'essayer d'imaginer où vous aimeriez aller, et quand. Autant que possible, facilitez-lui ce genre de choses.

Laissez-le vous satisfaire, et répétez l'expérience. Ainsi, peu à peu, il associera l'idée de vous faire plaisir et celle de se détendre. À la fin, il se délivrera de son stress en réfléchissant à de petites choses susceptibles de vous être agréables.

Troisième étape

Cette troisième technique, la plus importante, est celle qui demande le plus de talent et d'expérience. Ces moments-là exigent de vous une grande prudence ; il s'agit de ne pas le blesser, et de ne pas lui donner le sentiment qu'il n'en fait pas assez. Il faut le préparer à ne pas se sentir mis en accusation, il faudra aussi lui être reconnaissante, ensuite, de vous avoir prêté une oreille attentive ; ainsi il apprendra progressivement à focaliser à nouveau son attention sur votre couple.

Parlez-lui de vos problèmes, dites-lui ce que vous ressentez. S'il commence à se sentir frustré, rappelez-lui que vous n'êtes pas en train de lui demander d'aplanir vos difficultés. Tout ce que vous voulez, c'est qu'il écoute. S'il sent que rien ne l'oblige à imaginer une solution, il se détendra et écoutera de mieux en mieux.

Même si un homme a conscience que vous êtes en train d'appliquer avec lui une technique spécifique de communication, il vous en sera reconnaissant. Ne perdez jamais de vue que les hommes ont envie de vivre en couple. Une fois que vous avez admis que les besoins de votre partenaire sont différents des vôtres, les trois étapes que je viens d'indiquer relèvent du bon sens. La femme a besoin que son conjoint l'écoute, car c'est en parlant qu'elle se délivre de ses problèmes ; l'homme a besoin de l'aide de sa femme s'il veut se souvenir de ce qui compte pour lui.

QUE FAIRE QUAND UN HOMME EST MÉCONTENT

Tandis que les femmes explorent leurs émotions en parlant, les hommes ont besoin de faire quelque chose : tout en agissant, ils réfléchissent. L'homme ne pourra parler de ce qu'il ressent qu'après y avoir pensé.

En règle générale, un homme éprouve le besoin de parler quand il estime que cela peut être utile, quand il juge que ce qu'il va dire permettra de résoudre tel ou tel problème. Si quelqu'un l'a offensé, ou blessé, il éprouvera le besoin urgent de répliquer à cette personne qu'elle se conduit mal et que ça ne peut pas continuer ainsi.

Quand un homme est en colère, il parle
généralement pour démontrer qu'il a raison.

Quand une femme est contrariée, elle a aussitôt envie d'en parler. Mais l'homme ne comprend pas cela : ce qu'il entend, c'est qu'il se conduit mal et que ça ne peut pas continuer ainsi. Pourquoi ce malentendu ? C'est très simple. Un homme émotif, quand il ressent le même besoin de s'exprimer, parle pour adresser *réellement* des reproches et des accusations. Les hommes doivent absolument se pénétrer de cette idée qu'une femme qui exprime ses sentiments a beau paraître fâchée et lancer des accusations, elle ne fait en réalité que réclamer d'être traitée avec empathie.

Il faut regarder ces comportements d'un œil neuf. En le faisant, une femme pourra apprécier cette sagesse qui consiste à ne pas essayer de faire sortir l'homme de sa tanière. Quand l'homme est dans sa tanière, elle doit non seulement éviter de le harceler de questions, mais aussi prendre soin de différer gentiment la conversation, y compris et surtout si son partenaire se met tout à coup à vouloir engager une querelle.

On conseille traditionnellement aux couples de ne jamais se mettre au lit en étant fâchés : c'est une erreur qui fait aujourd'hui beaucoup de dégâts. Quand un homme est en colère, je ne saurais trop conseiller à sa compagne de lui donner du champ et de le laisser dormir là-dessus. Mieux vaut attendre qu'il soit un peu calmé pour reprendre la discussion et lui demander ce qui l'a mis dans cet état.

Cependant, prenons le cas où c'est la femme qui est contrariée. Si l'homme est suffisamment disponible pour écouter sans se mettre en colère à son tour, alors il a intérêt à engager la conversation avec elle, à lui poser des questions, à lui faire passer le message qu'elle est en sécurité avec lui, et qu'elle a parfaitement le droit de s'exprimer. Le vieil adage qui consiste à ne pas se mettre au lit fâché s'adressait essentiellement aux hommes, en fait, on leur conseillait d'être attentionnés envers les femmes. Mais aux femmes, il n'était d'aucune utilité puisque leur compagnon, quand il était mécontent, allait de toute façon ruminer sa colère dans son coin.

De nos jours, l'homme est plus ouvert à son propre côté féminin. Quand il est contrarié, ou furieux, il peut lui arriver de manifester le désir d'en parler. En pareil cas, il est important que la femme ait la sagesse de différer, particulièrement si elle a dû affronter des reproches et de douloureuses disputes. Cette compétence, l'art de différer, voilà encore une chose que les femmes d'aujourd'hui n'ont pu apprendre de leur mère.

QUE DIRE QUAND UN HOMME EST FÂCHÉ

Quand un homme en colère cherche la confrontation, sa partenaire se dit que c'est une bonne idée, qu'il va se calmer en parlant. Mais cela n'est vrai que si elle tombe d'accord avec lui. N'oubliez pas qu'un homme s'emporte quand il veut avoir raison. Si elle ne se sent pas prête à approuver ce qu'il va dire, ou du moins à admettre qu'il y a un problème, alors elle doit différer cette discussion : c'est essentiel.

Si les femmes hésitent à remettre à plus tard une discussion avec leur conjoint, c'est de crainte qu'il ne les fasse attendre à leur tour quand elles auront besoin de lui parler. Quand une femme repousse une conversation avec une autre femme, c'est mal vécu. Quand un homme disponible pour l'écoute repousse une conversation avec sa compagne, c'est mal vécu aussi. Mais si elle sent qu'elle ne peut tomber d'accord avec lui, ni même admettre qu'il a raison de soulever le problème en question, alors il vaut beaucoup mieux différer la discussion, même si c'est mal vécu par lui.

La manière dont la femme propose de remettre une discussion à plus tard est importante aussi. Elle ne doit pas le faire sur un ton accusateur : cela ne peut que l'énerver davantage. La meilleure attitude consiste à prendre acte de ce qu'il ressent, puis de l'inviter à en parler le moment venu. Ensuite, sans rien ajouter de plus, elle devra s'éloigner, comme si tout allait bien, comme si tout était normal. Cette technique permet de ne pas perdre la face, et de se calmer.

Ne pas dire :   Dire plutôt :

Ne pas dire :	Dire plutôt :
1. « Je ne peux pas te parler quand tu es fâché. »	1. « Tu as le droit d'être fâché. Mais j'ai besoin d'un peu de temps avant d'en parler. »
2. « Tu ne te soucies pas de moi. Pourquoi devrais-je t'écouter ? »	2. « Je veux bien que tu me dises ce que tu ressens. Mais j'ai besoin d'un peu de temps pour me calmer moi-même. »
3. « Tu veux avoir raison, c'est tout ! Tu n'entends même pas ce que je dis. »	3. « Laisse-moi le temps de réfléchir à ce que tu dis. Après, on pourra en parler. »
4. « Tu ne comprends pas ! »	4. « J'ai besoin de réfléchir un moment à ce que tu dis. »
5. « Je n'arrive pas à imaginer que tu puisses me parler sur ce ton ! »	5. « Je comprends que tu sois fâché. Mais j'ai besoin de temps pour y penser. »

Les femmes ne doivent jamais oublier que, contrairement à elles, les hommes ont besoin de prendre le temps de se calmer et de réfléchir. Poser des questions à un homme en colère n'aura pour effet que de le fâcher davantage.

Le meilleur moment pour parler avec un homme, c'est quand il a pu prendre le temps de réfléchir et de se libérer de ses sentiments négatifs pour renouer avec un état d'esprit plus calme. S'il a l'air d'être toujours mécontent après avoir passé un peu de temps en compagnie de lui-même, sa partenaire doit absolument éviter de le pousser à la discussion. Attendez le lendemain, et demandez-lui sur un ton décontracté s'il s'est passé quelque chose dont il aurait envie de parler. S'il répond : « Ce n'est rien », mais sans se radoucir ni se montrer de nouveau aimant, il est probable qu'il n'est pas encore prêt à revenir auprès de vous ; il a encore besoin d'un peu de temps pour sentir que vous l'acceptez et que vous reconnaissez ce qu'il fait pour vous.

C'est exactement comme un rhume qui n'est plus contagieux mais qui continue de produire des symptômes. L'homme a compris ce qu'il ressentait, et il a résolu ses problèmes ; mais il a besoin de se sentir aimé et estimé pour pouvoir à nouveau se montrer chaleureux.

LES EXPRESSIONS QUI RASSURENT

Dans l'apprentissage du langage « femme », un des éléments qui aident le plus un homme, c'est l'idée d'être apprécié pour la qualité de son écoute, et parce qu'il est capable de ces gestes simples qui mettent à l'aise et qui rassurent. Ce genre d'acte peut être aussi naturel que le fait de prendre sa compagne dans ses bras. Il peut s'agir d'un regard, d'un hochement de tête, ou d'expressions immédiatement perçues en langage « femme » comme de doux roucoulements pleins de compréhension.

Votre femme est en train de parler. Voici quelques expressions qui feront qu'elle se sentira écoutée par son conjoint. Il s'agit seulement de bruits, accompagnés de leur traduction.

Il dit : Elle entend :

1. « Mmm... » 1. « Je réfléchis à ce que tu dis. »

2. « Ah bon ? » 2. « Voilà qui est surprenant. Je comprends mieux, maintenant. »

3. « Oui. » 3. « Je te suis, continue. »

4. « Eh bien ! » 4. « Je crois que je commence à comprendre. Vas-y, continue. »

5. « Mmm. » 5. « Désolé de ce qui est arrivé. Ça ne me plaît pas du tout. »

6. « Non ! » 6. « Je n'arrive pas à le croire. Tu ne mérites pas d'être traitée comme ça. »

7. « C'est pas vrai ! » 7. « C'est choquant. Ça a dû te faire mal. »

8. « Ooooh... » 8. « Je partage ce que tu as dû ressentir. »

9. « Non ! » 9. « Ça s'est vraiment passé comme ça ? »

10. « Ah, non. » 10. « C'est vraiment moche. Je suis désolé pour toi. »

| 11. « Pouah ! » | 11. « Ce qu'ils font est moche. Tu n'as pas à supporter ça. » |
| 12. « Ouaou ! » | 12. « Comme c'est excitant ! Et intéressant ! » |

Ces expressions sont essentiellement destinées à être utilisées quand la femme marque une pause. Le fait de s'en servir aide l'homme à la pratique de l'esquive. Quand la femme marque un temps, au lieu de lui proposer des solutions, mieux vaut réagir par une manifestation simple et rassurante.

L'homme qui n'a pas l'habitude de se servir de ces expressions pourra les trouver quelque peu artificielles au début. Mais une fois qu'il aura vu à quel point elles sont efficaces, elles deviendront pour lui, progressivement, des réactions naturelles.

QUAND UNE FEMME SE SENT TRÈS CONTRARIÉE

Si l'homme a une bonne écoute, s'il sait esquiver, s'il est capable de ne pas interrompre sa partenaire, alors elle aura tout le loisir d'exprimer ce qu'elle ressent. En remarquant qu'elle se sent contrariée, fatiguée, bouleversée, puis en engageant la discussion par des questions, il peut lui être d'un grand secours.

Les questions qu'un homme peut poser pour engager une discussion sont les suivantes :

1 – « La journée a été longue, on dirait. »
2 – « Qu'est-ce qui ne va pas ? »
3 – « Qu'est-ce qui se passe ? »
4 – « Tu veux qu'on parle ? »
5 – « Alors, cette journée, c'était comment ? »
6 – « Tu es fâchée ? »

7 – « J'ai fait quelque chose ? »

8 – « Il y a quelque chose dont il faudrait qu'on parle ? »

Le plus souvent, la réponse ressemblera à ceci :

– Ce n'est pas toi. C'est juste qu'il se passe trop de choses.

Et elle continuera d'en parler. Même si elle était un peu fâchée contre lui, elle ne tardera pas à renoncer à ces sentiments du seul fait qu'il aura engagé la discussion. Une femme qui se sent soutenue peut se montrer très généreuse de son amour. Il peut arriver qu'elle ait envie de parler, mais qu'elle soit bouleversée, submergée par ses ennuis. Alors elle aura tendance à projeter sur son conjoint ses émotions négatives. Dans ce cas, voici cinq questions élémentaires qui permettent de la « désarmer » ; en les utilisant, l'homme arrivera à aider sa compagne à s'exprimer, tout en se détournant les balles qu'elle lui envoie.

1 – « Qu'est-ce que tu éprouves, quand... »

2 – « Qu'est-ce que tu éprouves d'autre, quand... »

3 – « Tu peux m'en dire un peu plus ? »

4 – « Qu'est-ce qui te ferait du bien ? »

5 – « De quoi as-tu besoin ? Que pourrais-je faire pour t'aider ? »

En entendant ces phrases, elle aura l'impression d'être soutenue. Si elle ne se sent pas chargée de la responsabilité d'engager la discussion, il lui sera moins difficile d'explorer ses propres émotions.

LES FEMMES ONT BESOIN D'UN TEMPS
POUR SE REMETTRE

Après qu'une femme a fini d'exprimer ses émotions, il arrive qu'elle ne sache plus très bien elle-même, pendant quelques minutes, ce qu'elle a dit. Cela vient du fait qu'en parlant, elle accomplit un travail. Elle poursuit un processus. Une fois que c'est terminé, elle peut revenir en arrière, et examiner ce qu'elle a voulu faire partager à son interlocuteur.

D'une façon générale, une femme contrariée qui se confie aura ensuite besoin d'une quinzaine de minutes pour être en mesure de se repasser le film de tout ce qu'elle vient de dire. Alors elle commencera à apprécier à sa juste valeur le soutien que son partenaire lui aura apporté.

Mais si un homme, pendant ces quinze minutes, dit à sa femme quelque chose en langage « mâle » (des propos qui seront ressentis comme une provocation), cela risque de réduire à néant le bien qu'il est en train de lui procurer. C'est comme lui faire un cadeau pour le lui reprendre aussitôt après. La femme le vivra encore plus mal que s'il ne lui avait pas fait de cadeau du tout.

Pour une femme, ces quinze minutes représentent un laps de temps pendant lequel elle est très vulnérable. C'est le moment au cours duquel elle réfléchit à ce qu'elle a exprimé. Si l'homme à ce moment-là en profite pour lui dire qu'elle a tort, ou si elle a tout à coup le sentiment d'avoir à se défendre, alors il lui deviendra très difficile d'examiner ses propres erreurs, et de se délivrer de ses émotions négatives.

COMMENT LES HOMMES TIRENT DES LEÇONS
DE LEURS ERREURS

D'une façon analogue, quand un homme commet une erreur et qu'une femme le lui fait remarquer, il n'est pas en mesure d'y réfléchir librement et d'en tirer des conséquences positives pour sa conduite dans l'avenir. Lorsqu'un homme est repris par une femme, son instinct le pousse à se mettre sur la défensive et à retourner dans sa tanière, là où l'on ne parle qu'un seul langage, le langage « mâle ».

En général, les femmes ressentent un très fort besoin de corriger la conduite des hommes. Leur instinct les pousse à leur donner des conseils, à critiquer leurs décisions ou leur attitude. Elles ne savent pas que de cette manière, elles les empêchent de procéder aux ajustements intérieurs qu'ils ont à faire.

COMMENT NOUS NOUS INFLUENÇONS
MUTUELLEMENT

Quand les hommes et les femmes commencent à prendre conscience de leurs différences, à découvrir le langage de l'autre, et à pratiquer les nouvelles techniques relationnelles, ils arrivent à obtenir ce que leur partenaire peut offrir de meilleur. Le résultat est que tous les deux, l'homme et la femme, sont satisfaits. Un homme éprouvera de grandes satisfactions quand il rencontrera le succès dans ses efforts pour aider sa compagne. Quant à elle, elle se sentira comblée par le fait d'avoir créé une relation favorable au développement du couple. Tous deux continueront certes à parler des langages différents, mais l'harmonie de leur couple progressera au fur et à mesure que chacun apprendra à traduire correctement les messages importants venus de l'autre.

Comme nous l'avons dit, si une femme comprend le comportement d'un homme, si elle est à même de lui faire savoir combien elle l'accepte, alors il commencera à changer et à devenir plus attentionné. En évitant de lui en demander toujours plus, elle l'attire dans le sein de la relation avec l'efficacité d'un aimant.

Quand un homme commence à savoir esquiver et interpréter correctement les émotions de sa partenaire, il devient capable de l'écouter avec toujours plus d'empathie et de compréhension. Alors, au niveau le plus fondamental de son être, elle se sent regardée, entendue, comprise et soutenue. Son esprit féminin peut s'élancer. Et le résultat est qu'elle se montre plus aimante et disponible vis-à-vis de son compagnon. Quant à lui, plus il la comprend, plus il se met en situation de partager naturellement plus de choses avec elle.

Ces techniques paraîtront au début non naturelles, mais avec le temps elles deviendront automatiques. Elles ne sont au fond qu'une extension des codes et langages sociaux dont nous nous servons depuis des siècles. Le chapitre qui vient devrait vous permettre de comprendre pourquoi les hommes oublient certaines choses, tandis que les femmes se rappellent les erreurs des hommes jusque dans leurs moindres détails.

CHAPITRE 8

Les hommes viennent toujours de Mars Les femmes viennent toujours de Vénus

Dans mes séminaires de thérapie conjugale, j'explique que, à force d'être dissemblables, les hommes et les femmes donnent l'impression qu'ils viennent de planètes différentes. J'analyse en outre ces différences de manière beaucoup plus approfondie dans mon livre *Les hommes viennent de Mars, les femmes viennent de Vénus*.

En général, les gens acquiescent aux exemples que je donne, même si certains ne se sentent pas vraiment concernés. En fait, il n'est pas rare que des femmes aient plus d'affinités avec mes exemples de comportement masculin. Celles-là penchent plutôt du côté Mars que du côté Vénus. Je leur assure qu'il n'y a là rien de mal et que si l'influence notable de la société les a rendues plus masculines, elles sont tout de même du côté de Vénus.

De nombreux facteurs contribuent à donner à certaines femmes un côté masculin, ou à certains hommes une face plus féminine. Très souvent, si une fille est plus attachée à son père, ou si elle a été élevée dans une famille majoritairement masculine, elle aura tendance à développer plus facilement son côté masculin. De même, lorsqu'un garçon s'entend mieux avec sa mère, ou si les femmes dominent dans le foyer, il exprimera d'autant plus ses tendances féminines.

Généralement, une femme renforce ses tendances masculines lorsqu'elle n'a pas eu autour d'elle d'exemple de femme ayant su rester féminine tout en étant respectée. De même, un homme fait ressortir son côté féminin quand il n'a pas côtoyé d'homme à la fois affectueux et fort.

Les différences culturelles, les nationalités accentuent parfois des tendances plus « masculines » ou « féminines ». Les Allemands et les Suédois, par exemple, n'apprécient guère les démonstrations affectives, ils n'aiment pas parler pour ne rien dire et cherchent plutôt à raisonner, alors que les familles italiennes expriment plus facilement leurs émotions.

Quelquefois les différentes tendances féminines n'apparaissent pas chez une femme lorsqu'elle est célibataire et un peu isolée, elle est devenue martienne et sait se prendre en charge. Dès qu'elle entre dans une relation sentimentale, de nombreuses tendances féminines refont surface.

Dans d'autres cas, une femme va devenir plus masculine ou martienne parce que dans sa vie de couple, elle s'aperçoit qu'il n'est pas sécurisant d'afficher sa féminité.

Par exemple, le besoin féminin de parler va engendrer une certaine frustration ou la faire apparaître plus faible. Plutôt que d'exprimer de manière excessive son besoin ou de risquer un rapport conflictuel, elle va automatiquement se mettre en devoir de gommer ses tendances féminines.

Les hommes ont parfois aussi l'impression de venir de Vénus. Les hommes créatifs en particulier ressentent à la fois leurs côtés masculins et féminins.

Ces hommes sont généralement attirés par des femmes qui expriment plus leur prédisposition masculine. Une fois de plus, la formule reste vraie : les différences s'attirent.

Dans certains cas, ces hommes n'ont jamais eu de modèle positif exprimant la puissance masculine. Ils ne savent pas comment s'assumer ni dans quelles limites ils peuvent se montrer affectueux ou s'occuper des autres. Pour satisfaire leur partenaire, ils sont disposés à sacrifier leurs propres besoins. Non seulement ils sont alors personnellement affaiblis, mais lorsqu'ils deviennent plus féminins, les femmes ne sont plus attirées par eux et les quittent. En se servant de nouvelles aptitudes dans leurs relations, ces hommes peuvent automatiquement commencer à développer leur penchant masculin tout en respectant leurs dispositions féminines.

INVERSION DU RÔLE ÉMOTIONNEL

Lorsqu'un homme fait ressortir davantage son côté féminin, ou une femme ses tendances masculines, il ou elle exprime une inversion de son rôle émotionnel. Comme je l'ai dit plus haut, cette expression ne qualifie aucunement une névrose. Il s'agit d'un simple déséquilibre.

Pour améliorer l'entente au sein d'un couple, l'équilibre doit être rétabli. Dans le cas de figure idéal, les tendances masculines et féminines des deux partenaires doivent pouvoir s'épanouir.

Lorsqu'un couple ne réussit pas à créer une entente entre les deux partenaires, la femme va automatiquement se retrancher derrière sa façade féminine, et l'homme va retenir son désir naturel de la soutenir par bravade masculine. Elle pense : « Je ne donnerai plus de moi-même parce que je ne me sens pas soutenue », et il se dit : « Pourquoi m'investir puisque cela ne fait aucune différence ? »

LORSQU'UN HOMME EXPRIME SON CÔTÉ FÉMININ

Quand un homme s'appuie trop sur ses dispositions féminines, le remède consiste à réagir en faisant des choses qui vont immédiatement inciter sa partenaire à flatter son côté masculin. Il doit la solliciter pour qu'elle l'apprécie et qu'elle l'approuve. Lorsqu'elle le soutient de cette façon, il est en mesure de rétablir l'équilibre plus rapidement, et elle en bénéficie aussi.

Quand un homme montre ses tendances féminines, l'application de nouvelles méthodes de relations de couple peut ne pas sembler naturelle au début. Son côté femme lui dira : « Pourquoi faut-il que j'esquive et que je tempère pour la sécuriser ? Moi, je veux qu'elle me sécurise ! Moi aussi, je veux parler. »

En dépassant cette réticence et en apprenant à écouter d'abord et à « se retenir » avant d'exprimer ses propres sentiments, un homme exerce et renforce son côté masculin. Lorsque que son ascendant masculin est parvenu à soutenir le côté féminin de sa partenaire, il devient productif et sain pour lui de laisser son côté féminin émerger de nouveau pour pouvoir à son tour s'épancher. Une fois qu'il a caressé son côté femme et qu'elle a flatté son côté masculin en appréciant son soutien, il peut alors la solliciter sans retenue pour qu'elle prenne soin de son côté féminin à lui.

Quand les dispositions féminines d'un homme sont plus affirmées, il aura tendance à demander d'être rassuré par le côté masculin de sa compagne. Il aura davantage besoin de la savoir disponible pour lui. Il montrera du mécontentement quand elle refusera de parler ou d'approfondir leur relation. Il se plaindra quand elle ne sera pas suffisamment là pour lui dans leur vie commune. Il la harcèlera de questions pour la pousser à s'exprimer plus. Il voudra qu'elle écoute et qu'elle comprenne ses sentiments, qu'elle le conforte et qu'elle l'aide de diverses manières.

Le versant féminin de l'homme a des besoins légitimes, mais en laissant cette tendance peser sur la relation conjugale, l'homme aura tendance à pousser la femme à accentuer ses côtés masculins. Un tel homme peut plus facilement nourrir les besoins de son côté féminin en participant à un séminaire de soutien masculin, ou en se tournant vers la religion.

Demander à sa partenaire de soutenir son côté féminin peut peser considérablement sur la vie conjugale.

Une femme a déjà besoin d'un plus grand soutien pour accepter son propre côté féminin. Elle ne peut pas à la fois l'assumer et jouer un rôle masculin pour soutenir le côté féminin de son partenaire.

Lorsqu'un homme s'adresse à une femme essentiellement pour ce genre de soutien, non seulement il l'oblige à exprimer sa tendance masculine, mais il s'affaiblit lui-même. Incapables de parler de leurs problèmes avec d'autres hommes, beaucoup passent leur temps à se plaindre devant leur femme. Ce qui contribue à augmenter encore le déséquilibre.

Au bout d'un certain temps, il parle de plus en plus, et elle en revanche de moins en moins. Un homme doit veiller à ne pas geindre trop auprès de sa femme, ou elle se mettra à le materner et son désir pour lui s'étiolera. En général, un homme ne devrait pas se montrer plus sensible que sa partenaire. S'il est plus prompt à la sensibilité, il doit s'endurcir un peu en renforçant sa tendance masculine.

Lorsqu'une femme affirme qu'elle veut un homme sensible, elle veut en fait dire qu'elle veut quelqu'un de fort, mais cependant attentif à ses besoins. Très souvent, les femmes sont déçues lorsqu'un homme devient plus sensible qu'elles ne le sont. Au début, pendant une brève période, cela peut leur sembler séduisant, particulièrement si elles traversent une phase plus masculine. Mais très rapidement, si cela dure trop longtemps, elles en sont de plus en plus gênées.

Un homme doit faire attention à ne pas se tourner vers une femme pour qu'elle prenne soin de ses tendances féminines. Il doit lui demander de satisfaire son côté masculin, et non pas son côté féminin. Sa part masculine est rassasiée chaque fois qu'il se sent apprécié, accepté et qu'on lui fait confiance. Plus il se sent estimé, plus il sera fort, et en même temps plus sensible aux besoins de sa partenaire. Cette force et cette ouverture de l'esprit et du cœur sont ce que les femmes prisent le plus, et c'est cela qui fait d'un homme une présence à la fois solide et affectueuse.

Si un homme est au départ plus sensible que sa compagne, il lui faudra plusieurs années pour rééquilibrer les rapports dans le couple et retrouver sa force masculine. Par exemple, s'il est mécontent ou a besoin d'exprimer ses émotions, il devrait parler à des amis hommes plutôt que de se tourner vers sa partenaire pour trouver un peu de réconfort et partager ses sentiments.

Un homme réussit à trouver l'équilibre dans ses rapports amoureux essentiellement en soutenant sa partenaire. Lorsqu'il y parvient, il réussit par la même occasion à nourrir automatiquement ses propres instincts féminins. Quand elle est heureuse, il se sent heureux parce que, indirectement, son propre côté féminin se sent rassuré. Lorsqu'un homme aime une femme et qu'il se sent profondément en accord avec elle, c'est comme si la partie féminine de sa partenaire était devenue la sienne. En satisfaisant la femme en elle, il satisfait à la fois son propre côté masculin et ses dispositions féminines.

LORSQU'UNE FEMME EXPRIME SON CÔTÉ MASCULIN

Lorsqu'une femme estime qu'elle doit se montrer attentive au côté féminin d'un homme, elle est en fait déstabilisée. Par exemple, lorsqu'il attend qu'elle comprenne mieux ses émotions, il l'incite non seulement à le repousser mais aussi à refouler son propre côté féminin. Automatiquement, elle commence à devenir plus masculine. De nouvelles aptitudes sont nécessaires à une femme pour retrouver sa part de féminité.

Une femme se sent plus épanouie quand sa féminité est directement favorisée. Elle trouve son équilibre en réussissant à aider son conjoint à l'épauler. Si elle parvient à créer une situation dans laquelle elle reçoit naturellement le soutien dont elle a besoin, la partie masculine qu'elle a en elle s'en trouve satisfaite.

De cette façon, une femme peut utiliser son côté masculin pour résoudre des problèmes, tout en sauvegardant son côté féminin alimenté par le soutien de son partenaire. En revanche, lorsqu'elle prend en charge directement le côté femme de l'homme qui partage sa vie, elle ignore le sien jusqu'au jour où elle se réveille pleine de rancœur en constatant qu'il n'y a plus entre eux de réciprocité dans l'affection et la compréhension.

Lorsqu'une femme fonctionne trop longtemps sur

son côté masculin, elle finit par compenser en établissant avec son conjoint une relation dans laquelle sa féminité peut s'épanouir. Si elle doit, pendant toute sa journée de travail, tenir un rôle masculin, elle devra faire des efforts délibérés pour surmonter une résistance intérieure à changer de rôle.

Quand une femme sous l'empire de ses puissances masculines rentre à la maison, elle va peut-être chercher à s'enfermer dans sa tanière. Elle n'est certainement pas d'humeur communicative. Elle ressent un beaucoup plus grand besoin d'espace autour d'elle que son mari. Elle a des problèmes à résoudre et ne veut surtout pas perdre de temps à en parler.

Comme son côté masculin cherche à être apprécié, accepté, demande qu'on lui fasse confiance, elle ne tolère pas que son conjoint lui donne des conseils ou ne remarque pas les efforts qu'elle déploie pour lui. La plupart du temps, elle préférerait faire les choses elle-même. Elle a véritablement l'impression que son partenaire ne lui prodigue pas les louanges qu'elle mérite pour tout ce qu'elle fournit.

Pour étayer son côté masculin, une femme a intérêt à passer du temps avec d'autres femmes qui seules pourront satisfaire les besoins de considération de sa part masculine.

Idéalement, une femme devrait pouvoir compter sur l'homme avec qui elle vit pour s'occuper d'elle, la comprendre, la respecter. Ces facettes de l'amour contentent sa féminité. Lorsque ces besoins sont rassasiés et qu'elle apprécie mieux son partenaire, elle peut s'attendre à ce qu'il déborde de reconnaissance pour tous les efforts qu'elle fournit.

Il n'est certainement pas sain pour une femme et un homme de se concurrencer pour se faire apprécier dans leur vie de couple.

Bien qu'il soit important pour une femme d'être appréciée, elle doit plutôt attendre de son partenaire masculin qu'il soutienne son côté femme.

Les femmes, aujourd'hui, ont plus que jamais besoin de la compréhension d'un homme pour retrouver leur côté féminin à la fin de la journée.

INVERSION DU RÔLE ÉMOTIONNEL ET SÉDUCTION

Il y a maintenant tellement de femmes dans le monde professionnel qu'il devient de plus en plus courant pour elles de se lancer dans la vie de couple en inversant les rôles émotionnels. En le poursuivant ouvertement de ses assiduités, une femme pousse l'homme à se retrancher dans sa part de féminité. Au lieu de se sentir l'initiateur de la relation, il tergiverse et la laisse jouer le jeu de la séduction.

Lorsqu'une femme est sous l'empire de ses puissances masculines, elle a tendance à se laisser attirer par un homme qui, lui, se trouve en phase de féminité, et vice-versa. Beaucoup d'hommes perçoivent cela instinctivement et usent de leurs côtés féminins. C'est un piège. À moins de faire l'effort de rétablir l'équilibre, il finira par perdre son côté attirant.

Donc, quand une femme est trop masculine, l'homme tendra à se féminiser. De même, si l'homme devient trop féminin, c'est la femme qui deviendra d'autant plus masculine. Et plus elle prend le rôle de l'homme, plus il prendra celui de la femme.

Un homme aux tendances exagérément masculines qui devient un peu plus féminin se rapproche de l'équilibre idéal. Par contre, s'il penche déjà trop vers ses dispositions féminines, le pousser un peu plus dans cette direction va créer un déséquilibre encore plus grand.

S'il est très féminin et qu'elle est très masculine, pour que le couple continue à fonctionner, il faudra lentement mais sûrement qu'il développe ses qualités masculines et qu'elle accentue ses qualités féminines. En aidant à rétablir un certain équilibre, les nouvelles méthodes de vie conjugale améliorent l'équilibre et augmentent l'attraction mutuelle.

LA VIE DE COUPLE CONVENTIONNELLE

Dans un couple de type conventionnel, l'homme est plus masculin et la femme plus féminine. L'attirance diminue avec le temps si la femme a régulièrement l'impression qu'elle ne se trouve pas confortée dans son côté féminin. Plutôt que de risquer d'être rejetée trop souvent, elle se renferme et devient d'une certaine manière plus masculine.

C'est la même chose pour l'homme. Plutôt que de continuer à agir de façon masculine, en prenant des décisions, en étant entreprenant sexuellement, en résolvant des problèmes pour sa partenaire, s'il ne se sent pas apprécié, il va réfréner ses tendances masculines. Il va instinctivement devenir plus féminin. Sans la polarité sexuelle, l'attirance entre les partenaires se dissipe.

Même si un couple commence sur le mode masculin/féminin, avec le temps, les rôles émotionnels se renversent. Lorsqu'un homme sent que son côté masculin n'est pas apprécié, il commence à perdre son équilibre affectif. C'est la même chose pour la femme : si elle ne se sent pas soutenue dans son côté féminin sur son lieu de travail comme dans son foyer, elle va tendre vers le déséquilibre.

ÉQUILIBRER LE MASCULIN ET LE FÉMININ

Paradoxalement, les hommes perdent leur équilibre émotionnel parce qu'ils ne reçoivent plus l'attention que les femmes leur accordaient par le passé, alors que les femmes sont déstabilisées parce que les hommes ne leur accordent pas le nouveau type de soutien dont elles ont besoin.

Pour résoudre nos problèmes de couple actuels, les femmes doivent trouver en elles-mêmes l'amour féminin qu'elles partageaient autrefois, sans pour autant abandonner la nouvelle puissance qu'elles expriment. Le défi adressé à l'homme moderne est le suivant : il doit puiser dans son courage viril traditionnel et risquer l'échec en essayant de nouvelles méthodes de vie commune afin de soutenir la femme qu'il aime par de nouvelles attitudes.

Lorsque les femmes et les hommes ne connaissent pas les nouvelles techniques nécessaires au rétablissement de l'équilibre masculin/féminin dans le couple, l'inversion du rôle émotionnel entre en jeu inévitablement. Pour les deux sexes, cela se passe en général par phases distinctes.

L'INVERSION DU RÔLE AFFECTIF ET SES SYMPTÔMES

Lorsqu'une femme rentre de son travail, elle a tendance à rester sous l'influence de son côté masculin, surtout si elle a encore des choses à faire. Au lieu de se détendre et de parler de ce qui la tracasse, elle a l'impression d'aborder une nouvelle série de problèmes *qui doivent être résolus*. Soit elle en parle pour obtenir de l'aide de son partenaire afin de les régler, soit elle ne veut pas parler du tout. Elle a l'impression qu'elle doit tout faire elle-même. Pour supporter sa frustration, elle aussi va commencer à se distancer de la relation de couple et va ressentir le besoin de se retirer dans sa tanière.

Sa perception des choses change quand elle est sous l'empire de ses puissances féminines. Dans ce cas-là, elle est capable de profiter des petits plaisirs de la vie et de les apprécier. Elle restera consciente des problèmes, mais elle n'aura pas besoin de les résoudre pour se sentir bien dans sa peau.

Lorsqu'elle reste trop sous l'influence de son côté masculin, elle a soudain l'impression qu'elle doit d'urgence régler les petits et les gros problèmes de la vie. Comme si elle était chargée de « tout faire » et de s'occuper de tout le monde. Elle a le sentiment d'être débordée. Au lieu d'être affectueuse, calme, chaleureuse et contente d'être rentrée à la maison, elle se sent, à des degrés divers, frustrée, surchargée de travail, ignorée et privée de soutien. Il lui devient alors extrêmement difficile de prendre du temps pour elle et d'apprécier les petits plaisirs de la vie.

Si une femme se sent dépassée à la fin de la journée, elle reste en général toujours en contact avec son côté féminin pour se souvenir de tous ses problèmes, mais son côté masculin exige qu'elle trouve des solutions et qu'elle fasse quelque chose. Dans cet état, elle a du mal à se décontracter et même à savoir ce qui pourrait contenter son côté féminin.

Lorsque les femmes sont dans cette situation, elle sont tellement portées à faire ce qui doit être fait qu'elles ne peuvent plus percevoir les besoins intimes de leur côté féminin. Dès qu'elles ont terminé une chose, au lieu de se sentir soulagées, elles commencent à éprouver un manque et sont tiraillées par les désirs de leur côté féminin.

TROIS EXPRESSIONS DU DÉSÉQUILIBRE AFFECTIF CHEZ LA FEMME

Quand une femme se sent débordée, elle pense qu'il n'est pas raisonnable de parler sans but bien précis parce qu'elle est déstabilisée par son côté masculin toujours prompt à résoudre les problèmes et elle ne peut plus revenir à la normale. Cet état se manifeste de trois manières distinctes.

PREMIÈRE PHASE : SE SENTIR DÉBORDÉE ET TROP MANGER

La réaction la plus commune de la femme au sevrage de son côté féminin est de faire des crises de boulimie. Absorber de la nourriture est un palliatif facile au manque d'amour. En se gavant, une femme va temporairement supprimer la pénible sensation d'insécurité qui émerge de son versant féminin. En inhibant ses émotions, elle immobilise son énergie passionnelle.

Les femmes deviennent boulimiques pour apaiser leur faim d'une relation de couple enrichissante et sécurisante. Cette tendance a sa définition technique : c'est le « besoin palliatif ». Si elle ne peut pas obtenir ce dont elle a réellement besoin, la femme remplace ce besoin réel par un autre qui semble plus aisé à satisfaire.

Dans ce cas, sa soif d'amour est palliée par son besoin de nourriture. Tant que son désir d'amour n'est pas satisfait, elle aura toujours faim. En mangeant plus, elle va provisoirement réprimer les attentes persistantes de son côté féminin et se sentir apaisée. Dans certains cas, elle va même se berner elle-même en se persuadant qu'elle est assez heu-

reuse et qu'elle n'a besoin ni de parler ni de vivre
une relation de couple épanouissante.

POURQUOI LES FEMMES PRENNENT DU POIDS

Très souvent, peu de temps après leur mariage, les
femmes se mettent à grossir au-delà de la prise de
poids naturelle due au vieillissement et aux gros-
sesses.

Cette transformation ne se fait pas à cause de problèmes de couple, mais parce que le mariage rend
les femmes plus détendues et plus confiantes. Alors
qu'elle commence à s'épanouir, leur part féminine
leur souffle : « Maintenant que je suis aimée, je peux
enfin me montrer telle que je suis, me laisser dor-
loter, être épaulée et écoutée. » La jeune mariée
commence alors à ressentir instinctivement des émotions et des envies que les femmes éprouvent naturellement depuis toujours mais qui ont été réprimées
par l'indépendance inhérente à la vie moderne.

Et vous comprenez que quand la femme se met
plus profondément à l'écoute de son côté féminin,
sa tendance naturelle à parler de ses émotions et de
ses problèmes fait brusquement surface. C'est
comme si elle était possédée par les esprits de ses
aïeules. Ces étranges sensations, héritées du passé
féminin, donnent à la femme moderne l'impression
qu'elle demande trop, qu'elle est trop émotive, illo-
gique, mesquine et faible. Beaucoup ont un peu
honte de ces sentiments.

Dans cet état de confusion émotionnelle, la dernière chose à laquelle penserait une femme, c'est bien
de partager son trouble avec son époux. Dans la
plupart des cas, elle a même honte de confier à
d'autres femmes les nouvelles émotions qui l'assail-
lent. Elle ne sait pas vers qui se tourner tout sim-

plement parce qu'elle n'a jamais vu sa mère faire tranquillement part de ses sentiments et de ses problèmes à son père afin d'obtenir son soutien et son respect. Pour éviter de créer une mésentente ou de frustrer son mari, elle choisit de réprimer son besoin de s'épancher qui provient de son côté féminin et, en conséquence, éprouve de nouveau l'envie de manger plus.

Plus elle mange, mieux elle réussit à repousser l'étrangeté de ces nouvelles émotions et tendances, mais cela seulement de façon provisoire. Tant qu'elle ne trouve pas un moyen d'apaiser et de satisfaire directement et définitivement son côté féminin, elle continuera à utiliser la nourriture comme un palliatif.

Et quand elle essaie de résoudre son problème de surnutrition par un régime, elle va accentuer le déséquilibre en sollicitant encore davantage son côté masculin. Pendant la durée du régime, son corps souffre de se trouver ainsi au bord de la famine, et du coup réclame encore plus de nourriture. Or, le côté féminin est au contraire entretenu par la sensation d'apaisement et de soutien. S'imposer une stricte discipline, exigeant un degré élevé de vigilance, renforce au contraire son côté masculin, non son côté féminin.

Aisance, confort, facilité, sécurité, amusement, plaisir et beauté nourrissent la féminité. Les régimes n'en font rien. Les nouveaux styles de régimes qui encouragent les femmes à *manger plus* d'aliments à faible apport calorique et à faire de l'exercice à un rythme lent et détendu au lieu de se priver sont une bien meilleure façon d'appréhender les problèmes de poids. Cependant, pour la femme, la solution la plus efficace pour maigrir est encore une vie de couple plus enrichissante et un style de vie plus décontracté où les pressions sont moindres.

Quand les femmes sont privées des soutiens qu'exige leur côté féminin, pour éviter de ressentir la douleur du rejet, elles se retournent vers leur côté masculin et adoptent des comportements typiques d'hommes. Elles deviennent de plus en plus motivées, compétitives, péremptoires, indépendantes et efficaces. Elles sont très fières d'être logiques et rationnelles. Dans la plupart des cas, les expériences de la vie ou des messages reçus pendant l'enfance les ont conditionnées à rejeter les émotions féminines comme des signes de faiblesse, indésirables et peu valorisants.

Ces femmes ont du mal à envisager qu'elles peuvent se faire aimer par un homme si elles sont douces et féminines. Elles se donnent du mal pour masquer leur sensibilité féminine et leurs besoins. Elles s'imaginent faussement que « la féminité » ne provoque pas le désir et ne peuvent pas comprendre qu'un homme puisse être attiré par « ça ».

Ces femmes gèrent leur côté féminin en devenant dures au lieu d'être douces, brutales au lieu d'être sensibles et indépendantes au lieu d'être dépendantes. Elles pensent avoir raison en se suffisant à elles-mêmes. Elles tentent d'éviter les conversations trop personnelles. Dans certains cas, elles rejettent même l'appui d'un homme qui pourrait éventuellement leur apporter l'épanouissement et les empêcher de basculer dans la raison de vivre du toujours plus.

Pour certaines femmes, cette obsession du « toujours plus » se traduit par un perfectionnisme domestique. Chaque chose doit être à sa place, tout doit être organisé et d'une propreté immaculée. Pour d'autres, cela signifie qu'elles n'ont jamais assez de temps pour se détendre. Si une femme ne peut pas se décontracter parce que son côté masculin exige qu'elle trouve une solution à tous ses problèmes, la passion perd rapidement sa magie et disparaît, et l'acte sexuel devient purement mécanique.

D'autres femmes en font trop en prenant plus de responsabilités qu'il n'en faut. Elles ont du mal à dire « non » quand elles se croient indispensables. Elles peuvent même se sentir poussées à faire des choses que nul ne leur a jamais demandé de faire. Elles se piquent alors d'anticiper les besoins des autres et « d'être là » pour eux.

CE QU'UN HOMME PEUT FAIRE
POUR CE TYPE DE FEMME

Pour soutenir une femme, un homme doit comprendre que, au fond d'elle-même, elle ne demande qu'à se détendre, se laisser aller et se soumettre à quelqu'un en mesure de s'occuper d'elle et de la protéger. C'est cela, le véritable besoin profond de la féminité.

Cependant, parce qu'elle considère ce profond désir d'aide comme inacceptable, il est inconsciemment remplacé par un faux besoin. Et ce besoin de remplacement se manifeste par un appel impératif à en satisfaire d'autres. Elle pense que son bonheur dépend de sa capacité à être utile aux autres au lieu de satisfaire ses propres exigences. D'une certaine manière, elle devient elle-même l'homme responsable et attentif qu'elle aurait aimé avoir à ses côtés.

Cette constatation est valable pour les femmes comme pour les hommes. Lorsqu'une femme se charge de trop de responsabilités, au lieu de lui reprocher d'en faire trop, l'homme doit se rendre compte qu'elle a besoin d'aide pour retrouver sa féminité délaissée. Sans un partenaire attentif, les femmes qui mettent en avant leur côté masculin deviennent de plus en plus autonomes et ont de moins en moins de chances de dénicher un compagnon susceptible de les soutenir.

Les femmes qui se sentent débordées ne trouvent que rarement l'épaule dont elles ont besoin. Elles ne savent pas comment se montrer vulnérables, ni comment demander cet appui. Elles apparaissent tellement indépendantes qu'on ne leur offre qu'exceptionnellement de l'aide. Et lorsqu'on la leur propose, elles la rejettent. Personne n'est autorisé à connaître leur côté fragile. Au contraire, tout le monde est engagé à ne voir et à n'admirer que leur force et leur dévouement.

De telles femmes éprouvent des difficultés à connaître leurs propres besoins et même à s'occuper un peu d'elles-mêmes pour changer. Un homme ne peut pas grand-chose à cela, sauf s'il comprend que plus ces femmes apparaissent fortes, plus elles sont en fait avides d'affection.

Un homme qui ne le comprend pas est facilement saisi par un sentiment de frustration confronté à une femme qui en fait trop. Car plus elle est débordée, moins elle lui accorde de temps et d'intérêt. Et pour sa part il n'a pas l'impression de pouvoir l'aider ni la satisfaire.

Quoi qu'il fasse pour elle, elle a toujours tendance à en faire plus. Sur le plan émotionnel, il se sent totalement coupé d'elle. S'il ne peut rien faire pour elle, il ne peut pas recevoir son amour en retour. Il n'a pas l'impression de compter dans la vie de sa partenaire. En réalité, l'indépendance et l'autonomie qu'elle a développées font sur lui l'effet d'un repoussoir.

Ces femmes ne comprennent pas que les hommes adorent « faire toute la différence ». Pour être satisfait, un homme doit avoir la sensation qu'il répond aux aspirations de sa partenaire. C'est de cette manière qu'un homme se sent plus intimement lié à une femme.

COMMENT SÉDUIRE L'HOMME IDÉAL

Comme il est toujours beaucoup plus difficile pour une femme d'initier une relation, je suis souvent sollicité pour leur expliquer comment séduire un représentant de l'autre sexe.

Ma réponse consiste à leur demander pourquoi elles ont besoin d'un homme. Cette question les surprend immanquablement. Voici le genre de réponses que j'entends :

« En fait, je ne sais pas si j'ai vraiment besoin d'un homme. » Ou encore : « Je ne suis pas certaine d'avoir besoin d'un homme. »

D'autres sont plus affirmatives et avouent clairement : « Je n'ai pas vraiment besoin d'un homme, mais j'en veux un quand même. »

Si une femme veut établir une relation durable, elle doit d'abord commencer à s'ouvrir à sa propre féminité, ou du moins à cette part d'elle-même qui n'a aucune honte à avouer : « J'ai besoin d'un homme. »

Lorsqu'une femme cherche absolument une relation avec un homme, elle est sollicitée par sa féminité, mais celle-ci n'est pas encore assez épanouie pour attirer l'homme idéal pour elle. Si elle cultive son côté féminin, la situation va changer comme par enchantement. Percevant subitement la nécessité de trouver l'homme de sa vie, en même temps elle sait qu'elle finira bien par le rencontrer, un jour ou l'autre, ici ou là. Cette attitude plus ouverte peut être favorisée grâce à des échanges avec ses amies

279

femmes. Sans dépendre encore d'un homme, elle n'en reste pas moins disposée à recevoir le soutien d'un homme.

COMMENT LES HOMMES VIVENT L'INTIMITÉ

Il faut toujours garder à l'esprit le fait que l'homme s'attache sentimentalement en faisant des choses pour une femme. Il se sent plus proche de sa partenaire chaque fois qu'il réussit à lui fournir ce qu'il lui faut pour qu'elle s'épanouisse. N'oublions pas non plus que la femme se sent elle-même plus proche de son conjoint lorsqu'elle reçoit de sa part amour et soutien. C'est une distinction fondamentale. Si une femme ne parvient pas à ralentir son rythme en laissant l'homme alimenter son côté féminin, elle aura dès le départ des difficultés à établir une relation.

Cette nouvelle approche de la relation de couple, autrement dit le ralentissement de son rythme, peut s'illustrer par un exemple simple : un homme et une femme approchent tous deux d'une porte. Le type de femme qui en fait trop va accélérer le pas, ouvrir poliment la porte et attendre pour laisser passer l'homme. Elle donne aux autres ce dont elle-même a besoin, ce qui ne fait que renforcer sa tendance à donner et non à recevoir. Pour favoriser sa féminité, une telle femme devrait s'exercer au contraire à ralentir pour s'assurer que l'homme arrive le premier à la porte, attendre qu'il l'ouvre et passer en le remerciant. Lorsqu'elle le laisse ouvrir la porte, elle lui offre l'occasion de s'occuper d'elle.

RITUELS VISANT À RÉTABLIR L'ÉQUILIBRE

Dans cette dynamique, l'homme est replacé dans son rôle masculin de protecteur, et la femme retrouve son rôle féminin qui est de recevoir avec grâce. Ainsi, elle manifeste son besoin réel : c'est-à-dire qu'on s'occupe d'elle. Elle n'a pas besoin physiquement qu'on lui ouvre la porte, mais en le faisant, l'homme va la soutenir et combler les besoins de sa féminité. Cette féminité qui recherche cette preuve de soutien pour trouver son équilibre.

Lorsqu'un homme tient la porte pour une femme, c'est comme s'il lui disait : « Tu es unique pour moi, je tiens à toi, j'ai beaucoup de respect pour toi, je suis là pour toi, je sais tout ce que tu fais pour les autres et je suis content de te faciliter les choses dès que je le peux. »

Ce message d'amour, un homme l'adresse chaque fois qu'il se donne du mal pour montrer sa considération en rendant la vie de sa partenaire plus aisée et plus confortable. Les gestes sont plus parlants que les mots.

TROISIÈME PHASE : LES FEMMES QUI VEULENT QUE LES HOMMES PARLENT PLUS

Une troisième réaction courante chez une femme déséquilibrée par un état d'inversion des rôles émotionnels consiste à attendre de son partenaire qu'il parle plus et qu'il laisse davantage ressortir son côté féminin.

Une femme dans cette situation aimerait que l'homme s'ouvre plus à elle et partage plus ses sentiments, comme elle le ferait elle-même si elle ne souffrait pas de déséquilibre affectif. Un peu comme si elle lui demandait d'être féminin alors qu'elle ne se sent pas suffisamment en confiance pour exprimer sa propre féminité.

Ces femmes croient fermement qu'elles seraient satisfaites si leur partenaire se livrait plus et se montrait plus sensible et vulnérable.

Ce besoin de vivre auprès d'un homme plus doux et plus sensible est en réalité un besoin de substitution. Il cache le désir réel de la femme de se montrer elle-même plus sensible et plus douce.

Tout comme une femme ayant des problèmes de poids remplace en réalité son besoin d'amour par un besoin de nourriture ou comme celle qui « en fait trop » se cache son manque de soutien affectif en s'occupant des autres, cette femme substitue à son besoin de féminité le désir de voir émerger cette féminité chez son partenaire.

Ces besoins de substitution ne sont pas des choix délibérés. Ce sont des réactions qui se produisent quand une femme est forcée d'agir comme un homme sans disposer de l'appui dont elle a besoin pour rester féminine.

LORSQU'UNE FEMME ÉPROUVE UN SENTIMENT D'INSÉCURITÉ

Dans une relation amoureuse, une femme peut souffrir d'insécurité parce qu'elle ne se sent pas aimable, ou parce que son partenaire n'a pas encore trouvé le moyen de la rassurer. Quelle que soit la raison qui la met dans cet état, quand elle ne peut pas exprimer sa féminité, elle va automatiquement se réfugier dans son côté homme et adopter un comportement plus masculin. Pour retrouver un équilibre naturel au sein de la relation, elle va commencer à réclamer un partenaire au caractère plus « féminin ».

En général, l'homme qu'elle va choisir est déjà plus sensible et ouvert. Parfois, cependant, ce n'est pas un homme très sensible, mais elle va progressivement essayer de faire émerger chez lui son côté femme en lui demandant de s'ouvrir davantage à elle, de partager ce qu'il ressent ou bien d'effectuer un plus grand nombre de tâches domestiques. Cette réaction se produit parce que la femme ne sait pas comment obtenir le soutien dont a besoin son propre côté féminin. Elle se sent donc portée à soutenir la face féminine de son partenaire.

D'instinct, elle se dit : « Si je peux être plus attentive à ses problèmes et à ses émotions, il s'intéressera aux miens. Si je réponds à ses besoins féminins, il s'occupera des miens. » Mais, si cette formule s'applique parfaitement à ses relations avec les autres femmes, elle ne fonctionne guère avec les hommes.

LORSQU'UNE FEMME A BESOIN DE PARLER

Je peux voir que ma femme a vraiment quelque chose à me dire au fait qu'elle me bombarde tout à coup de questions. Par exemple, lorsque je reviens de mes séminaires de week-end, elle tient absolument à me voir et me fait passer un véritable interrogatoire. C'est un signal : je comprends qu'elle a en fait beaucoup de choses à me raconter. Donc, après avoir répondu à quelques-unes de ses questions, je lui demande ce qu'elle-même a fait pendant mon absence.

En déchiffrant le code secret de la féminité, j'ai appris à donner à Bonnie ce qu'elle demande. À l'époque où je n'étais pas encore conscient de nos différences, la situation se dégradait et débouchait en général sur une dispute grave.

Elle m'interrogeait sur mon séminaire alors que c'était elle qui avait une foule de choses à me dire parce qu'elle était incapable de me demander directement ce qu'elle voulait. Pour ma part, je n'aspirais qu'à un repos que j'estimais bien mérité. Mais comme je sentais qu'elle voulait que je lui parle, je faisais des efforts. Quand je repense à cette époque, j'ai l'impression que c'était comme si on voulait m'arracher les dents. Plus elle voulait que je parle, moins j'en avais envie.

Après quelques minutes de ce pénible exercice, en répondant le plus brièvement possible à ses questions, j'avais le sentiment d'avoir fait ce qu'elle me demandait (un cadeau que je lui offrais) et que j'allais enfin pouvoir me détendre et regarder la télévision (un cadeau que je m'offrais). Mais j'ignorais alors totalement que ce n'était pas du tout ce qu'on attendait de moi. Non seulement, j'avais rechigné à répondre, mais en plus, je ne lui avais posé aucune question en retour.

L'échange n'est devenu positif que lorsque j'ai pu décoder les signaux et que j'ai commencé à mettre en pratique mes nouvelles connaissances en matière de relation de couple. Aujourd'hui, quand Bonnie me bombarde de questions, je parle un tout petit peu et je l'interroge abondamment. Si elle ne se décide toujours pas à parler, je persiste gentiment. Une fois qu'elle s'est décidée, je la laisse faire toute la conversation parce que c'est elle qui en a besoin, et non pas moi.

En général, ne pas parler plus que sa partenaire est un bon moyen d'empêcher l'inversion du rôle émotionnel dans un couple. Il m'arrive parfois de parler plus que ma femme, mais dès que je m'aperçois que cela se reproduit trop souvent, je réagis et j'essaie de l'aider à s'ouvrir plus.

L'étonnante vérité que je n'ai découverte qu'au cours des dix dernières années est que plus une femme base son équilibre affectif sur un partenaire ouvert et qui exprime ses sentiments, plus elle s'éloigne de son côté féminin.

Sachant cela, je me suis rendu compte que le plus grand cadeau à faire à mes élèves était d'aider l'homme à réussir à écouter sa compagne. Je dois aussi aider la femme à « préparer » son conjoint pour que cette disponibilité nouvelle ne soit pas trop difficile à assumer. Et brusquement, les femmes se sentent plus rassurées et plus libres d'exprimer leurs émotions. Grâce à cette méthode, les couples réussissent à établir des relations plus épanouissantes.

COMMENT LES FEMMES RÉAGISSENT QUAND LES HOMMES SONT PLUS OUVERTS

Analysons les divers commentaires faits par toute une série de femmes dont les partenaires expriment plus facilement leurs émotions qu'elles ne le peuvent elles-mêmes. Même si toutes les femmes ne se sentent pas d'accord avec chacune de ces réactions, elles sont très courantes, particulièrement chez celles qui partagent leur vie avec des hommes qui sont plus sensibles.

Ce qu'il fait :	Ce qu'elle ressent :
1. Il exprime son angoisse quand elle parle de ses émotions.	1. « Je ne me rendais pas compte qu'il était si sensible. Maintenant je dois tout le temps faire attention. Je ne me sens pas tranquille quand j'exprime ce que je ressens. »

2. Il se met en colère et exprime sa réaction primaire à ses émotions avant de prendre le temps de se calmer.

2. « Quoi que je dise, il est furieux. J'ai peur de m'exprimer avec lui. »

3. Il déballe ses propres problèmes dès qu'elle veut parler des siens.

3. « Il a assez de problèmes. Je ne veux pas l'embêter avec les miens. Il a trop besoin d'attention. Je ne veux pas d'un enfant en plus. »

4. Il n'est jamais content et il veut toujours que tout soit mieux.

4. « J'apprécie vraiment qu'il soit plus ouvert, mais maintenant que je le connais, il ne me séduit plus autant. Je me sens coupable, mais je n'ai plus envie de vivre avec lui. »

5. Il exprime son insécurité profonde et son besoin d'être aimé.

5. « Je suis sensible à ses émotions, mais j'ai l'impression de ne pas être moi-même avec lui. »

6. Il parle trop de ses émotions quand on lui tend la perche.

6. « J'ai l'impression que je dois marcher sur des œufs quand je suis avec lui. Je n'ai pas le sentiment d'être écouté ou comprise. »

7. Il exprime ses vexations et il pleure plus souvent qu'elle.

7. « Je suis gênée d'avoir à le dire, mais quand il pleure tout le temps, je peux comprendre ses émotions. Par contre, je ne suis plus du tout attirée par lui. »

8. Il est souvent furieux et pense qu'il doit l'exprimer plutôt que de contenir son mécontentement et de se calmer.

8. « Quand il est furieux, j'ai l'impression que c'est un enfant qui fait un caprice. Automatiquement, je commence à croire qu'il faut le contenter et le materner. »

9. Il parle plus de ses problèmes, ou de leurs problèmes de couple, qu'elle ne le fait.

9. « Je suis contente que nous suivions une thérapie. Il en a vraiment besoin. Je ne me rendais pas compte qu'il avait autant de problèmes. Je ne suis pas parfaite, mais j'ai l'impression qu'il a besoin de quelqu'un d'autre. Je veux le quitter parce que je ne sais pas quoi faire pour lui. »

10. Il n'arrête pas de geindre et se plaint plus qu'elle.

10. « Je n'aime pas qu'il se plaigne à propos de tout. Je voudrais être avec un homme plus masculin. Je ne veux pas être mariée à une autre femme. »

11. Il demande plus
dans la relation et
demande à sa partenaire
de satisfaire sa propre
féminité.

11. « Il est toujours aux
petits soins pour moi,
mais je sens qu'il a
toujours besoin de plus.
Quand je ne parle pas, il
n'est pas content et
quand il parle, j'ai envie
de quitter la pièce.
J'écoute, mais je n'en ai
aucune envie. »

Aucune de ces femmes n'aurait pu prévoir qu'elle allait réagir de cette façon. Comme de nombreuses femmes, elles pensaient que si leur partenaire s'ouvrait un peu plus, elles vivraient le parfait bonheur conjugal.

COMMENT LES FEMMES RÉAGISSENT FACE AUX BESOINS AFFECTIFS DES HOMMES

La manière dont une femme réagit à la vulnérabilité de son partenaire est pratiquement l'inverse de celle d'un homme. Si, à l'écoute de ce qu'elle ressent, *il ne se sent pas culpabilisé*, il va s'intéresser à ses problèmes et mettre à contribution son propre côté féminin. En se mettant à l'écoute des préoccupations de sa compagne, l'homme peut très bien la comprendre tout en restant fort et déterminé à l'aider.

Lorsqu'une femme s'intéresse aux émotions d'un homme, elle devient plus forte, mais aussi elle lui en veut d'avoir à s'occuper de lui alors qu'elle a terriblement besoin qu'il prenne soin d'elle.

Ce glissement affectif qui se produit chez la femme peut être très progressif et n'est pas facile à déceler. Lorsque l'homme s'ouvre, elle est d'abord très admirative et ce nouveau comportement la rapproche de lui. Malheureusement, elle finit par se lasser et par se fermer. Même quand elle souhaite le quitter, elle pense que « ce n'est pas sa faute à lui, mais à elle ». Alors que souvent, en fait, c'est parce qu'il a révélé plus de lui-même qu'elle-même ne l'a fait que la relation lui est devenue insupportable.

En définitive, la femme est plus épanouie si son partenaire s'épanche moins, mais l'aide à lui ouvrir son cœur.

Lorsqu'une femme souhaite que son compagnon s'ouvre plus à elle et se montre plus sensible, ce qu'elle veut en réalité, c'est s'ouvrir davantage à lui, et elle-même devenir plus sensible et plus vulnérable.

TROIS FAÇONS POUR UN HOMME DE PERDRE SON ÉQUILIBRE AFFECTIF

Lorsqu'un homme ne se sent pas apprécié dans sa relation avec une femme, ou dans son travail, il commence à perdre son équilibre affectif, ce qui peut se traduire de trois manières.

Chacune de ces réactions est inefficace. Elles vont peut-être apporter un soulagement immédiat à la douleur qu'il ressent de voir son côté masculin bafoué, mais à long terme, elles ne feront que l'affaiblir davantage. Ce sont des comportements dans lesquels on tombe facilement quand on a à supporter une humiliation, mais qui ne font rien pour résoudre directement le problème.

PREMIÈRE PHASE : TRAVAILLER TROP

La réaction la plus commune d'un homme qui ne se sent pas soutenu dans son foyer est de travailler plus au bureau. Comme nous l'avons déjà expliqué, un homme va d'instinct réagir à l'insatisfaction de sa partenaire en rapportant plus d'argent, il a donc tendance à vouloir en faire plus et à réussir mieux. Mais quel que soit son degré de réussite, celle-ci n'est jamais suffisante. Il se mortifie de ne pas pouvoir faire mieux, de commettre des erreurs et ne pas être assez performant.

En se concentrant toujours sur son besoin de réussite (ou sur son échec à faire mieux), il se sent temporairement libéré de son besoin inassouvi d'être apprécié par les autres. Il évite de ressentir ce manque en affirmant son indépendance et sa compétence dans son travail.

Il va se convaincre qu'il n'a pas besoin de la considération de l'autre. Tout cela parce qu'il n'a jamais ressenti la satisfaction profonde d'être apprécié pour ses efforts et ses actes, quels qu'en aient été les résultats. Il n'a eu droit ni à la tolérance, ni aux encouragements ni à l'estime de la part des femmes pendant son enfance. Dans la plupart des cas, quand un homme commence à moins s'occuper de sa relation de couple pour se concentrer plus sur son travail, il ne se rend même pas compte que ce qui lui manque, c'est toute l'attention que lui portait jadis son épouse. Il est certainement d'accord avec elle lorsqu'elle dit : « Pourquoi devrais-je le féliciter de sortir la poubelle, après tout, c'est aussi la sienne. » Ne sachant pas qu'il a besoin d'être complimenté pour les petites choses, il cherche à réussir de grandes choses pour elle, dans l'espoir qu'elles rapporteront enfin son admiration. Mais rien n'y fait.

S'il n'est pas quotidiennement estimé pour ce qu'il

fait à la maison, un homme va chercher à se mesurer uniquement à l'aune des résultats qu'il obtient dans son travail. Et comme sa soif de réussite n'est en réalité qu'un palliatif de son besoin d'être apprécié par sa partenaire, il n'est jamais satisfait par ses succès professionnels.

Il entre dans une logique défaitiste et il s'engage dans une spirale descendante. Plus il se concentre sur son travail, moins il peut s'occuper directement de sa femme. Et s'il n'est pas directement attentionné avec d'elle, elle ne pourra pas le satisfaire en appréciant ses efforts. Même si elle l'admire au fond d'elle-même, il s'en aperçoit à peine. Et moins il se sent estimé, moins il est satisfait et plus il devient critique envers lui-même.

Cette première phase le pousse inévitablement vers la deuxième phase du déséquilibre affectif. Lorsqu'il rentre à la maison, il est incapable de passer du mode professionnel au mode conjugal.

SECONDE PHASE : IL NE SORT PLUS DE SA TANIÈRE

Lorsqu'un homme rentre chez lui le soir en ayant l'impression de ne pas réussir dans son travail, il a immédiatement tendance à s'éloigner de sa partenaire pour se détendre et oublier les problèmes de la journée. Comme nous l'avons déjà évoqué, il est normal pour un homme de s'isoler de temps en temps. Cependant, comme il se remet du stress supplémentaire provoqué par son sentiment d'échec professionnel, il lui faut beaucoup plus de temps pour sortir de cet état et reprendre contact avec les réalités du foyer.

Mais, dans cette seconde phase, il ne parvient plus à oublier la pression du monde du travail. Si un homme se sent frustré par des questions professionnelles, il a beaucoup plus de mal à être content, ou même à s'adonner à son hobby, ou encore à regarder son équipe favorite disputer un match. Lorsque la tension induite par le besoin de réussir prédomine, le pouvoir bienfaisant de ses activités de détente diminue d'autant.

Si le côté masculin d'un homme n'est pas suffisamment entretenu par sa partenaire, il n'a pas beaucoup d'énergie quand il rentre chez lui. C'est comme s'il l'emmagasinait pour faire face à ses problèmes de travail le lendemain. Cette énergie masculine, qu'il apportait autrefois à l'épanouissement de la relation, a pratiquement disparu.

Les hommes éprouvent des difficultés à oublier la pression et les problèmes du travail parce que leur côté femme tend à leur rappeler constamment ces problèmes, tandis que leur côté homme se sent incapable de les résoudre. Résultat, ils sont de plus en plus rivés sur leurs occupations « de tanière » dans l'espoir d'oublier la tension et les tracas professionnels. Ces hommes finissent par se désintéresser de ce qui se passe autour d'eux.

Il est difficile pour un homme dans cette situation de s'entendre avec sa partenaire parce que non seulement il est extrêmement préoccupé, mais il n'a même plus la détermination qu'il avait auparavant. Il n'a plus d'énergie, parce que, au fond de lui-même, il se sent un raté.

L'échec est mortel pour un homme.

LES BESOINS DE SUBSTITUTION DE L'HOMME

Dans la première phase, le besoin de substitution de l'homme est la réussite professionnelle. Dans la deuxième phase, c'est de se reposer et de se détendre – même si son besoin réel est d'être aimé et apprécié. Il a l'impression de vouloir être ignoré pour pouvoir avoir la paix, faire la sieste, se décontracter, ne rien faire en regardant la télévision. Alors que ce désir de se transformer en « légume » est parfaitement légitime, sa compagne pense, pour sa part, qu'il est tout simplement paresseux. Ce qui rend encore plus difficile pour lui d'écouter ou de réagir aux demandes et aux besoins de sa partenaire.

Au lieu d'être affirmatif, il devient passif. Au lieu d'être intéressé, il est distrait. Au lieu de chercher à rejoindre la femme, il veut qu'on le laisse tranquille. Même si le repos va soulager temporairement son mal-être, il ne comble pas son besoin d'être stimulé à fortes doses de considération.

Si elles ne comprennent pas ce dont leur compagnon a besoin, les femmes, sans le savoir, ne font qu'aggraver la situation. Elles se plaignent qu'il n'est jamais là pour elles. Elles ne cherchent pas naturellement à apprécier ce qu'il fait pour elles. Même s'il ne fait pas beaucoup, une femme peut toujours s'intéresser à ce qu'il fait au lieu de ne voir que ce qu'il ne fait pas. De cette façon, elle l'aidera peut-être à en faire plus et à obtenir l'admiration dont il a besoin.

Une fois qu'il est lancé, c'est comme une boule de neige qui dévale une pente. Elle accélère et devient de plus en plus grosse. Lorsqu'un homme est apprécié pour ce qu'il fait, il voudra en faire encore un peu plus. Un homme admiré va rassembler l'énergie et la détermination qu'il faut pour faire encore mieux. Soutenu par l'amour de sa femme, il va reconstituer ses forces pour sortir de sa tanière.

Lorsqu'un homme est apprécié, il va retrouver l'énergie et la détermination pour en faire encore plus.

La femme peut aussi aider son partenaire en s'aidant elle-même. Si elle est heureuse, elle va l'aider à s'épanouir. Lorsqu'il voit qu'elle n'est pas malheureuse et qu'elle ne lui en veut pas de ne pas s'ouvrir à elle, il pense qu'il doit être dans la bonne direction.

Lorsque la femme est heureuse, son compagnon pense que c'est grâce à lui et il se sent mieux lui-même. Mettons qu'il subvient à ses besoins financiers : en rentrant d'une tournée d'emplettes, si elle le remercie pour ce qu'elle s'est acheté, il se sent rasséréné.

L'inconvénient, pour un homme qui pense que sa femme est heureuse grâce à lui, c'est que, lorsqu'elle est contrariée, il a l'impression d'être encore plus un raté et il se retranche plus profondément dans sa tanière.

Lorsque l'homme est dans cet état, la femme lui reproche d'être paresseux et de ne pas contribuer à son épanouissement. Si elle comprend cette seconde phase d'inversion des rôles affectifs, il lui sera d'autant plus possible de le rassurer et de le soutenir plutôt que de lui faire des reproches et de se plaindre.

COMPARER L'HOMME ET LA FEMME

En comparant la seconde phase de l'homme avec sa propre seconde phase, la femme peut améliorer sa compréhension. Car s'il est difficile pour la femme de sortir de cette période, il est tout aussi dur pour l'homme de s'en extraire.

Une femme en phase secondaire a tendance à faire trop de choses. Pour se détendre et ralentir son rythme, elle a besoin d'un soutien puissant. Quand elle est mariée, qu'elle a des enfants, elle est encore plus active. Pratiquement chaque femme sait à quel point il est difficile de se décontracter et de profiter de la vie quand elle se sent débordée et demandée de toutes parts par les autres.

De même, mais à l'inverse, un homme en phase secondaire a envie d'en faire de moins en moins. Il peut facilement se détendre, mais il n'a aucune motivation pour en faire plus. Il retrouve un peu d'énergie à l'idée d'une activité divertissante, mais il est soudain épuisé quand il pense qu'il devrait s'impliquer davantage dans les tâches domestiques. Il ressent un grand besoin de repos, d'en faire le moins possible, alors qu'au contraire, sa partenaire est poussée par un besoin d'en faire encore plus. Autant elle est incapable de se faire plaisir, autant c'est la seule chose pour laquelle lui ait encore assez d'énergie.

À défaut de comprendre cette dynamique, la vie conjugale peut se révéler encore plus nocive pour un homme. Plus on a besoin de lui, plus ceux qui dépendent de lui seront déçus. En conséquence de quoi, il se trouve de plus en plus paralysé.

En prenant conscience de cet engrenage, la femme peut commencer à imaginer ce qui se passe dans la tête de son compagnon. De même pour l'homme : il peut saisir pourquoi la femme en phase secondaire de déséquilibre affectif ne peut pas « se détendre et profiter de la vie ».

La compréhension de la phase deux de l'inversion des rôles affectifs m'a énormément aidé. Parfois, lorsque je ne suis pas satisfait de l'évolution de mon travail, j'ai tendance à me réfugier dans ma tanière pendant d'assez longues périodes. Et même si j'aimerais bien en sortir, je me sens piégé.

Pour me sortir de cet état, je me souviens que ce dont j'ai vraiment besoin à ce moment-là, c'est d'être apprécié. Mon corps me susurre que j'ai besoin de repos et de détente, mais mon cerveau sait maintenant qu'il y a mieux à faire.

Ainsi, je me force à sortir de ma torpeur, bien que chaque cellule de mon corps me dise : « Repose-toi, détends-toi, ne te lève pas. » Je m'imagine en train de soulever des haltères pour parfaire ma musculation. Quand je ne suis pas en forme, la musculation est toujours un gros effort et je n'ai pas envie d'en faire. Mais si je m'y mets, je me sens mieux et beaucoup plus fort.

De la même manière, quand l'apathie me cloue sur mon sofa, je me force à me lever et à faire quelque chose de pratique, sachant que ma femme va l'apprécier. Cela peut être aussi simple que de me lever pour aller vider la poubelle. Dès que je commence à bouger, elle peut me montrer qu'elle est contente. Et bientôt, la machine se remet en route.

Cette technique est particulièrement efficace parce que Bonnie se donne le mal d'apprécier mes efforts. Quand je fais quelque chose dans la maison, au lieu de réagir négativement : « Et alors, je n'ai pas arrêté depuis que je suis rentrée ! » elle va prendre un moment pour exprimer sa gratitude.

Si elle ne remarque pas ce que j'ai fait, au lieu de

manquer l'occasion de me faire féliciter, je peux lui dire : « Tu as remarqué que j'ai vidé la poubelle ? »

Et elle se donne toujours la peine de répondre : « Oh, merci ! »

Même si je l'ennuie et qu'au fond d'elle-même, elle se dit : « La belle affaire », elle se fend d'un mot, certes bref, mais gentil.

Savoir que je peux être facilement apprécié dans ma relation de couple m'aide beaucoup à sortir de ma tanière. À force de bénéficier jour après jour des manifestations de gratitude de ma femme, je comprends mieux à quel point j'en ai besoin et donc, je fais plus facilement un effort pour l'obtenir. Le plaisir anticipé que je tire de son approbation chaleureuse contribue toujours à me motiver pour sortir de moi-même.

Si Bonnie prend le temps de m'apprécier quand elle est elle-même en phase deux, cela l'aide aussi. En me faisant part de son estime, elle suspend un instant son activité, ce qui lui permet de se rendre compte qu'elle n'est pas toute seule et qu'elle a mon soutien. Et donc, elle commence à se détendre. Par exemple, quand je sors de ma tanière pour aller vider les ordures, elle m'apprécie en tant que compagnon, ami, partenaire dans la vie.

Son soutien me libère et je ne me sens plus piégé dans ma tanière. Ce qui ne veut pas dire que je ne m'y réfugie plus du tout. Quand un homme est sous pression, il est sain et naturel qu'il aille se réfugier dans son univers. Par contre, cela devient malsain quand il ne peut plus en sortir.

LES PROGRAMMES EN DOUZE ÉTAPES

En général, c'est pendant la phase deux que l'homme se met à boire trop ou à céder à d'autres formes d'intoxication. Cela ne fait que l'enfermer davantage en lui-même. Lorsqu'un homme sait qu'il peut voir un ami ou un groupe d'amis qui l'apprécient sans attendre grand-chose de lui, il a moins de mal à sortir de sa tanière. C'est une des raisons du succès des programmes en douze étapes, ou d'autres programmes du même ordre.

Lorsqu'un homme est replié sur lui-même, l'un des moyens de masquer la honte de ne pas recevoir de considération de la part de sa compagne est de se mettre à boire. Dans un programme en douze étapes, par exemple, s'il réussit à faire quelque chose d'important, il va gagner l'admiration des autres. En s'abstenant de boire, il est immédiatement approuvé par les autres. Quand il continue à ne pas boire et qu'il participe aux réunions des Alcooliques anonymes, même s'il ne se sent pas très à l'aise au bureau ou dans ses autres relations, il est satisfait de lui-même parce qu'il ne boit plus. C'est un soutien considérable.

En général, les membres des Alcooliques anonymes sont très fiers de dire le nombre de jours, de semaines, de mois ou d'années pendant lesquels ils ont réussi à ne pas boire. Ils affichent cela comme une médaille et gagnent ainsi de l'ancienneté. Ils ont soudain le droit de se sentir fiers d'eux-mêmes, et beaucoup d'autres personnes les admirent et les apprécient aussi. Elles sont toutes passées par là et comprennent et mesurent pleinement la force nécessaire pour sortir de la dépendance. Cette admiration renforce le côté masculin et contrebalance l'inversion des rôles affectifs.

Les femmes aussi se tournent vers l'alcool ou la drogue à la suite de l'inversion des rôles affectifs. Les programmes en douze étapes, entre autres programmes dits « de partage », se révèlent tout aussi efficaces pour elles, quoique pour une raison différente. Le partage offre aux femmes la substance dont se nourrit leur féminité.

Je ne veux pas dire que les hommes ne bénéficient pas aussi de ces séances de partage des émotions. Ils ont aussi un côté féminin, mais avant de sortir de leurs tanières, ils ont en priorité besoin de sentir qu'ils peuvent faire quelque chose qui leur permettra d'être appréciés.

L'une des grandes vertus des Alcooliques anonymes pour ses participants est qu'il s'agit d'un endroit où ils ne cachent pas ce qu'ils ont fait, ou ce qu'ils ont dû surmonter pour arrêter de boire. Les hommes obtiennent donc la considération dont ils ont un besoin vital, alors que les femmes, pour leur part, se voient abreuvées de la compréhension qui leur manque.

LES RELATIONS DE COUPLE ET LA « TANIÈRE »

Lorsqu'un homme est célibataire, rien ne l'empêche de sortir de sa tanière uniquement quand il en a envie. Mais lorsqu'il vit en couple, en revanche, il lui est pratiquement impossible d'en sortir si sa compagne n'aime pas qu'il s'enferme, et si elle s'obstine à attendre derrière la porte. Trop de femmes commettent sans le savoir cette erreur et finissent par œuvrer à l'encontre de leurs propres désirs.

Lorsque l'homme est au fond de sa tanière, la femme voudrait obtenir plus de lui, mais elle sent que si elle exprime la moindre demande, il va résister comme un ours grognon. Il ne lui vient pas à l'esprit que, comme un véritable ours, il a faim et veut manger le miel de son amour. Elle croit que s'il lui exprime ses émotions, il se sentira mieux. Inutile d'ajouter que, plus elle essaie de le faire sortir de son trou en lui suggérant de faire plus de choses ou en lui posant des questions, plus il aura tendance à résister.

COMMENT FAIRE SORTIR L'OURS DE SA TANIÈRE

Munie de ce savoir, elle peut utiliser la nouvelle compétence relationnelle que sa mère ignorait pour faire sortir son compagnon de sa tanière. Elle peut le faire en imaginant qu'il est réellement un ours.

Aucune personne sensée n'entrerait dans la tanière d'un ours pendant qu'il dort, ni n'essaierait de l'en faire sortir.

Au lieu de cela, vous essayez de le faire sortir en laissant de petits morceaux de pain devant sa porte. Si le pain ne marche pas, vous mettez du miel dessus. Et lorsqu'il le sent, son instinct le pousse à suivre l'odeur. Il sort son nez.

Maintenant, vous commencez à percevoir qu'il ira là où vous voulez si vous laissez une trace de pain et de miel derrière vous. Si « l'ours » est un homme, le pain représente la possibilité qu'on lui offre de faire quelque chose, et le miel est l'appréciation qu'on lui exprimera quand il l'aura fait. Les hommes, comme les ours, veulent du miel. Dès qu'ils se sentent acceptés et considérés pour ce qu'ils font, ils trouvent de bonnes raisons pour sortir de leur tanière.

TROISIÈME PHASE : L'HOMME A BESOIN D'UN SURCROÎT DE SOUTIEN DE LA PART DE SA PARTENAIRE

Lorsque le côté masculin de l'homme n'est pas soutenu et qu'il se sent coincé dans sa tanière, une troisième réaction se produit. La partie mâle de sa personne reste dans la tanière, et c'est uniquement son côté femme qui ressort. Brusquement, il demande à sa partenaire de s'occuper de lui, mais comme il est toujours un homme, il le demande de manière agressive.

Nous venons de comprendre que, lorsque l'homme est replié sur lui-même, la femme ne doit pas aller le chercher. Lors de la troisième phase de déséquilibre, il sort effectivement de sa tanière, mais toutes armes dehors. Il est facilement vexé, offensé et se sent provoqué au moindre signe.

Comme la femme, il a l'impression de « tout faire », sans en récolter les fruits. Extériorisant du coup ses tendances féminines, il devient généralement très porté sur les échanges verbaux.

Chaque fois que l'homme ne peut pas sortir totalement de son monde intérieur, son versant femme prend le dessus et se met à contrôler sa relation avec l'autre. Il aura tendance à réagir fortement à la moindre erreur de sa partenaire, il aura un besoin urgent de parler de ses émotions, il va défendre beaucoup plus vigoureusement ses actions, et il va demander des excuses à sa femme quand cette dernière le froisse.

LE BESOIN D'ÊTRE RESPECTÉ

À cette étape de l'inversion des rôles affectifs, le besoin profond de l'homme est toujours d'être apprécié, mais comme il n'obtient pas le genre de soutien qu'il souhaite vraiment, un besoin de substitution prend le dessus. Son désir profond d'être apprécié à sa juste valeur est remplacé par le besoin d'être respecté.

Cette tendance est exprimée de façon extrême par tout père abusif, lequel se double en général d'un alcoolique. Celui-là aura souvent tendance à exiger le respect par des remarques du style : « C'est ma maison, et tant que vous vivrez ici, vous ferez ce que je demande... »

Même s'il n'est pas alcoolique, l'homme dans cette troisième phase d'inversion des rôles affectifs va de temps en temps avoir ce genre d'exigences. Lorsqu'il en arrive là, la meilleure méthode pour arrêter ce comportement est de cesser d'exprimer ses émotions à sa partenaire et de s'efforcer de les contenir. En parlant il ne devient que plus rigide, péremptoire, exigeant et pénible. Voici des exemples de remarques indiquant que l'homme doit reprendre le contrôle de lui-même.

Ce qui se passe :	Ses réactions en phase trois :
1. Elle exprime des sentiments de frustration et de déception.	1. « Si tu ne peux pas être heureuse, finissons-en avec notre couple. »
2. Elle donne son avis sans qu'il le lui ait demandé.	2. « Tu sais bien que je n'aime pas quand tu me parles comme ça. Arrête. »
3. Elle exprime sa désapprobation à propos de quelque chose qu'il a fait ou qu'il a oublié de faire.	3. « Personne ne me traite de cette façon. Si tu ne changes pas, je te quitte. »
4. Elle est de mauvaise humeur et ne peut pas apprécier ce qu'il fait.	4. « Je fais tout pour toi et voilà ce que j'obtiens en retour. »
5. Elle se plaint de quelque chose qu'il n'a pas fait.	5. « Comment oses-tu me traiter comme ça ? C'est inacceptable. Tu n'apprécies jamais rien. »

6. Elle désapprouve quelque chose qu'il a fait et lui donne des conseils.	6. « Je ne supporte plus. Je fais tout ce qu'il faut faire et c'est toi qui as tort. »
7. Ils se disputent gravement à propos d'un détail.	7. « Je n'en peux plus. Je ne mérite pas d'être traité comme ça. Tu n'apprendras jamais. C'est terminé. »
8. Elle fait quelque chose pour l'ennuyer.	8. « Je ne veux pas être désagréable, mais c'est toi qui me rends comme ça. Ça t'apprendra. »

Si ces phrases peuvent refléter fidèlement ce qu'il ressent, il est suicidaire de les exprimer ouvertement à sa compagne. Elles sont totalement négatives, égoïstes, arrogantes, honteuses et autoritaires. Elles ne peuvent en rien contribuer à créer un climat de confiance et d'ouverture. S'il tient vraiment à obtenir l'amour et le soutien dont il a réellement besoin, il doit s'entraîner à réprimer ce genre de sentiments. Oui, ce sont ses réactions instinctives primaires, mais pas celles de son cœur et de sa tête. Avant d'ouvrir la bouche, il devrait réfléchir en son âme et conscience, et non pas laisser ses instincts prendre le pas.

L'homme traversant une période d'inversion des rôles affectifs est obsédé par le respect qu'on lui doit. Lorsqu'il a fini de culpabiliser ou d'intimider les autres, il n'est que temporairement satisfait. Sa soif de respect va s'accentuer parce que, en réalité, son âme aspire à la considération. Chaque fois qu'un problème se présente, il doit absolument avoir raison. Il réagit brusquement en reportant la faute sur les autres, et en les rejetant.

Dans cette troisième phase, l'homme demande à

communiquer plus. Il veut connaître les sentiments de sa compagne, mais quand elle les lui exprime, il rechigne et veut exprimer encore plus les siens. Bien qu'il agisse comme la femme dans le sens qu'il souhaite partager, il reste un homme et tient toujours à avoir le dernier mot. Il n'hésite pas à hausser le ton.

Ces disputes explosives le soulagent peut-être sur le moment, mais la satisfaction est brève. Il continue d'avoir besoin d'être écouté et obéi. Quoi que sa partenaire fasse pour lui, ce n'est jamais suffisant.

QUAND L'HOMME SE MET EN COLÈRE

Il y a une différence entre un homme qui est dans cet état et une femme qui a besoin de se faire entendre. Quand l'homme ressent une nécessité urgente de partager ses sentiments, il veut aussi avoir raison. Par contre, quand une femme a besoin de parler, en général, elle ne demande qu'à se sentir écoutée et approuvée. Elle n'exige pas d'un homme qu'il soit d'accord avec elle.

Cette troisième phase est pourtant largement encouragée par nos sociétés modernes. Au cours des vingt dernières années, on a poussé les hommes à retrouver leurs émotions et à les exprimer. Souvent, on leur reproche de ne pas montrer plus ouvertement leurs sentiments.

Comme nous l'avons déjà constaté, lorsque l'homme se comporte de manière trop sensible, la femme s'en lasse rapidement. Particulièrement quand l'homme exprime sa colère, la femme à son tour se referme sur elle-même. Comme elle ne se sent pas en confiance pour communiquer avec son partenaire, elle refuse de parler. Soudain, c'est elle qui est dans sa tanière et lui qui essaie d'y pénétrer.

Dans mes séminaires, les hommes en phase trois se plaignent généralement des mêmes symptômes. Analysons quelques exemples.

Tim était très en colère quand il s'est levé pour parler de son histoire. Il nous a expliqué qu'il était beaucoup plus disposé à améliorer sa vie conjugale que sa compagne.

— Vous dites que les femmes veulent parler, grommelait-il. Moi, je suis prêt à parler plus, mais c'est ma femme qui ne veut pas me parler.

Le ton assuré de sa voix me fit comprendre ce qui n'allait pas. « Est-ce que votre femme vous a déjà dit que vous ne l'écoutez pas et qu'elle ne peut jamais vous parler ? » lui demandai-je.

— Bien sûr, c'est ce qu'elle ne cesse de me répéter, répondit-il. C'est pas vrai. Je suis prêt à écouter. Mais c'est moi qui ai des choses à préciser. Je fais tout ce que vous nous dites qu'un homme doit faire. Je fais la cuisine, le ménage, je prends les rendez-vous et je fais tout ce que les femmes sont censées vouloir. Résultat, c'est elle qui passe tout son temps dans sa tanière. J'en ai assez !

— Eh bien c'est exactement pour cela qu'elle ne veut pas communiquer. Vous ne l'écoutez pas, rétorquai-je de façon abrupte.

Il a ensuite apporté la preuve que j'avais raison en contestant ce que je disais :

— Non, vous ne comprenez pas. Je suis vraiment à l'écoute, je la soutiens, je m'intéresse à ce qu'elle ressent, mais je m'attends aussi à ce qu'elle écoute ce que je lui dis.

— La façon dont vous me parlez maintenant est certainement la façon dont vous lui parlez, insistai-je. En contestant, vous faites tout ce qu'il faut pour qu'elle ne veuille pas discuter avec vous. Même si elle commençait à vouloir partager vos sentiments, votre comportement l'arrête immédiatement.

La femme ne peut absolument pas se sentir protégée ou respectée lorsque son partenaire lui parle d'un ton aussi péremptoire, avec un tel aplomb et une telle exigence, surtout s'il s'agit d'évoquer des émotions profondes.

Lorsque l'homme a une demande affective trop forte, ou qu'il est trop sensible et facilement froissé, la femme a l'impression qu'elle ne peut pas lui faire confiance, qu'il n'écoutera pas correctement ce qu'elle veut lui communiquer.

Elle ne se sent pas rassurée de lui parler ouvertement quand elle a l'impression qu'il a plus besoin de s'exprimer qu'elle. La seule chose qu'elle puisse faire, c'est de se réfugier dans sa tanière.

Ce qui signifie qu'elle va endosser son habit masculin, car pour se protéger des assauts émotionnels et des exigences affectives de son partenaire, elle doit se comporter en homme. Après un certain temps, elle se sentira tellement bien au fond de sa retraite que son côté femme va *vouloir* rester là.

POURQUOI L'HOMME EST CONTRARIÉ

Lorsqu'un homme est sous l'emprise de ses puissances féminines, il lui paraît très injuste que sa partenaire ne lui parle pas ou ne s'excuse pas de l'avoir contrarié. Il se sent incapable d'obtenir ce dont il a besoin sans qu'elle soit d'accord avec lui ou qu'elle exprime une volonté de changement. Il ne sait pas à quel point les femmes changent naturellement quand elles se sentent aimées.

Quand une femme se sent aimée, elle commence doucement à s'ouvrir et se montre prête à abandonner ses attitudes contrariantes. Mais lorsque son conjoint a un comportement autoritaire, elle va immanquablement lui résister, ce qui, bien entendu, ne fait que d'attiser sa colère et le rendre encore plus tyrannique.

Lorsqu'un homme en phase trois est irrité, c'est qu'il a l'impression de ne pas avoir le soutien auquel il estime qu'il a droit et qu'il pense mériter. Pour se sentir mieux, il lui faut utiliser une stratégie efficace lui permettant d'obtenir ce qu'il veut.

Dès qu'il a trouvé une solution qui lui paraît sensée, il commence à retourner vers son côté masculin, lequel cherche toujours à résoudre tous les problèmes.

Si la femme refuse de communiquer et que l'homme au contraire y tient pour des raisons valables, voici ce qu'il peut faire.

Il doit dire : « Je sens que quelque chose t'ennuie. Qu'est-ce qui ne va pas ? »

Il ne doit pas dire : « Je suis contrarié et je dois absolument te parler. »

Si elle dit : « Je ne peux pas te parler. »

Il doit dire : « Hmm », et se demander pourquoi il lui transmet inconsciemment un message signifiant qu'elle ne peut pas être en confiance pour parler.

Il ne doit pas dire : « Bien sûr, tu peux me parler. C'est moi qui tente désespérément de te faire dire ce que tu veux me dire. C'est moi qui fais tout ce que je peux pour que notre couple fonctionne bien. »

Si elle dit : « Tu vas juste me contredire. Je ne veux même pas essayer. »

Il doit répondre : « Tu as probablement raison. »

Le plus important, c'est qu'il doit apparaître calme et approbateur. C'est le seul moyen de convaincre sa partenaire. Il doit lui prouver qu'il peut accepter et supporter ses provocations sans se mettre en colère. Une fois cette assurance acquise, elle commencera à communiquer de nouveau.

307

Il ne doit pas dire : « Je ne veux pas me disputer, je veux juste parler. » Ce qui est en soi déjà l'amorce d'une dispute.

Discuter avec une femme qui ne veut pas communiquer ne fait que confirmer ce qu'elle pense. Elle ne peut pas parler ouvertement à son partenaire. Pour qu'elle puisse en toute confiance s'ouvrir et révéler toute sa féminité dans leur relation, l'homme doit pratiquer la retenue. Il doit garder pour lui ses émotions afin qu'elle puisse d'abord sentir qu'elle est entendue.

Ce qui ne veut pas dire qu'il ne doit jamais ressentir ou exprimer d'émotions. Cela veut simplement indiquer qu'il ne doit pas la submerger d'émotions négatives au-delà de ce qu'elle peut supporter. Au lieu de livrer ses émotions primaires, il vaut mieux qu'il se retranche dans sa tanière et qu'il réfléchisse. Une fois qu'il s'est calmé, il doit se concentrer sur la solution, pas sur le problème. Il doit élaborer une stratégie réaliste lui permettant de faire quelque chose qui lui apportera le degré d'appréciation dont il a besoin au plus profond de lui-même.

LORSQUE L'HOMME FAIT DES LISTES

Je peux dire que je suis en phase trois d'inversion des rôles affectifs quand mon côté femme ressort et que je commence à faire des listes de tout ce que ma partenaire fait de travers. Lorsque je fais ces listes de récriminations, à la différence des femmes qui veulent juste parler de leurs griefs contre leur homme, je veux absolument que Bonnie soit d'accord avec moi et qu'elle promette de corriger son comportement.

Quand j'agissais ainsi, Bonnie avait l'impression

de vivre avec un véritable tyran dominateur. C'était le « moi » qui ressort lorsque je ne suis pas capable d'être la personne que je respecte. Le tyran dominateur est mon double destructeur.

Quand nous ne nous sentons pas aimés, nous devenons le contraire de ce que nous sommes quand nous sommes compréhensifs et aimants. Les personnes très généreuses deviennent soudain très pingres quand leurs cadeaux ne sont pas appréciés. Les gens qui donnent facilement leur confiance et qui sont très ouverts deviennent totalement hermétiques lorsqu'ils sont déçus. Quand ceux qui sont habituellement très patients et très accommodants sont à bout, ils se montrent impatients et rigides. Voilà comment l'amour se transforme en haine. Lorsqu'un homme ou une femme se trouve en inversion des rôles affectifs, son double destructeur apparaît de plus en plus souvent.

_____

Si nous ne nous sentons pas aimés,
nous devenons l'opposé de ce que nous sommes
lorsque nous sommes des êtres merveilleux
remplis d'amour.

_____

Pour créer et maintenir une relation amoureuse épanouie, nous avons besoin de nombreuses méthodes qui nous aident à conserver un équilibre, en particulier quand souffle la tempête des affects et que la terre tremble sous nos pieds.

Par exemple, je me sens parfois encore tyrannique, mais je fais de mon mieux pour garder ces pulsions en moi-même. Je me rends compte à ce moment-là que mes tendances féminines et masculines ne sont pas équilibrées et je fais ce qu'il faut pour rétablir la balance. Au lieu d'exploser, je me réfugie dans ma tanière. Protégé à l'intérieur de celle-ci, j'attends de me sentir en meilleure forme. Ensuite, quand je sors, je fais quelque chose qui va garantir de la part de Bonnie le geste d'appréciation dont j'ai vraiment besoin pour me sentir mieux. Au lieu de me plaindre de ne pas être compris, j'agis pour l'obliger à m'apprécier.

Grâce à l'application de quelques nouvelles tactiques dans ma relation de couple, les écueils et les dangers de l'inversion du rôle affectif peuvent être progressivement surmontés. Au chapitre suivant, je passerai en revue d'autres méthodes permettant de trouver un équilibre dans la relation de couple. Nous chercherons aussi les moyens d'entretenir le feu de la passion dans le mariage en conservant l'équilibre tout en restant monogames. Nous allons découvrir les secrets d'une passion durable pour construire toute une vie d'amour.

CHAPITRE 9

Une vie entière d'amour
et de passion

Le taux élevé de divorces qui sévit à l'heure actuelle ne signifie pas que les femmes et les hommes d'aujourd'hui sont moins intéressés par le mariage que ceux d'autrefois. Au contraire, il indique que nous sommes plus exigeants à propos de nos relations d'amour que nous ne l'avons jamais été. Les femmes et les hommes ne sont pas satisfaits parce qu'ils attendent beaucoup plus de leurs unions que par le passé. Nous voulons aimer pour toute la vie, nous voulons une passion durable avec la personne que nous avons choisie.

Le nombre élevé de divorces s'accompagne parallèlement d'un grand nombre de remariages. Si la flamme de la passion s'éteint, homme et femme préféreront risquer la douleur d'un divorce plutôt que la disparition des sentiments. Nous savons intuitivement qu'en entretenant une relation épanouissante, quelque chose de plus profond peut être vécu. Au fond de nous-même, nous sentons que la fidélité passionnelle est possible, mais nous ne détenons pas toutes les clefs pour y parvenir complètement.

Il ne faudrait pas voir dans l'immense marché des romans féminins et des séries TV mélodramatiques d'une part et d'autre part de la pornographie pour les hommes la raison de cette insatisfaction, mais bien plutôt le symptôme d'un désir inassouvi pour des relations de couple passionnées.

En général, quand les besoins affectifs et passionnels de l'homme ne sont pas satisfaits, celui-ci se portera vers la sexualité, alors que la femme va plutôt s'intéresser aux récits romantiques.

Ces tendances fortes ne sont pas forcément des symptômes de dysfonctionnement, ce sont en fait des expressions naturelles de frustrations des besoins affectifs profonds dans la relation de couple.

LA GÉNÉRATION DE NOS PARENTS

À la génération de nos parents, on s'attendait à ce que l'ardeur du désir s'étiole avec le temps. Les passions durables et l'épanouissement émotionnel n'étaient pas le but de la vie conjugale. Les unions se faisaient en priorité pour répondre à des besoins de survie, et non pour assouvir une soif de passion romanesque. C'est pour cela que ma mère admirait tant mon père de n'avoir pas déserté le foyer familial alors qu'il entretenait une liaison avec une autre femme et qu'il avait cessé depuis longtemps de prendre en compte les besoins affectifs de ma mère.

Dans leur grande majorité, les couples acceptaient le fait que les feux de la passion s'éteignent en principe à la fin de la lune de miel, et en tout cas à la naissance des enfants.

Je me souviens parfaitement que les adolescents de ma génération considéraient comme allant de soi que l'ardeur amoureuse ne survive pas à l'épreuve de la vie conjugale. Avant le mariage, pas question d'avoir des relations sexuelles, et donc on ne pensait qu'à ça. On ne ratait pas une occasion de faire l'amour. Et sous ce rapport, naturellement, la chance nous souriait rarement. Ensuite, une fois qu'on était engagé dans une relation de couple, alors, oui, on pouvait satisfaire pleinement ses désirs sexuels, mais hélas, pour des raisons mystérieuses, on n'en avait plus tellement envie.

Pendant mes années d'université, j'ai souvent entendu raconter cette blague par mon directeur d'étude ou tout autre personnage d'autorité. Je vous la retranscris comme suit :

« Quand vous autres hommes, vous vous mariez, vous plongez brusquement dans une grande période d'amour et de sexe. Quand vous êtes mariés, prenez une bouteille. Chaque fois que vous faites l'amour, mettez un haricot dans la bouteille. Après une année, chaque fois que vous faites l'amour, enlevez un haricot de la bouteille. Si vous arrivez à vider la bouteille, vous avez vraiment de la chance. »

C'était sa manière de nous faire comprendre qu'il ne fallait pas espérer que les effusions passionnelles dureraient toute une vie conjugale. Dans la plupart des sociétés du monde, les hommes et les femmes surmontent cet état de fait en ayant des aventures extraconjugales. La préservation de la famille est plus importante que l'épanouissement de la vie sexuelle, et donc que la question de savoir quand et avec qui nous avons des relations sexuelles.

LORSQUE L'HOMME TROMPE SA FEMME

Dans le passé, si un homme restait discret sur ses aventures sexuelles, une femme les acceptait généralement sans faire d'histoires. Comme je l'ai raconté un peu plus haut, ma mère avait réagi exactement de cette manière.

Mon père et ma mère ont continué de s'aimer malgré le fait que mon père gardait sa maîtresse. Ma mère avait trouvé un compromis pour continuer de l'aimer et partager sa vie avec lui, même si toute flamme amoureuse dans leur relation s'était éteinte.

Comme la femme d'aujourd'hui peut de plus en plus souvent subvenir à ses propres besoins matériels, elle demande davantage à son partenaire que de simplement l'aider à prendre soin de la famille. De nos jours, les femmes veulent le soutien affectif et l'épanouissement amoureux que seule peut offrir la monogamie. Si leur mari a besoin d'une autre femme pour vivre une passion amoureuse, elles préfèrent tout recommencer avec un autre homme qui les désirera quant à lui ardemment.

En réaction à ce manque de passion dans leurs rapports de couple, certaines femmes suivent le même cheminement que les hommes empruntent traditionnellement : elles ont des aventures. C'est tout à fait naturel, parce que, travaillant de plus en plus hors de la maison et côtoyant de plus en plus de représentants de l'autre sexe, elles ont davantage d'occasions.

Pour l'homme comme pour la femme, une aventure sentimentale est une tentative d'assouvir son besoin d'amour. Si pareille liaison étanche certes temporairement cette exigence, elle va néanmoins de plus en plus nous éloigner d'une relation pleine et épanouissante avec notre partenaire. Lorsqu'une femme ou un homme vit une relation extérieure à celle qu'il partage avec son compagnon ou sa compagne, elle ou lui a peu de chance de vivre une vraie passion d'amour durable au sein de son couple.

LA VIE CONJUGALE EST UN INVESTISSEMENT

Une relation de couple est comparable à un investissement. Nous donnons à notre partenaire en espérant qu'avec le temps nous obtiendrons de plus en plus en retour. Au départ, obtenir le soutien affectif que nous recherchons peut nous sembler une tâche ardue, mais avec les années, on y parvient de plus en plus aisément.

Avoir une aventure, c'est comme gaspiller toutes ses économies à Las Vegas. On dépense tout et on se retrouve vite revenu à la case départ.

Que notre partenaire s'en aperçoive ou non, le mal est fait. Intuitivement, il ou elle perd le sentiment d'être « spécial » pour l'autre. Et sans cette impression, l'amour et l'entente physique ne peuvent pas grandir. Il faudra des années pour retrouver ce goût de l'intimité partagée.

Cela ne veut pas dire qu'une aventure met inévitablement fin au mariage. J'ai aidé de nombreux couples à redonner vie à leur relation amoureuse avec le temps. Le pardon est une force puissante qui peut consolider un lien d'amour à jamais.

Dans ces cas-là, la liaison extraconjugale fut un moment clef parce qu'elle a permis aux deux partenaires de voir clairement et de parler ouvertement de problèmes qui se développaient insensiblement depuis des années. Grâce au pardon et en communiquant réellement à propos de leur peine et de leur volonté d'opérer les changements nécessaires, certains couples parviennent à voir renaître l'amour entre eux, et à vivre dans une meilleure entente passionnelle et dans une plus tendre intimité que jamais auparavant.

Parfois, c'est la seule menace de perdre définitivement son compagnon ou sa compagne qui oblige un homme ou une femme à apprécier ce qu'il a. Quelquefois, de se savoir au bord de la rupture commence par nous effrayer, puis nous fait prendre conscience de la profondeur de notre amour l'un pour l'autre et de la force de notre désir de vivre ensemble. Comme l'expérience d'avoir échappé de peu à la mort va pousser une personne à se surpasser, une aventure extraconjugale peut exercer une influence salutaire sur un couple en difficulté.

Il ne faut pas en conclure que nous devons risquer de donner l'impression de trahir notre partenaire pour redonner une réalité à une relation en passe de s'éteindre. Il existe d'autres méthodes. En mettant en pratique les nouvelles stratégies de couple, il est possible de réinsuffler de la passion, même si de part et d'autre on la sentait disparue.

LES SEPT SECRETS D'UNE PASSION DURABLE

Pour maintenir la passion dans une relation de couple, il existe sept secrets importants. Afin d'appliquer nos nouvelles compétences dans ces différents domaines, nous allons les analyser un peu plus en profondeur.

1. ON EST ATTIRÉ PAR CE QUI EST DIFFÉRENT DE SOI

L'aspect le plus important de l'attraction sexuelle, c'est que nous sommes différents. Comme les pôles positif et négatif d'un aimant s'attireront toujours, quand l'homme garde sa masculinité et que la femme se sent pleinement féminine, l'attraction se maintient dans une relation de couple.

Abandonner ce que nous sommes pour faire plaisir à notre partenaire finit par tuer la composante passionnelle de la relation. En cherchant à assumer nos différences sans renier notre vraie personne, nous nous assurons de faire durer l'ardeur de l'amour.

Sans aucun doute, l'homme est excité et attiré par sa partenaire quand elle lui fait sentir qu'il est un homme. De même, la femme est plus séduite par un homme qui parvient à la rendre parfaitement féminine. En prenant le temps de nous assurer que nous ne tombons pas dans l'inversion des rôles affectifs, nous pouvons continuer de favoriser l'attirance que nous ressentons l'un envers l'autre.

Cette attraction n'est pas simplement physique. Lorsque la passion est entretenue, notre curiosité et notre intérêt pour notre partenaire continuent de croître avec le temps. Nous découvrons avec étonnement que nous sommes toujours intéressé par ce que la personne qui partage notre vie pense, ressent et fait.

Utiliser nos différences est une obligation pour maintenir notre passion bien vivante. Si nous devons en permanence abandonner ou changer ce que nous sommes vraiment pour satisfaire notre partenaire, la passion s'éteint.

Grâce à nos nouvelles compétences relationnelles, nous pouvons opérer des changements qui nous font changer sans perdre notre personnalité profonde. En nous développant, nous découvrons en fait le potentiel que nous avons en nous.

Les différences que nous devons en priorité mettre en valeur sont nos différences de sexe. Pour que la femme continue d'être attirée par l'homme dans le couple, ce dernier doit toujours accepter et exprimer son côté masculin. Il peut, bien sûr, montrer aussi son côté féminin. Mais s'il réfrène ses pulsions masculines pour établir une relation avec sa partenaire, celle-ci finira par ne plus s'intéresser à lui.

De façon similaire, pour que l'homme continue à être attiré par sa partenaire, elle ne doit pas cesser d'exprimer sa féminité. Elle peut démontrer les qualités de son côté masculin, mais si sa part féminine ne se montre jamais à l'homme qui partage sa vie, il finira par se désintéresser d'elle.

Comment la femme peut entretenir sa féminité

En plus d'utiliser ses nouvelles compétences relationnelles et d'aider l'homme à la soutenir, une femme, qu'elle soit célibataire ou mariée, ne doit pas négliger de choyer sa féminité. Voici une liste des nombreux moyens qu'elle a à sa disposition pour y parvenir :

1 – Prendre plus de temps chaque jour pour partager avec quelqu'un les problèmes de la journée sans leur chercher à tout prix de solution. La meilleure façon de le faire est de sortir faire un tour ou bien de déjeuner avec une personne avec qui elle pourra bavarder sans lui demander de résoudre ses difficultés.

2 – Prendre soin de son corps, comme se faire faire un massage une fois pas semaine est extrêmement bénéfique. Être physiquement touchée sans aucune connotation sexuelle facilite la relaxation, et permet de retrouver agréablement conscience de son corps.

3 – Parler et rester en contact téléphonique ou direct avec des ami(e)s et des membres de

sa famille. Il est essentiel de ne pas laisser la pression du travail, ou les tâches domestiques et familiales, l'empêcher de passer du temps à discuter avec des ami(e)s.

4 – Consacrer régulièrement un moment pour la prière, la méditation, le yoga, l'exercice physique, la tenue de son journal ou le jardinage, et s'y tenir fermement. Dans l'idéal, elle devrait se réserver vingt à trente minutes, deux fois par jour, pendant lesquelles elle peut *vivre* sans avoir à *faire* quoi que ce soit pour qui que ce soit.

5 – Établir une façon de travailler qui laisse à sa féminité de l'espace pour s'exprimer. S'efforcer de profiter de l'aide des autres au lieu de se montrer toujours farouchement indépendante et autonome. Ne jamais rater une occasion de laisser un homme porter un sac ou vous ouvrir une porte. Exposer des photos de sa famille et de ses amis dans son environnement de travail. Chaque fois que c'est possible, créer un environnement de beauté autour de soi, avec des fleurs par exemple.

6 – Se faire embrasser au moins quatre fois par jour par des amis et des membres de la famille.

7 – Prendre le temps d'écrire des petits mots de remerciement à ceux qui vous aident.

8 – Changer de route pour se rendre à son travail ou pour revenir. Essayer d'éviter la tentation de rentrer le plus efficacement possible chez soi en prenant tous les jours le même chemin.

9 – Faire du tourisme dans sa propre ville et prendre régulièrement des mini-vacances. Essayer aussi de s'échapper de la maison et de profiter de nouveaux lieux de loisirs.

10 – S'inscrire à un groupe d'entraide ou consulter un thérapeute pour se garantir de pouvoir communiquer librement ses émotions sans s'inquiéter de sa réputation au sein de son milieu professionnel.

11 – Se réserver un soir par semaine. Sortir, aller au cinéma ou au théâtre, ou rester à la maison et prendre un bain prolongé et agréable. Écouter de la musique, allumer des bougies et soit lire un bon livre soit baisser la lumière et rêver. Prendre le temps de faire vraiment ce que l'on aime le mieux.

12 – Faire la liste des choses qui doivent être faites et écrire ensuite en gros caractères : « Choses qui n'ont pas besoin d'être faites immédiatement. » Prendre au moins un jour par mois pour se reposer et ne résoudre aucun problème. Pour celles qui ont des enfants, prendre une journée de liberté et sortir de la maison sans les enfants.

Il serait affolant d'appliquer tout d'un coup toutes ces maximes en même temps. Il faut afficher une version personnalisée de cette liste d'outils et commencer en douceur mais avec détermination à les mettre en pratique. La femme moderne, si elle ne décide pas délibérément d'agir pour entretenir son côté féminin, va automatiquement basculer vers son côté masculin, et saboter inconsciemment, non seulement sa vie de couple, mais sa propre relation à elle-même.

Comment un homme peut entretenir son côté masculin

Dans mes séminaires, les hommes me demandent souvent comment ils peuvent développer leur côté masculin, surtout s'ils ne partagent pas leur vie avec une femme et que personne ne peut apprécier ce qu'ils font quand ils en ont besoin.

Qu'il soit célibataire ou marié, l'homme peut faire beaucoup de choses pour rester fort. Il peut choisir parmi mes suggestions celles qui lui conviennent. En voici une liste de douze :

1 – Passez du temps avec d'autres hommes et mettez-vous en compétition dans une équipe ou individuellement. En canalisant vos tendances compétitives vers des domaines ludiques, vous vous dégagez de la sensation d'être totalement possédé par votre travail. Vous n'avez plus besoin de mesurer automatiquement votre valeur à l'aune de votre réussite professionnelle. Regarder son sport favori à la télévision ou aller voir un match donne le même effet libérateur.

2 – Allez voir des films d'action. Il est sain pour des adultes de sexe masculin de voir des scènes violentes sur grand écran, surtout si elles sont réalisées avec talent et si cette violence est destinée à protéger les autres. Aller voir des films comme *Rocky, Terminator, Universal Soldier* est une manière de réorienter ses propres pulsions. En revanche, lorsque les enfants voient des scènes de violence à la télévision, elles produisent sur eux l'effet contraire : elles génèrent plus d'agressivité en eux.

3 – Passez du temps dans votre tanière au sein de votre vie de couple. Vous ne devez pas vous sentir coupable de dire non aux autres quand vous avez besoin d'être seul pour vous ressourcer. Vous ne devez pas vous sentir obligé de parler si vous n'en avez pas

envie. Cela ne veut pas dire que vous ne devez jamais communiquer, mais vous devez choisir judicieusement les moments pour le faire.

Si vous n'êtes que rarement dans votre tanière, vous devriez y passer plus de temps, même si cela vous paraît trop solitaire et difficile. Dans le temps, les garçons devenaient des hommes en allant s'isoler une semaine au beau milieu de la nature sauvage. La solitude les forçait à se détacher de leur mère, ou de leur propre côté féminin, et ils finissaient par trouver l'homme en eux.

De la même manière, l'homme ne ressent plus sa puissance masculine s'il ne prend pas le risque de se mettre dans une situation où il a besoin de sa force. Le courage redouble quand on entreprend des actions courageuses.

4 – Si vous n'avez pas de partenaire sexuel et que vous voulez néanmoins retrouver vos tendances masculines, pratiquez la continence et ne vous masturbez pas. Il ne s'agit pas ici de morale. La masturbation n'a rien de répréhensible, mais elle entretient le côté féminin de l'homme, pas la tendance masculine. Trop de masturbation entraîne l'homme vers son côté féminin.

Pratiquez l'abstinence, évitez les rapports sexuels superficiels, c'est-à-dire ceux qui ne sont pas accompagnés d'une relation d'amour, parce que freiner ses pulsions sexuelles est un des moyens les plus puissants de retrouver la puissance virile quand on penche trop vers son côté femme. La restriction sexuelle pratiquée volontairement de la sorte aide considérablement l'homme à retrouver sa masculinité.

Si l'urgence sexuelle est trop forte, elle s'assouvira naturellement pendant le sommeil. Des douches froides régulières, de l'exercice et une certaine forme de discipline spirituelle comme la prière, la méditation ou le yoga contribuent à dériver les besoins sexuels jusqu'à la rencontre de l'amour avec une partenaire. D'ailleurs, quand l'homme reste en attente de cette manière, il se sent beaucoup plus motivé pour se trouver une compagne à emmener sous la couette.

La fréquentation des librairies et des salles de cinéma pornographiques, la consommation de vidéos ou de magazines qui stimulent trop les pulsions sexuelles ne sont pas des occupations judicieuses quand on pratique l'abstinence. Un peu de stimulation cependant n'est pas nocif. Juste assez pour vous rappeler ce que vous ratez, c'est ce qui va vous motiver à changer de vie.

5 – N'oubliez pas d'entretenir votre forme physique chaque semaine. Faites de la musculation, du jogging, du vélo, de la randonnée en montagne, nagez, etc. Veillez, au moins une fois par semaine, à faire travailler vos muscles jusqu'à épuisement. Testez vos limites.

6 – Assurez-vous aussi que votre vie ne devienne pas trop confortable et paresseuse. Chaque semaine, faites quelque chose qui vous oblige à dépasser votre résistance naturelle à exercer vos différentes forces. Par exemple, levez-vous plus tôt que d'habitude pour terminer un projet, ou restez plus tard au bureau pour vous assurer que vous avez fait du mieux que vous pouviez. Astreignez-vous à une discipline pour développer votre puissance masculine.

7 – Essayez chaque semaine de faire un acte de gentillesse au hasard, pour ceux que vous aimez ou pour des gens que vous ne connaissez pas. Quand une personne âgée cherche un siège, offrez-lui le vôtre. Quand vous êtes au volant, si quelqu'un veut passer devant, ralentissez gracieusement. Soyez magnanime dans votre générosité.

Si quelqu'un a besoin de vous alors que vous avez envie de vous reposer, faites l'effort de l'aider quand même. Je ne dis pas qu'il faut agir ainsi tout le temps, mais de temps en temps.

8 – Quand vous êtes contrarié ou en colère, ne punissez pas les autres. Concentrez-vous plutôt sur votre respiration. Comptez jusqu'à cinq pour l'inspiration, puis jusqu'à cinq encore pour l'expiration. Refaites le cycle dix fois et recommencez jusqu'à ce que votre exaspération disparaisse.

9 – Faites une liste de toutes vos activités préférées. Et assurez-vous de dégager chaque semaine assez de temps pour pratiquer votre hobby. Faites des choses qui vous donnent l'impression d'être compétent et responsable.

10 – Si une tâche doit être accomplie et qu'elle ne nécessite pas beaucoup de temps, faites-la tout de suite. Répétez-vous mentalement en permanence : « Je le fais tout de suite. »

11 – Quand vous avez peur de faire quelque chose qui a priori vous paraît au-delà de vos capacités, ne niez pas votre peur mais faites-le quand même. Prenez des risques raisonnables. Il vaut mieux avoir tenté le coup et avoir subi un échec que de n'avoir jamais tenté l'aventure.

12 – Essayez de réprimer votre colère. Vous pouvez la canaliser par des actions physiquement constructives, ou exprimer vos sentiments secrètement dans votre journal. Recherchez les autres émotions masquées sous votre colère. Quand vous exprimez cette colère, l'idéal serait de ne pas élever la voix, mais en étant ferme, sûr de soi, précis mais pas intimidant.

Parlez de vos émotions à vos amis hommes, ou constituez un groupe de soutien entre hommes. Ne demandez pas trop aux femmes d'écouter vos impressions ou de vous consoler. Pour certains hommes, les réunions de « mouvements masculins » pratiquant des activités comme la lecture de poésie, l'évocation des mythes anciens, la danse, le chant ou la musique rythmique, peuvent se révéler extrêmement positives.

Grâce à ces subterfuges, l'homme dans sa vie de couple peut s'assurer qu'il ne bascule pas trop fortement vers ses penchants féminins. Le célibataire peut renforcer sa masculinité et attirer ainsi celle qui admirera le mieux sa force et sa sensibilité.

2. CHANGEMENT ET ÉPANOUISSEMENT

Avec le temps, vivre avec la même personne peut devenir très ennuyeux. Les deux partenaires doivent périodiquement changer leur façon d'être. La fraîcheur est essentielle pour les deux conjoints. Quand on écoute des centaines de fois à la suite la même chanson, on s'en lasse. C'est la même chose dans le couple. Votre compagnon ou votre compagne risque de vous lasser s'il ou elle n'évolue pas et ne change pas.

Autant la croissance de nos enfants est une évidence de tous les jours, autant nous devons progresser affectivement, mentalement et spirituellement. Nous devons faire attention à ne pas trop nous sacrifier ou nous effacer. Lorsqu'une relation de couple ne laisse pas de place à notre propre épanouissement, la passion entre les deux partenaires s'éteint.

Le changement est automatique dès qu'une relation nous permet de devenir fidèle à nous-même.

Aimer notre partenaire ne veut pas dire qu'il faut passer tout notre temps avec elle ou lui. Lorsqu'on n'est jamais séparé, la relation devient routinière et perd tout son mystère. En voyant ses amis et en pratiquant des activités, on peut toujours apporter quelque chose de neuf dans la vie conjugale. Cela est valable quand on fait des choses séparément de notre partenaire, ou quand on les fait ensemble mais en compagnie d'autres personnes. Dîner régulièrement avec un autre couple est, par exemple, une bonne idée.

La bonne communication

Si la femme ne se sent pas en confiance pour parler de ses émotions, elle finira par ne plus rien avoir à dire. En créant une atmosphère sécurisante elle se sent assez à l'aise pour s'exprimer librement sans craindre d'être rejetée, interrompue ou ridiculisée, l'homme permet à la femme de s'épanouir dans sa vie conjugale. Au fur et à mesure, elle continue de faire confiance et d'aimer son conjoint, à condition, évidemment, qu'il sache l'écouter.

Les hommes en général s'ennuient vite quand les

femmes leur racontent les détails de leur vie quotidienne. Ils préfèrent en venir au fait sans détours. Cela dit, quand l'homme commence à comprendre qu'il lui est tout à fait possible d'écouter efficacement de manière que sa partenaire soit en mesure de lui montrer combien elle apprécie ce qu'il fait pour elle, l'écoute et le partage ne sont plus une corvée, mais un rituel qui fait mutuellement du bien. Lorsque les lignes de communications sont grandes ouvertes, la femme ne cesse de s'épanouir.

Se faire apprécier encore et encore

Lorsque l'homme ne se sent pas apprécié à sa juste valeur dans sa vie de couple, il cesse de s'épanouir. Peut-être qu'il ne sait pas pourquoi, mais lorsqu'il rentre à la maison, il se sent de plus en plus passif et détaché de sa partenaire. Il ne propose plus rien. Sa routine devient rigide et immuable.

Ce qui rend la vie avec Bonnie tellement stimulante, c'est qu'elle ne s'attend jamais à me voir faire quoi que ce soit dans la maison. Pratiquement aucune des responsabilités domestiques que j'assume ne rentre dans le cadre d'obligations passées dans les mœurs, chacun de mes gestes étant à chaque fois un cadeau que j'offre à ma femme et que celle-ci apprécie comme si je n'avais en principe absolument rien à faire. Si je fais la moindre chose dans la maison, c'est que j'en ai vraiment envie, en sorte que je n'ai jamais l'impression de participer contraint et forcé aux tâches ménagères.

Engendrer les changements

Il est important de se réserver des occasions spéciales. L'homme ne doit pas oublier que la femme a tendance à prendre sur elle le poids des responsabilités domestiques et qu'elle a du mal à s'octroyer du temps pour elle. Si l'homme réussit à fabriquer des moments exceptionnels, sortant de l'ordinaire, qui permettent à sa compagne de rompre avec son train-train quotidien, cette dernière aura le sentiment qu'il prend soin de ses besoins émotionnels.

Les anniversaires, les fêtes, les cadeaux et les petits mots tendres marquent de pierres blanches le passage du temps. Ce sont des détails très chers au cœur d'une femme. Elle se délecte de l'attention exclusive que lui porte son conjoint à ces moments privilégiés. Qu'il se souvienne de son anniversaire, de la Saint-Valentin et d'autres jours importants du point de vue sentimental, et sa femme ne l'en estimera que davantage. Lorsqu'elle le voit faire un geste pour elle spécialement pour célébrer ce type de journée, elle ne se sent plus débordée par les responsabilités continuelles de la vie, et elle est rassurée par ce qui pour elle est une preuve d'amour.

La routine est l'ennemie mortelle de la passion amoureuse. Même si vous vous sentez à l'aise dans vos habitudes, il est bon de les bouleverser de temps en temps. On peut faciliter la réalisation de moments privilégiés en faisant parfois des choses a priori idiotes. Par exemple, lors de nos dernières vacances, au lieu de prendre des photos de famille banales devant le Monument de Washington, je me suis allongé sur le trottoir et j'ai pris une photo de moi dans cette posture absurde. On a tous bien ri, et c'est ainsi qu'on se souviendra de ce moment. Tous les efforts, si minimes soient-ils, pour briser le train-train ont des effets non négligeables.

En définitive, ce qui maintient la passion vivante dans une relation de couple, c'est l'épanouissement de l'amour. Quand, en vivant, en riant, en pleurant et en découvrant ensemble, deux personnes peuvent se faire confiance et s'aimer encore plus, l'ardeur amoureuse survit à l'épreuve du temps.

3. ÉMOTIONS, BESOINS ET VULNÉRABILITÉS

Pour continuer à vivre notre amour, il nous faut rester ouvert à ce qui se passe en nous-même. Quand nous n'avons pas la tranquillité d'esprit qui seule permet de ressentir les émotions et d'être à l'écoute de notre sensibilité, nous perdons rapidement la trace de nos émois. Les femmes ont plus besoin que les hommes de communiquer leurs sentiments et d'être entendues pour se sentir épanouies dans leur vie de couple, alors que les hommes veulent être appréciés pour leurs actions et avoir l'impression de faire quelque chose pour leur partenaire.

Quand l'homme cesse d'avoir envie de faire plaisir à sa conjointe, ses sentiments de tendresse sont automatiquement refoulés. Quand la femme n'éprouve plus le besoin de partager ses émotions, elle se met de son côté à réprimer l'expression de celles-ci.

À mesure que le temps passe, à force de contenir leurs sentiments, les hommes comme les femmes se mettent à élever une muraille autour de leur cœur. Chaque fois que la femme se sent ignorée, minimisée ou abandonnée, une autre brique vient s'ajouter à l'enceinte de sa forteresse intérieure. Quand l'homme s'efforce d'être là pour sa partenaire et qu'il finit par se sentir ignoré, critiqué, rembarré ou qu'il a l'impression de juste faire partie des meubles, une nouvelle brique s'ajoute à sa propre forteresse.

Au début, on continue à ressentir les brûlures de

l'amour parce que cette barrière qui arrête nos sentiments n'a pas encore totalement bloqué le fonctionnement du cœur. Mais une fois qu'elle est bien solide, nous sommes définitivement coupés de nos sentiments amoureux.

Pour ramener la passion, la muraille doit être démantelée brique par brique. Chaque fois qu'on en enlève une grâce aux outils de nos nouvelles compétences relationnelles, un rayon de lumière supplémentaire luit doucement à travers l'interstice. Peu à peu, en prenant conscience de la présence presque tangible de cette forteresse bâtie autour de son cœur, on souffre de se sentir enfermé. Lentement, mais sûrement, en continuant à communiquer avec succès et en s'appréciant mutuellement, on arrive à faire tomber entièrement la muraille et à voir nos sentiments revenir au grand jour.

Ressentir la peine

Lorsqu'on ne reçoit pas l'amour dont on a besoin, mais qu'on reste vulnérable devant son partenaire, on ressent de la peine. Beaucoup de couples gèrent cette situation en s'insensibilisant graduellement. Ils se disent : « Ça n'a pas d'importance, je m'en fiche. » Ils commencent à se renfermer, en pensant : « Je ne peux pas lui faire confiance, donc je ne veux plus dépendre de lui. »

La solitude est la plus poignante quand, allongé à côté de sa compagne ou de son compagnon, on sent l'autre à mille lieues de soi. On ne peut même plus toucher l'autre avec tendresse. À ce stade, on se tourne souvent vers la consommation d'alcool ou de stupéfiants pour colmater son sentiment d'être mal aimé(e). Mais si cet état de dépendance nous permet certes d'oublier la douleur, il contribue aussi à éteindre la flamme de la passion. C'est seulement en apprenant à aller chercher l'amour là où il est et en demandant habilement à l'autre ce dont on a besoin que l'on pourra guérir la plaie ouverte par l'éloignement de celui ou de celle que l'on aime.

En réprimant nos émotions, nous perdons contact avec notre flamme passionnelle interne. Peut-être ne savons-nous même pas ce dont nous avons vraiment besoin, parce que nous avons cessé de ressentir quoi que ce soit.

Sans l'acquisition de l'habileté à obtenir l'amour dont nous avons besoin, nous cessons parfois automatiquement de ressentir nos propres besoins. Quand cela se produit, la passion commence à s'éteindre.

Exercer la confiance et l'attention

Une des plus rudes difficultés que doit surmonter la femme dans une relation de couple, c'est de rester disponible et accueillante même quand elle est déçue ou qu'elle ne se sent pas aimée. Il est pourtant extrêmement important qu'elle s'efforce de faire plus confiance à son partenaire et qu'elle continue à se montrer réceptive. Sinon, elle perdra sa vulnérabilité et le contact avec ses vrais désirs.

Le secret de l'épanouissement de la confiance dans le couple consiste à ne pas attendre de votre partenaire la perfection, mais à croire que, en améliorant votre propre comportement, vous lui permettrez de vous donner ce dont vous avez besoin. En comprenant de quelle manière les hommes sont différents, la femme se donne les moyens d'avoir confiance dans l'amour de son compagnon, même quand il ne fait pas d'instinct les choses qu'elle ferait, elle, pour lui prouver son affection.

Avec le temps, elle pourra commencer à entrevoir de quelle manière son partenaire masculin pense pour sa part qu'il est en train de lui prodiguer son amour. Plus important encore, elle peut utiliser des méthodes sophistiquées dans sa vie conjugale pour aider son partenaire à mieux s'y prendre pour la soutenir.

Pour abattre la muraille qui cuirasse son cœur, l'homme doit apprendre à mieux s'occuper de sa compagne. Pour rallumer la passion qui est en veilleuse, il ne doit pas oublier que cela demande beaucoup de travail et d'efforts. Parfois, cela lui paraîtra aussi pénible que de soulever un énorme poids.

Quand il n'y a pas de mur, il est facile de faire des choses. Mais si l'homme ne se sent pas spécialement considéré, la forteresse s'élève à nouveau. Chaque fois qu'il constate que ses efforts ne sont pas pris en compte, une autre brique s'ajoute à la muraille.

Mais s'il commence sérieusement à faire des petites choses qu'elle peut apprécier, même pendant de courts moments, le mur cesse de grandir. Lorsque sa détermination faiblit et que le mur semble soudain plus haut, il redevient incertain et réticent. Il ne rêve que d'une chose : passer le plus de temps possible dans sa tanière.

L'homme peut éventuellement sortir et surmonter son inertie et son désintérêt s'il est conscient de l'effort nécessaire s'il veut ouvrir de nouveau son cœur. Au fur et à mesure, il se rendra compte qu'il devient véritablement beaucoup plus solide. Avec cette nouvelle force, le chemin devient moins caillouteux. Finalement, il aura à sa disposition une réserve d'énergie dont il ne soupçonnait pas l'existence, rien qu'en faisant plaisir à sa partenaire.

Une dépendance saine

Quand on s'épanouit ensemble dans l'amour et la confiance, quand on s'ouvre et qu'on ressent plus fortement nos besoins réciproques, on devient aussi plus vulnérable. La passion se vit d'autant plus intensément quand on se rend compte à quel point on a besoin de l'autre.

Au début de notre mariage, l'appréciation de Bonnie n'avait en fait qu'une importance mineure. Avec le temps, j'aime de plus en plus la percevoir. Mes journées sont plus belles. Et quand nous faisons l'amour, je ressens à quel point j'ai besoin d'elle dans ma vie.

Après des années d'efforts continus pour être là, avec elle, elle peut ressentir naturellement le besoin qu'elle a de mon amour. Plus elle peut compter sur mon soutien, plus elle se sent amoureuse. Mais Bonnie est aussi une femme extrêmement réaliste. Elle sait que je ne suis pas parfait et que je ne peux pas être en permanence disponible pour elle.

Sa dépendance envers moi est saine parce qu'elle est basée sur ce que je peux réellement lui donner. C'est ce qui lui permet d'être plus fragile, ce qui en retour me donne l'impression que je compte vraiment pour quelque chose.

Le besoin et la dépendance sont stimulants quand on désire ce que notre partenaire est en mesure de nous donner.

Il ne serait pas raisonnable, on pourrait même dire qu'il serait naïf d'attendre que notre partenaire soit toujours là et toujours prêt à nous procurer ce dont nous avons besoin. Parfois, il n'y a rien à partager et pourtant, on en demande plus (dans un sens, c'est comme si nous disions à une personne condamnée au fauteuil roulant : « Si tu m'aimes, lève-toi et marche. »). Souvent, le conjoint ne peut tout simplement pas être présent, alors que nous imaginons à tort qu'il le pourrait ou le devrait. Dès que nous désirons de notre partenaire des choses qu'il ne peut pas ou ne veut pas nous donner, non seulement nous lui faisons peur, mais nous contribuons à nous mentir à nous-mêmes. Quand nous avons trop besoin de celui qui partagent notre vie, nous finissons par ne plus prodiguer ni confiance, ni affection.

Mieux on réussit à se satisfaire mutuellement, plus on peut s'appuyer sur ce soutien. Avec ce capital de confiance, même quand notre partenaire nous fait défaut, nous savons qu'il ou elle a fait de son mieux et nous pouvons nous montrer plus tolérant.

4. RESPONSABILITÉ PERSONNELLE ET ÉCOUTE DE SOI-MÊME

En continuant à s'ouvrir et à laisser ses besoins affectifs se satisfaire dans une relation accomplie, nos vieux ressentiments refont surface. Et quand ils réapparaissent, ils ne vous disent pas : « Bonjour, je suis ta vieille colère contre ton père. » Au lieu de cela, ils s'orientent vers votre partenaire.

C'est quand on se sent le plus aimé que, paradoxalement, les ressentiments non résolus de notre passé, du manque d'amour qu'on a cru ressentir, commencent à affecter notre humeur. Un moment, on baigne dans la passion la plus intense, l'instant d'après on pense au divorce. Des revirements aussi radicaux ne sont pour nous que la conséquence du comportement de notre conjoint, alors qu'en fait, ils n'ont rien à voir avec lui ou elle.

Par exemple, je rentre à la maison d'excellente humeur et ma femme m'accueille à la porte en disant : « Tu as oublié d'appeler pour me dire que tu serais en retard. Je ne savais pas ce qui se passait. » Bien sûr, il me déplaît tout à fait d'être accueilli de la sorte, sous une pluie d'affirmations aussi négatives que maternantes. Cela dit, si à cause de cette seule remarque, je me montre soudain furieux, que je me réfugie aussitôt dans ma tanière, et que je songe au divorce, c'est moi qui suis en réalité responsable : ma réaction est bien trop brutale par rapport à la cause.

En vouloir à celle ou celui qui partage votre vie, c'est regarder dans la mauvaise direction et cela ne fait qu'ouvrir davantage la blessure.

Chaque fois qu'on croit qu'on était de bonne humeur jusqu'au moment où notre partenaire nous a gâché la journée, c'est en général que quelque chose d'enfoui au plus profond de nous-même demande à être résolu.

Lorsque de vieilles rancœurs refont surface, celles-ci nous rendent en général fort négatifs. On ressent alors douloureusement la condamnation, la critique, le doute, l'amertume, la confusion, l'ambivalence, le jugement et le rejet. L'espace d'un instant, on régresse, on retrouve les émotions et les réactions qu'on avait dans l'enfance quand on ne se sentait pas assez en confiance pour réagir ouvertement. Lorsque ces sentiments refont surface, il est impératif de s'efforcer d'apporter plus d'amour et de tolérance dans sa vie conjugale.

On ne doit pas demander à notre partenaire de remplacer des parents affectueux. Comme on le sait déjà, cette tentation ne peut que tuer toute relation amoureuse. Dans ces moments-là, il faut se prendre soi-même en charge, jouer ses propres parents, ou trouver des parents de substitution par voie psycho-thérapique. C'est à nous-même de retrouver cet appui affectif, pas à notre partenaire de nous le fournir.

Quand nous accusons notre conjoint de nous rendre malheureux, c'est un signal : nos vieux « démons » ont ressurgi. C'est quand on a l'impression d'être particulièrement en droit de demander de l'attention de l'autre qu'il ne faut justement rien demander. C'est le moment de se consoler soi-même. C'est le moment de s'accorder à soi-même le réconfort et la compréhension que nos parents n'ont pas su nous donner.

N'oublions pas, attendre de ceux qui partagent notre vie ce type de réconfort équivaut à les mettre dans le rôle de nos parents. Plus on attend qu'ils changent avant que nous ne changions nous-même, plus on va à l'échec. En se consolant soi-même, on se donne la force de ne plus prendre nos conjoints comme cible de nos critiques.

Se sentir paralysé

Autre signe que nous avons affaire à notre passé : nous nous sentons impuissant.

Lorsque l'on sent que l'on a perdu le contrôle et que l'on cherche à contrôler son partenaire, c'est notre enfance qui cherche à nous rattraper.

Enfant, nous étions soumis au pouvoir des grandes personnes. Nous ne possédions en vérité aucun moyen personnel d'obtenir ce que nous désirions et ce dont nous avions tellement besoin. En qualité d'adulte, nous avons à notre disposition un beaucoup plus grand nombre de choix et d'occasions.

Même en vous servant de vos nouvelles compétences relationnelles dans la relation de couple, vous sentez parfois que rien ne marche et que vous n'obtiendrez jamais ce que vous voulez. Lorsque cette sensation vous envahit, vous devez y faire face et vous occuper de vous-même, mais il ne faut pas oublier que vous n'êtes pas vraiment démuni. En fait, la vision que vous avez de la situation en question est en réalité voilée par de vieilles rancœurs qui ont besoin d'être exprimées. En ayant recours à certaines techniques d'autothérapie, on obtient en l'espace de quelques minutes seulement une vision plus claire de ses capacités et de ses chances.

L'impatience

Lorsque nos cœurs sont ouverts, nous sommes tolérants envers nos limitations, les nôtres comme celles de notre partenaire. Et lorsque de puissants sentiments d'impatience s'emparent de nous, cela indique la résurgence d'émotions remontant à notre enfance qui viennent obscurcir notre vision.

En prenant de l'âge, nous avons appris à attendre patiemment que nos désirs se transforment en réalité. La persévérance est un art et un des grands atouts de la maturité. Lorsque subitement nous cédons à l'impatience, c'est que nous avons perdu notre perception réaliste d'adulte, et que, comme des enfants, nous voulons tout, tout de suite.

Au lieu d'apprécier les progrès que nous avons accomplis, nous nous sentons frustrés à la pensée que les choses ne se produisent pas aussi vite qu'on le voudrait. Chacune de nos déconvenues est un reniement de nos changements dans le bon sens.

Souvent, après avoir assisté à mes séminaires ou lu mes livres, les hommes commencent à opérer quelques transformations. Puis, après quelque temps, ils s'arrêtent. À ce moment-là, la femme se dit parfois : « Je le savais, il s'en fiche. Il redevient ce qu'il a toujours été. » Son attitude négative va empêcher l'homme de continuer à la soutenir.

S'il propose de faire quelque chose, elle le tance en disant : « Bon, j'attends de voir que tu l'aies vraiment fait avant de trouver ça formidable. » C'est le meilleur moyen de lui faire perdre sa motivation.

Lorsque la femme devient impatiente, elle exige que son partenaire change immédiatement son comportement au lieu de se rendre compte qu'il s'est engagé dans un processus laborieux destinée à lui procurer le soutien dont elle a besoin. Au lieu de renoncer, ou d'exiger plus, la femme doit s'intéresser moins aux changements de comportement de son partenaire qu'à ceux de son propre point de vue.

Comment nous cessons d'aimer

Quand on est d'humeur critique vis-à-vis de son partenaire, il est difficile d'accepter, de comprendre, de tolérer ses limitations et ses imperfections. C'est seulement en apprenant à le chérir quand tout va mal que l'on peut s'épanouir ensemble. Il est à la portée de n'importe qui d'aimer quelqu'un de parfait.

La preuve de l'amour, c'est de garder son affection envers celui ou celle qui partage sa vie, même quand on sait qu'il ou elle est loin d'être parfait(e) et qu'on doit subir quotidiennement les conséquences de ses manques et de ses défauts. Nous voulons en effet être aimés pour ce que nous sommes. Mais pouvons-nous aimer nos partenaires pour ce qu'ils sont réellement ? Quand nos cœurs sont ouverts, l'amour vient tout seul.

Mais quand nos cœurs sont fermés, c'est à nous de nous ouvrir. Nous ne sommes plus des enfants.

Pour vivre une relation de couple adulte, nous devons prendre nos responsabilités.

La résurgence des sentiments de l'enfance menace ce sens des responsabilités. On pense toujours que c'est la faute de l'autre. Tout en restant critique des actions de son conjoint, en s'employant à devenir plus tolérant envers elle ou lui, on peut redevenir adulte et se dégager de cette immaturité latente. Voici les six manières dont on cesse d'aimer la personne qui partage notre vie quand nous sommes sous l'influence des ressentiments du passé qui referment notre cœur :

1. Perte de confiance

On a soudain du mal à croire que son ou sa partenaire fait de son mieux ou s'intéresse toujours à la vie commune. On doute de ses meilleures intentions. Cette personne serait capable de risquer sa vie pour sauver la vôtre, mais vous commencez à croire qu'elle a perdu tout intérêt pour vous.

La femme doit généralement faire plus d'efforts pour combattre cette tendance. Pour trouver en elle-même les ressources qui la consolent de son enfance, elle doit sortir lentement de son enfermement en s'occupant d'elle-même. Elle doit temporairement cesser de dépendre de son partenaire pour nourrir son côté féminin. En prenant la responsabilité de se restructurer même si elle blâme toujours son conjoint, elle va se dégager de l'influence des rancœurs du passé et se souvenir qu'elle a toute l'affection d'un compagnon de vie qui fait de son mieux pour la soutenir.

2. Perte d'affection

Soudain, vous avez l'impression de ne plus vous intéresser aux besoins et aux sentiments de votre partenaire. Vous justifiez cette attitude par l'injustice de son comportement à votre égard. Voilà quelqu'un pour qui vous seriez prêt à risquer votre vie, et brusquement, vous n'avez plus d'affection pour cette personne qui partage pourtant votre vie.

L'homme doit généralement faire plus d'efforts que la femme pour surmonter ce sentiment. Pour sortir de cette phase d'immaturité et retrouver en lui des forces, il doit s'ouvrir doucement en reprenant confiance en lui et en ses chances de succès à venir. Il doit cesser de dépendre de la confiance de sa partenaire pour sentir qu'il réussit dans ce qu'il entreprend.

Quand il se trouve enfermé dans cet état, l'homme doit prendre soin de son côté masculin. En prenant la responsabilité de se restructurer même s'il blâme toujours sa partenaire, il va se dégager de l'influence des sentiments négatifs et se souvenir de l'affection profonde qu'il a pour elle. Chaque fois que ce processus a lieu, il acquiert encore plus de capacités d'amour.

3. Perte d'appréciation

D'un jour à l'autre, vous pensez que votre vie de couple ne vous apporte rien, alors qu'avant, vous étiez si plein(e) de bonheur et de reconnaissance. Vous avez désormais l'impression de faire toujours plus, alors que l'autre ne vous apporte plus rien. Cette soudaine perte de mémoire vous fait brutalement prendre conscience d'un manque et par conséquent vous n'appréciez plus du tout votre partenaire.

C'est la femme qui doit le plus combattre cette tendance. Pour se dégager de son immaturité tem-

poraire, elle doit sortir à nouveau de son enfermement profond en se respectant elle-même et en
s'occupant de nourrir ses puissances féminines.

Même si elle blâme toujours son conjoint, elle va
se remémorer les diverses manières par lesquelles il
la respecte et la soutient. Chaque fois que ce processus a lieu, elle finit par l'apprécier d'autant plus.

4. Perte de respect

Vous avez tout d'un coup envie de retenir votre
amour et de punir votre partenaire alors que quelques minutes auparavant, vous n'aviez qu'un désir :
l'aimer et la (ou le) soutenir. Vous pensez sincèrement que vous voulez lui apporter le bonheur et
brusquement, vous ne vous occupez plus que de
vous-même.

L'homme va travailler huit heures par jour afin de
gagner suffisamment d'argent pour faire un cadeau
à sa conjointe, puis il va rechigner à faire des petites
choses, comme ramasser ses chaussettes, bref, il n'a
pas du tout envie de lui rendre service.

Les hommes doivent en général faire plus d'efforts
pour surmonter ce défaut. Pour sortir de cette phase
d'immaturité et retrouver en lui des forces, l'homme
doit s'ouvrir doucement en se félicitant de tout ce
qu'il fait, même si sa partenaire ne le fait pas. Dans
cette phase, il ne doit plus dépendre d'elle pour
apprécier ses propres qualités.

Le moment est venu de cajoler ses puissances masculines. En prenant la responsabilité de se restructurer même s'il blâme toujours sa partenaire, il va
commencer à se souvenir à quel point il la respecte
et à quel point il tient à lui faire plaisir.

Il est important qu'il n'ait pas l'impression de
devoir abandonner son respect de lui-même pour la
satisfaire. Sinon, il sera affaibli. Chaque fois qu'il est
capable de revenir l'aider après s'être ressourcé lui-

même, il apprend progressivement qu'il peut pourvoir à ses besoins émotionnels sans avoir à abandonner ce qu'il est lui-même. Modifier légèrement notre comportement ne signifie pas pour autant qu'on ne reste pas fidèle à soi-même. Cette attention donne à l'homme la souplesse qui lui permettra de créer des situations où les deux protagonistes sortent gagnants de sorte que chacun obtienne ce qu'il désire.

5. Perte d'acceptation

Soudain, on remarque toutes les choses que son partenaire ne fait pas bien ou les comportements qu'il doit changer. C'est précisément la personne qu'on pensait parfaite, et tout à coup, il faut la changer, l'améliorer, ou encore la réhabiliter.

Vous l'aimez et vous l'acceptez, et une minute plus tard, vous l'envoyez aux pelotes pour avoir commis une erreur. Dans ces circonstances, la femme commence à se dire que son conjoint devrait être plus avisé. Elle oublie qu'il vient de Mars et qu'il ne comprend pas facilement ce dont elle a besoin.

La femme doit généralement déployer plus d'efforts si elle veut combattre cette tendance. Pour trouver en elle-même les ressources qui la consolent de son enfance, elle doit sortir lentement de son enfermement en prenant le temps de comprendre et de vivre pleinement ce qu'elle ressent : de confirmer ses propres désirs. Elle doit cesser de penser que son partenaire doit impérativement changer pour qu'elle se sente mieux.

En prenant la responsabilité de se restructurer même si elle blâme toujours son partenaire, elle va commencer à se souvenir des choses que son conjoint fait vraiment bien, et de sa bonne volonté à répondre à ses besoins lorsqu'il s'en souvient ou qu'elle le lui a demandé de manière positive. Chaque fois que ce processus se déclenche, sa capacité à comprendre les imperfections de son partenaire, aussi bien que les siennes, va se renforcer.

6. Perte de compréhension

Notre partenaire dit quelque chose qui nous fait critiquer ou juger négativement ses émotions et ses réactions. Nous avons tendance à minimiser sa peine comme si elle n'avait aucune importance, et pourtant, si l'autre était blessé physiquement, nous serions prêts à risquer notre vie pour le sauver. Nous devenons brusquement impatients ou indifférents, alors que c'est la personne qui importe le plus au monde pour nous, celle qu'on aime le plus dans la vie. Pour un rien, nous nous mettons sur la défensive et nous nous sentons agressés alors que l'autre cherche simplement à communiquer ses émotions.

L'homme doit en général faire plus d'efforts pour surmonter ce défaut. Pour sortir de cette phase d'immaturité et retrouver en lui des forces, il doit s'ouvrir doucement en se félicitant de tout ce qu'il fait, même si sa partenaire ne le fait pas.

Dans ces moments-là, l'homme doit le plus aimablement du monde se retirer, se réfugier dans sa tanière et faire quelque chose pour prendre soin de son côté masculin. En prenant la responsabilité de se restructurer, même s'il se sent toujours sur la défensive, il va se dégager de l'influence des sentiments négatifs qui le taraudent et va commencer à réfléchir à ce que sa compagne lui a dit ou a cherché à lui faire comprendre. Il va commencer à avoir conscience de ses besoins et des mesures nécessaires pour la soutenir au mieux.

Il est important qu'il prenne le temps de comprendre quels sont ses sentiments sans se sentir obligé de réagir immédiatement ou de parler. L'une des choses les plus judicieuses qu'une femme puisse faire quand elle voit que son compagnon a du mal à l'écouter, c'est de lui rappeler simplement qu'il n'est pas forcément obligé de lui répondre par des mots. Une phrase efficace, par exemple, consiste à lancer : « Je voudrais juste que tu penses à ce que je vais te raconter. Tu n'as pas besoin de faire ou de dire quoi que ce soit. »

Ouvrir son cœur

Lorsqu'on a l'impression de ne pas recevoir l'amour dont on a besoin et qu'on le reproche à son partenaire, il est clair que l'on a soif de quelque chose qu'il ou elle ne peut tout simplement pas nous offrir à ce moment-là. En prenant la responsabilité de se prendre en charge soi-même quand on sent son cœur fermé, on évite de rendre son ou sa partenaire responsable de toutes les difficultés et on peut examiner la situation sur un plan beaucoup plus profond. On peut s'occuper un peu de soi et revenir dans sa vie conjugale en ayant plus à donner et non pas plus à exiger.

Au lieu de se noyer dans les émotions négatives et de réagir de façon haineuse quand nos cœurs se ferment, on peut utiliser ces moments de « déprime » pour s'occuper de soi-même. Au lieu d'attendre que l'autre change quand on l'accuse de tous les maux, nous devrions nous occuper d'opérer les changements en nous-mêmes. Quand nous nous sentons ouverts et tolérants, nous pouvons alors refaire le point et chercher des moyens de résoudre ou de corriger les problèmes qui nous taraudent depuis toujours.

La technique de la lettre de ressentiments

La méthode que j'emploie pour extérioriser mes pulsions négatives s'appelle la « technique de la lettre de ressentiments ». En consacrant quelques minutes à appliquer cette méthode, je parviens à me libérer de l'emprise des émotions négatives et à me sentir ensuite plus tolérant et plus agréable à vivre. Depuis plus de douze ans, j'utilise des versions différentes de cette méthode et elle fonctionne toujours remarquablement bien dans ces moments où je ne me sens pas très affectueux. C'est un outil qui se révèle extrêmement efficace aussi bien pour les hommes que pour les femmes.

En rédigeant sa lettre de ressentiments, l'homme peut non seulement brider ses élans d'humeur, mais il peut la substituer à son besoin de communiquer quand il se trouve soumis à l'empire de ses propres puissances féminines. Au lieu de déverser sur sa partenaire l'ensemble de ses sentiments négatifs, il les écrit simplement sur une feuille de papier et atteint son but plus efficacement qu'en s'exprimant verbalement.

L'homme peut utiliser cette technique en particulier quand il a envie de communiquer ses émotions mais qu'il sait que ce n'est pas le moment. Comme nous l'avons déjà évoqué, lorsque l'homme exprime plus sa vulnérabilité affective que la femme, celle-ci a tendance à se retrancher dans sa part féminine. Plutôt que de prendre ce risque, il doit procéder selon les trois étapes suivantes.

Cet exercice est tout aussi efficace pour la femme qui veut communiquer ses émotions à son conjoint lorsque celui-ci est réfugié au fond de sa tanière et ne peut donc pas l'entendre. Si elle se sent d'humeur à critiquer ou à vouloir changer son partenaire, c'est aussi une bonne idée d'appliquer cette technique et de retrouver un certain équilibre avant qu'il ne ressorte de sa bulle.

Nous allons brièvement parcourir chaque étape. Pour plus d'informations sur cette méthode, référez-vous à mon livre, *What you feel you can heal*.

Étape numéro un

Commencez par écrire ce que vous auriez voulu dire à votre partenaire. Vous pouvez sans problème blâmer ou critiquer l'autre.

Mettez noir sur blanc ce qui vous rend mécontent, triste, inquiet et vous remplit d'affliction. Prenez quelques minutes pour approfondir ces émotions. Même si vous ne ressentez pas sur le moment certaines d'entre elles, demandez-vous comment vous réagiriez si elles vous traversaient l'esprit. Par exemple, si vous n'êtes pas en colère, écrivez : « Si j'étais du genre coléreux, je dirais... » Consacrez environ deux minutes à chacun de ces sujets.

Après avoir passé en tout huit minutes à exprimer vos différentes émotions, prenez encore deux minutes pour écrire vos désirs, vos souhaits, vos besoins ou vos espérances, puis signez la feuille. En dix minutes tout juste, c'est fait. Essayez de ne pas y passer plus de temps, à moins, bien sûr, que cela ne vous fasse vraiment plaisir et que vous trouviez immédiatement un certain apaisement en couchant sur le papier le tourbillon de vos émotions. Avec la pratique, c'est d'ailleurs ce qui se produira automatiquement.

Étape numéro deux

Dans cette deuxième étape, écrivez une lettre que votre partenaire vous adresserait en exprimant les choses que vous aimeriez qu'il ou elle vous dise. Imaginez que vous avez montré votre première lettre à votre partenaire et qu'il ou elle vous a vraiment entendu. Écrivez les mots qui vous donnent l'impression d'avoir été écouté(e).

Faites-vous d'abord remercier d'avoir communiqué le fond de votre pensée. Ensuite, faites dire à l'autre comment il ou elle a compris ce que vous ressentiez. Finalement, faites-le ou la s'excuser de ses erreurs et promettre de vous soutenir mieux à l'avenir. Même si votre partenaire ne répond pas de manière aussi positive à vos récriminations, faites jouer librement votre imagination.

Prenez environ trois minutes pour écrire cette réponse. Si elle vous prend plus de temps, ce n'est certainement pas un problème. En écrivant simplement les mots que vous aimeriez entendre, vous vous sentirez infiniment mieux. Même si votre conjoint ne vous dit pas vraiment toutes ces choses, vous allez tirer profit de les voir écrites.

Étape numéro trois

Dans cette troisième étape, prenez deux minutes pour répondre comme vous le feriez certainement si votre partenaire vous avait vraiment écouté(e) et s'était excusé(e) de ses erreurs passées. Dans cette courte lettre dite « de pardon », soyez aussi précis que possible. Utilisez la phrase : « Je te pardonne... »

Si c'est encore difficile de pardonner, n'oubliez pas que vous n'approuvez en aucun cas ce qu'il ou elle a fait, au contraire. Quand vous pardonnez, vous montrez clairement que l'autre a commis des erreurs, mais en même temps, vous n'avez plus cette tendance néfaste qui consiste à retenir l'élan de votre amour, de votre compassion et de votre compréhension.

Le pardon ne signifie pas que le problème a disparu. Il veut dire que vous n'êtes plus fermé(e) et que vous êtes prêt(e) à y faire face en dispensant tout ce que vous avez en vous d'affection. En écrivant ces lettres de ressentiments chaque fois que vous en voulez à votre partenaire ou qu'il ne veut pas parler, vous éprouverez soudain un incroyable soulagement. Ensuite, vous serez disposé à attendre patiemment le meilleur moment pour partager vos émotions, vos réflexions et vos désirs d'une manière aussi positive que possible pour vous, pour votre partenaire et pour votre vie commune en général.

5. AMOUR, SENTIMENTS ET MONOGAMIE

En prenant la responsabilité de nos réactions et de nos actes dans notre relation de couple, nous commençons véritablement à donner et à recevoir de l'amour avec succès. Si nous ne comprenons pas de quelle façon notre partenaire a besoin d'affection, nous pouvons laisser passer des occasions exceptionnelles.

Les femmes se sentent essentiellement aimées quand elles reçoivent de leur conjoint le soutien affectif et physique dont elles ont besoin. Ce n'est pas tant ce qu'il peut donner qui compte, mais qu'il le fasse de manière continue.

Lorsque l'homme ne comprend pas sa compagne, il a tendance à employer les grands moyens pour la satisfaire d'un coup, mais il va ensuite l'ignorer pendant des semaines. Si une bonne communication fournit une base saine pour une relation amoureuse épanouie, l'attention amoureuse en est la cerise sur le gâteau. Pour gagner le cœur d'une femme, l'homme doit lui prouver son amour en faisant tout le temps des petites choses pour elle. Voici ma « liste-clef » de vingt actions « garanties cent pour cent efficaces » qu'un homme peut accomplir pour créer une atmosphère romantique.

1 – Acheter une petite carte ou écrire un mot.

2 – Lui apporter des fleurs.

3 – Lui acheter des chocolats.

4 – Rapporter à la maison des petites surprises qui montrent que vous pensiez à elle pendant que vous étiez parti.

5 – La serrer dans ses bras au dépourvu.

6 – Se montrer affectueux quand vous n'avez pas envie de faire l'amour.

7 – Allumer une bougie pour le dîner ou dans la chambre.

8 – Lui mettre sa musique préférée.

9 – Remarquer ce qu'elle porte et lui en faire compliment.

10 – Se souvenir des mets et des restaurants qu'elle préfère.

11 – Prévoir des sorties à l'avance.

12 – Couper le son pendant les publicités et lui parler au lieu de changer constamment de chaîne.

13 – La regarder quand elle vous parle.

14 – Ne pas l'interrompre ni finir ses phrases.

15 – Remarquer quand elle est contrariée, la prendre dans ses bras.

16 – L'aider quand elle est fatiguée.

17 – L'aider dans ses tâches domestiques.

18 – L'appeler quand on va être en retard.

19 – L'appeler juste pour lui dire : « Je t'aime. »

20 – Préparer des petites fêtes et faire des choses différentes.

À quoi cela sert d'être romantique

Lorsque l'homme fait de petites choses qui signifient : « Je te donne mon affection, je comprends ce que tu ressens, je sais ce qui te plaît, je suis content de faire des choses pour toi, tu n'es pas toute seule », il répond au besoin de romanesque de toute femme. Lorsque l'homme fait des choses sans que la femme ait besoin de le demander, elle se sent vraiment aimée. S'il oublie de les faire, par contre, la femme avisée va persister gentiment à lui demander ces petites choses de manière non contraignante.

L'homme, cependant, reçoit l'amour différemment de la femme. Il se sent surtout aimé lorsque la femme lui fait savoir encore et encore qu'il sait à merveille répondre à ses besoins. Sa bonne humeur lui prouve qu'il est aimé. Même si elle est contente parce qu'il fait beau, au fond de lui, il pense un peu que c'est grâce à lui. Un homme est l'être le plus heureux du monde quand sa compagne est satisfaite.

Alors que la femme est charmée par les fleurs, les chocolats, par exemple, la part romantique de l'homme est stimulée quand la femme l'apprécie. Quand il fait des petites choses pour elle et qu'elle lui montre à quel point ça lui fait plaisir, le romanesque prend le dessus.

_____

La base de tout rituel amoureux est que l'homme donne et la femme reçoit.

_____

Lorsqu'elle est heureuse de toutes les attentions qu'il lui porte, il se sent aimé. Quand il peut faire quoi que ce soit pour elle, il reçoit son amour. L'aptitude la plus importante pour aimer un homme est de saisir le moment où il fait quelque chose de bien, le remarquer et l'apprécier pour ce qu'il a fait. L'erreur la plus significative est de ne s'apercevoir de rien.

L'homme se sent aimé quand il reçoit le message qu'il a eu un comportement différent, qu'il a servi à quelque chose d'une certaine manière, et que sa partenaire a bénéficié de sa présence à ce moment. L'autre façon de montrer son amour à un homme est de minimiser ses erreurs, chaque fois que c'est possible, en disant : « Ce n'est pas grave » ou « Ce n'est rien. » Cette manière de dédramatiser sa propre déception va le rendre beaucoup plus enclin à écouter les demandes à venir.

Lorsque l'homme fait des choses pour la femme et qu'elle est satisfaite, le couple est gagnant. Quand j'apporte des bûches pour faire un feu, Bonnie se sent unique au monde et sait que je l'aime. Ses tendances romanesques commencent à surgir. Sachant cela, je me sens moi aussi content et confiant.

En revanche, quand je suis assis sur le canapé et que je la regarde apporter des bûches et allumer le feu, même si je me sens détendu et reconnaissant, nos sentiments amoureux ne sont néanmoins pas stimulés. C'est une tout autre dynamique qui est induite quand la femme s'occupe de l'homme.

La monogamie passionnelle

Bien que la femme ait besoin d'ambiance romantique pour se sentir aimée, la fidélité reste l'élément le plus nécessaire à l'épanouissement passionnel. L'homme peut se comporter en amoureux transi, s'il n'est pas fidèle, l'ardeur de sa compagne ne fleurira pas longtemps. Les attentions amoureuses expriment à la femme qu'elle est unique. Et rien ne rend la femme plus unique qu'un homme exprimant sa passion pour elle et qui ne veut qu'elle.

Avec l'âge, la femme augmente sa capacité de sentir et d'exprimer sa passion si elle sent qu'elle peut totalement faire confiance et qu'il sera toujours là pour elle. Dès qu'elle perçoit qu'elle est comparée à une autre femme ou qu'elle est mise en compétition, elle ne peut pas continuer à s'épanouir.

Si elle devine qu'il a une aventure ou qu'il pourrait en avoir une, elle se ferme. Comme une rose délicate, elle a besoin de l'eau pure de la fidélité pour s'ouvrir, pétale par pétale.

En s'engageant clairement et en assurant à la femme qu'ils vieilliront bien ensemble, l'homme lui apporte le soutien particulier dont elle a besoin pour découvrir les feux de la passion physique au plus profond de son âme.

Non seulement la fidélité est bénéfique à sa compagne, mais elle l'est aussi pour lui ! Lorsque l'homme dispose de la confiance de celle-ci et de sa famille, les autres perçoivent en lui la présence de quelque chose qui leur inspire confiance. La fidélité sexuelle rend l'homme plus fort et il devient alors digne de la plus haute considération.

Dans son célèbre ouvrage de développement personnel, *Réfléchissez et enrichissez-vous*, Napoleon Hill demandait à cinq cents des hommes qui avaient le mieux réussi aux États-Unis quelle était la raison principale de leur succès. Tous avaient une relation fidèle toujours sexuellement active avec la même femme depuis plus de trente ans.

Ces hommes puissants, à la réussite incontestable, avaient tous appris à maintenir leur passion pour une femme pendant des dizaines d'années. Leur désir ne s'était pas usé et ils n'avaient pas besoin d'être stimulés par des aventures sexuelles. Alors que leur ardeur grandissait en partageant leur amour physiquement avec leur femme, ils devenaient plus importants et contribuaient à changer la face du monde.

Le succès, l'énergie d'entreprendre, les hommes qui comprennent ce très simple secret de l'amour savent où les puiser. En construisant et en maintenant une relation de fidélité passionnelle, non seulement la femme stimule son désir sexuel, mais l'homme devient plus fort et plus efficace dans son travail.

Cette étude portant sur des hommes seulement fut effectuée il y a déjà un grand nombre d'années. Je suis certain que, quand les femmes se mettent à leur tour à mener des carrières professionnelles, une relation de couple passionnelle les rend à la fois plus efficaces et plus influentes dans la sphère de travail.

Connaissant et percevant l'épanouissement sexuel que je trouve auprès d'elle ainsi que mon engagement à la fidélité dans la vie conjugale, Bonnie est plus satisfaite, plus équilibrée. Même si elle n'est pas avec moi quand je suis en voyage, elle continue de sentir le lien physique indéfectible que nous partageons exclusivement. J'ai beaucoup de communication spirituelle et intellectuelle avec d'autres personnes, mais seule Bonnie dispose de mon énergie sexuelle.

La monogamie mentale

On n'enseigne jamais aux hommes pourquoi la fidélité est importante, mais on ne leur apprend pas non plus comment rester fidèle. La technique est pourtant simple. Lorsqu'un homme remarque une femme et qu'il est instinctivement excité sexuellement, il devrait imaginer qu'il fait l'amour avec la compagne de sa vie, ou alors il peut se souvenir d'un moment particulièrement excitant de sa vie sexuelle avec elle. De cette manière, chaque fois qu'il est excité de façon pour ainsi dire mécanique, il redirige son énergie sexuelle consciemment vers sa partenaire. Après cinq à huit années de cette pratique, son attirance physique pour sa femme en sera encore plus forte. Il aura aussi appris à maîtriser son énergie sexuelle. Non seulement sa femme s'épanouira avec lui, mais il gagnera en puissance et réussira mieux dans sa vie professionnelle.

Sentimental pour la femme, sexuel pour l'homme

Autant l'aspect sentimental est important pour la femme, autant la satisfaction sexuelle est essentielle pour l'homme. Il a besoin en permanence d'être rassuré sur le fait que sa partenaire aime faire l'amour avec lui. Le rejet sexuel est un véritable traumatisme pour l'amour-propre de l'homme.

Je ne veux pas dire que la femme doit se sentir obligée d'avoir des rapports sexuels chaque fois que son partenaire le veut. Ce que je dis, c'est qu'elle doit faire des efforts particuliers pour rester hypersensible quand l'amour physique est en jeu. S'il est l'initiateur et qu'elle n'en a pas vraiment envie, elle ne devrait pas dire non. Il vaut mieux dire : « J'en ai en partie envie, mais je crois que j'aimerais mieux le faire plus tard. » En tenant compte de ses sentiments, elle lui permet de continuer à lui faire des avances sans se sentir rejeté.

Ou encore, elle peut dire : « Je n'ai pas vraiment envie, mais peut-être un petit coup ? » J'aborde cette question beaucoup plus en détail dans mon livre *Mars et Vénus sous la couette*.

Autant la communication et le jeu sentimental sont les vecteurs principaux de l'amour pour la femme, autant la sexualité est le moyen primordial pour l'homme de vivre la passion et l'amour de façon continue.

6. AMITIÉ, AUTONOMIE ET PLAISIR

L'amitié est un soulagement quand on retient ses sentiments profonds. Si l'un des partenaires est prêt à sacrifier ce qu'il ou elle est pour préserver la relation de couple, les deux partenaires continueront à s'entendre, mais la passion s'éteindra.

Ne vous y trompez pas, bien qu'il arrive souvent que les femmes « se perdent elles-mêmes » pour s'entendre avec leur partenaire, les hommes doivent aussi abandonner une grande partie de ce qu'ils sont. Pour éviter les conflits, l'homme aussi va refouler ses besoins. Sans un grand savoir-faire en matière de communication, un couple plein d'affection va conserver l'amitié en sacrifiant les sentiments amoureux. Ils ne se rendent pas compte qu'en étouffant leurs émotions profondes, ils suppriment aussi leur sensibilité générale.

Quand une femme tient à un homme mais qu'elle ne l'aide pas à la soutenir, elle contribue à détériorer leur vie de couple, et non pas à l'améliorer. L'homme ne peut s'épanouir dans la relation conjugale que quand il répond totalement aux attentes de sa compagne. Si elle prétend être satisfaite, il va « penser » qu'il est heureux, mais il ne sait vraiment pas ce qu'il perd.

Pour rester bons amis dans une relation de couple, il faut un équilibre entre dépendance et autonomie. Comme nous l'avons compris, le besoin de notre partenaire est à la base de toute relation passionnelle. Cependant, si nous ne sommes pas aussi autonomes, lorsque notre compagne ou notre compagnon n'a que peu de choses à nous apporter, nous nous sentirons impuissants à obtenir les nourritures affectives qui nous sont indispensables.

En se montrant responsable envers soi-même et en mettant en pratique nos techniques d'autothérapie, on peut subvenir à ses propres besoins pendant ces périodes où notre partenaire ne peut rien pour nous. Nous aurons une véritable preuve de l'amour dans notre couple quand nous pourrons être l'ami de notre compagne et lui donner sans attendre quoi que ce soit en retour. Cette opération est beaucoup plus facile quand nous ne sommes pas trop dépendants l'un de l'autre et naturellement à la condition que nous ayons eu la preuve par le passé que notre conjointe était là pour nous quand c'était nécessaire. Lorsque nous sommes portés par un mouvement de confiance, que nous savons que nous obtiendrons ces nourritures affectives dont nous avons tellement besoin dans d'autres circonstances, alors nous ne sommes pas trop exigeants les jours où nous constatons que notre partenaire n'a pas beaucoup à donner.

7. LÉGÈRETÉ ET PLAISIR

L'homme est presque toujours réticent quand sa compagne veut « travailler à l'amélioration de la vie conjugale ». Il ne veut pas faire l'effort. Il préfère vivre au gré du temps.

Il a besoin de sentir que, parfois, il est en vacances dans sa vie de couple et qu'en un sens, il ne peut rien faire de mal. Il veut croire qu'il est bien tel qu'il est et qu'il n'a pas besoin de changer. Quand sa partenaire lui dit : « Pas de problème » et « Ce n'est rien », il se sent moins sous pression et a le cœur plus léger. Quand la femme parvient à traiter ses problèmes avec désinvolture, son conjoint a l'impression qu'il se débrouille bien dans son couple.

L'amitié pour une femme veut dire que son compagnon va, de temps en temps, faire des efforts exceptionnels pour la soutenir ou lui proposer son aide. L'amitié pour un homme signifie qu'une femme fera tout ce qu'elle pourra pour ne pas lui demander ou attendre trop de lui.

Être l'ami de notre conjoint signifie qu'on n'essaie jamais de changer son humeur ou qu'on ne le prend pas mal quand celle-ci n'est pas telle qu'on le voudrait. L'apprentissage de cette leçon de détachement peut radicalement transformer une relation de couple.

Au chapitre prochain, nous aborderons le septième secret d'une vie de couple durable : la solidarité et l'aspiration à un but plus élevé. Ensemble, nous examinerons la chorégraphie d'une intimité durable par la construction d'un partenariat gagnant pour les deux protagonistes, qui contribuera non seulement à établir une relation plus passionnée, mais aussi un monde meilleur et plein d'amour.

CHAPITRE 10

Chorégraphie d'une intimité durable

J'éprouve toujours beaucoup de plaisir à regarder danser des couples d'âge mûr. Ils ont l'air si heureux ensemble. Ils savent exactement ce qu'il faut faire. Il connaît tous les pas à la perfection, tandis qu'elle lui fait confiance pour la guider exactement où elle désire aller. Elle se fond dans ses bras et il la tient avec un grand charme et beaucoup d'assurance. Cette confiance et cette sûreté de soi ne peuvent être que le résultat d'années de pratique.

Quand les deux partenaires d'un couple sont amoureux, ils sont toujours prêts à faire ce qu'il faut pour que leur relation soit durable. Le problème, comme nous l'avons évoqué, c'est que les pas de danse si harmonieux pour les générations passées ne sont plus d'actualité aujourd'hui. La musique a changé, et de nouveaux pas s'imposent. Si l'on ne connaît pas cette nouvelle chorégraphie très différente, il est inévitable que l'illumination si merveilleuse que l'on perçoit au printemps de l'amour finisse par diminuer.

Lorsque l'homme sait comment s'y prendre pour aimer sa partenaire, il est incontestable que son amour peut la soulever dans des transports de plénitude. De la même façon, l'amour de la femme peut aider à ancrer l'homme fermement au sol. En apprenant de nouvelles méthodes pour exprimer son amour, elle peut lui servir de miroir pour l'aider à voir à quel point il est formidable. Elle peut être une force stimulante qui lui permet d'exprimer tout ce qu'il a de mieux et de plus aimant en lui.

UN CADEAU D'AMOUR BIEN MÉRITÉ

Le soutien dont je bénéficie grâce à l'amour attentif et parfois déterminé de ma femme a considérablement facilité ma capacité à me détendre et à me sentir bien dans ma peau. Cet appui m'a permis de faire ressortir la partie authentique et tendre qu'il y a au plus profond de moi-même.

Par exemple, au lieu de me faire des reproches quand j'oublie certaines choses, elle a toujours été compréhensive et patiente. C'est le côté attentif et affectueux de son amour. Mais au lieu d'abdiquer et de faire tout elle-même en réaction sans me demander mon aide, elle a toujours persisté sans se montrer pour autant exigeante. C'est ce que je nomme la partie déterminée de son amour. Elle n'a jamais renoncé, comme le font de nombreuses autres femmes. Elle ne cesse jamais de répéter ses pas de danse.

Si l'amour de Bonnie est un cadeau que j'ai gagné, il est aussi prodigué avec générosité. Parce qu'elle veut bien « attendre et retarder » ses besoins immédiats, et que moi je suis « préparé » à l'écouter et à répondre à ses demandes. Comme elle « persiste » à demander mon appui de façon non contraignante, j'ai peu à peu découvert à quel point l'amour est important et comment l'obtenir.

L'épanouissement que nous vivons ensemble est

le fruit d'un authentique et dur travail. Aujourd'hui, c'est beaucoup plus facile. La vie est une suite d'épreuves difficiles, mais avec nos nouvelles connaissances en matière relationnelle, nous sommes en mesure de nous rapprocher au lieu de nous éloigner sur le chemin que nous suivons tous les deux côte à côte. Nous sommes capables de nous soutenir mutuellement dans la continuité de la vie, de nous épanouir et de partager notre appréhension du monde.

Je me suis efforcé de développer mes facultés masculines pour améliorer notre communication en laissant passer, en absorbant, en abdiquant parfois et en donnant souvent. De son côté, elle a développé sa féminité pour me permettre de réussir à satisfaire ses désirs profonds. Elle a appris à attendre, à retarder, à persister et cela fait toute la différence.

Bien qu'aucun de nous deux ne soit parfait dans ces attentions délicates, nous nous améliorons quotidiennement. Elles ne sont plus difficiles à initier parce que nous savons à quel point elles sont efficaces, et nous savons aussi à quel point tout devient pénible quand nous ne les utilisons pas. Parfois, c'est Bonnie qui apporte le plus dans le couple, mais d'autre fois, elle n'est pas en mesure de m'offrir grand-chose. Même quand nous sommes tous les deux « à vide », le fait de savoir comment commencer à donner pour obtenir le soutien dont nous avons besoin est une source considérable de réconfort et de force.

Quand je suis retranché dans ma tanière et que Bonnie ne reçoit pas ce qu'elle désire, au lieu de paniquer et de se sentir responsable, elle sait comment rester détachée et me donner de l'espace. Elle se met alors à me préparer à donner plus en me demandant de l'aider pour des choses simples et faciles tout en appréciant ce que je fais pour elle.

Au lieu d'essayer de me changer ou de tout faire

pour améliorer notre relation, elle utilise tout le talent de sa féminité pour me laisser du champ et me tirer doucement de ma tanière grâce à son amour plein de patience.

DEUX PAS EN AVANT, DEUX PAS EN ARRIÈRE

Comme un couple de danseurs, quand la femme recule de deux pas, l'homme en fait deux en avant. Et quand il recule de deux pas, elle peut avancer à son tour. Cette chorégraphie sur le thème du « donnant, donnant » est le rythme de base de toute relation de couple.

À d'autres moments, ils reculent ensemble et refont deux pas vers l'avant ensemble. Toute vie conjugale a des moments de creux où les deux partenaires ont peu d'énergie à donner. Alors ils reculent tous les deux pour reprendre leur souffle.

Quand elle danse, la femme balance avec grâce dans les bras de l'homme, puis s'éloigne en tourbillonnant. Dans une vie de couple réussie, c'est le même schéma qui se produit. La femme est heureuse de voir son partenaire, elle se précipite dans ses bras, puis, après une pause et un temps de préparation, elle s'éloigne en tourbillonnant et communique avec lui par circonvolutions.

Parfois aussi, le danseur tient sa partenaire dans ses bras au moment où elle revient et s'affaisse contre lui. De la même manière, quand la femme partage ses émotions profondes, elle peut aussi s'affaisser. Grâce au soutien solide de son partenaire, elle peut descendre presque jusqu'au ras de la piste de danse et avoir ainsi la joie de remonter.

Dans la danse, la femme tourne naturellement autour de son partenaire tandis que pour sa part il reste stable. Dans la vie, quand la femme peut exprimer ses sentiments profonds sans que l'homme ait besoin de réagir en exprimant les siens, elle se sent écoutée. Bien sûr, il y a des moments où les deux partenaires tourbillonnent, mais comme dans un ballet, ils doivent se séparer un peu pour effectuer leurs mouvements propres avant de se rapprocher de nouveau pour retrouver le contact physique.

Quand il danse, l'homme éprouve le sentiment de son indépendance et de son autonomie en menant le couple, et la femme ressent elle aussi son besoin de coopération et de communion en l'aidant à la guider dans les figures qu'elle cherche à faire.

SOIGNER ET NOURRIR LA RELATION DE COUPLE

Sur notre chemin conjugal, nous ne devons pas oublier d'entretenir et de respecter nos différences. Ce sont ces dissemblances qui engendrent la passion. Nous démarrons une relation parce que nous sommes attirés par une autre personne qui est distincte de nous, mais complémentaire.

Au début, Bonnie et moi ne savions pas à quel point nous étions différents. Nous étions surtout fascinés par nos points communs, ce qui nous rapprochait en fait. Nous étions tous deux attirés par la spiritualité, nous aimions tous deux faire l'amour, nous partagions le même goût des promenades à pied, nous étions amateurs de tennis, nous aimions le cinéma, nous avions beaucoup d'amis communs, nous étions plutôt faciles à vivre, nous partagions le même intérêt pour la psychologie. La liste de nos sujets d'entente était merveilleusement longue.

Une fois mariés, nous avons commencé à remarquer les différences. J'étais plutôt détaché, elle en revanche émotive. Je me fixais des buts à atteindre, elle privilégiait notre vie commune. Elle aimait discuter des problèmes, je préférais les résoudre tout de suite ou m'en occuper plus tard. À côté de ces dissemblances, lesquelles sont typiques de ce qui différencie les hommes des femmes, cela même qui crée l'attraction naturelle des deux sexes l'un pour l'autre, il y avait aussi beaucoup d'autres différences qui n'étaient pas dues à notre appartenance sexuelle.

Elle aimait qu'il fasse frais dans notre chambre, alors que moi, je préférais qu'il y règne une bonne chaleur. Elle aimait les antiquités, moi je préférais l'ameublement moderne, à la limite high tech. Elle aimait que ses comptes soient tenus au centime près, alors que je faisais une vague évaluation dans ma tête de mes disponibilités. Elle aimait se lever tôt, moi je préférais me coucher tard. Elle aimait manger à la maison, je préférais le restaurant. Elle respectait les limites de vitesse, et moi j'aimais conduire vite. Elle voulait faire des économies, et moi j'étais très dépensier. Elle prenait son temps pour décider quelque chose, moi je décidais très rapidement. Elle cultivait de vieilles amitiés, moi je changeais avec le temps. J'ai des ambitions élevées, alors qu'elle est plutôt satisfaite de sa vie telle qu'elle est. J'aime les gadgets électroniques, elle préfère le jardin et tout ce qui est « nature ». Elle adore parcourir les musées, et moi j'aime plutôt les hôtels de luxe. J'aime les maisons neuves et modernes, elle les aime un peu anciennes, avec du cachet. J'aime les panoramas grandioses, elle adore être dans les bois.

Alors que toutes ces différences peuvent engendrer des conflits, elle offrent aussi l'occasion de s'épanouir ensemble. Dans une relation de couple, nous sommes généralement attirés par une personne possédant certaines qualités qui sont, d'une certaine manière, latentes au fond de nous-même, ou qui se révéleront. Quand nous avons un certain caractère et que notre partenaire est à l'opposé, nous sommes instinctivement attirés, parce que nous cherchons à trouver un équilibre en nous-même. La recherche de cet équilibre déclenche l'attraction et la passion.

Après environ un an de mariage, j'ai dû faire face à ma première grande difficulté engendrée par nos différences de caractère. Je voulais acheter une télévision plus grande. J'adore la technologie et les gadgets. Bonnie n'était pas très enthousiaste à cette idée. Elle disait qu'elle n'appréciait pas la perspective de voir cet énorme écran traînant dans le salon toute la journée.

Ce fut pour moi un moment très pénible. J'ai commencé à me dire que, pour lui faire plaisir, j'allais devoir abandonner un projet qui me faisait, à moi, très plaisir. À cette époque, je commençais tout juste à comprendre comment nous pouvions résoudre nos différences de goût en trouvant une solution avantageuse pour tous les deux.

Au fond de moi-même, j'étais furieux. Toutes sortes de mécanismes psychiques s'étaient mis en route, mais je me suis retenu en m'employant à faire tout mon possible pour trouver une solution. Tant que je me disais que nous pouvions tous deux finalement obtenir ce que nous voulions, la frustration ne se transformait pas en colère à son égard.

« Je veux respecter ton souhait, lui ai-je finalement dit. Et je veux pourtant vraiment une télévision plus grande. J'ai attendu longtemps d'avoir les moyens d'en acheter une. Je tiens aussi absolument à ce que tu aies une belle maison. Que penses-tu que nous puissions faire ? »

Bonnie a répondu : « Je veux bien une grande télévision, si elle est logeable dans un meuble qu'on puisse fermer par devant. Quand tu ne la regarderas pas, je pourrai le fermer et je n'aurai pas à voir cet écran béant. »

Immédiatement, j'ai dit, formidable ! et nous sommes sortis ensemble acheter un meuble. Je pensais que cette solution était simple. Mais nous avons vite découvert que nous avions des goûts totalement opposés en matière d'ameublement.

UNE SOLUTION GAGNANTE À TOUS LES COUPS

Le meuble que j'ai choisi était très moderne et pouvait accueillir tout mon système d'écoute hi-fi. Le meuble qu'elle voulait avait des étagères en verre avec des éclairages pour exposer ses porcelaines et ses bibelots en cristal, mais il n'était pas assez spacieux pour recevoir la télévision que je désirais.

Pendant des semaines, nous avons cherché quelque chose qui pouvait convenir à nos besoins et à nos goûts si différents. Au cours de cette prospection, j'ai cru que j'allais exploser, mais j'ai fait tout ce que j'ai pu pour masquer ma frustration. Ce fut un moment pénible pour moi. Je la trouvais tellement têtue et réticente que je suis devenu très critique à son égard. Dans mes pires moments, je pensais : « Ça y est, je demande le divorce ! »

A posteriori, on peut voir à quel point nous avons tous tendance à grossir de petites choses de façon disproportionnée. Tout en estimant qu'elle était têtue, je ne me rendais pas compte que je l'étais moi-même tout autant. Je voulais absolument ma grande télévision, et elle voulait qu'on se débrouille pour la dissimuler. Je voulais un meuble pour tout mon équipement hi-fi, et elle voulait une vitrine pour sa collection d'objets en cristal et tous ses jolis bibelots.

On se disputait tellement qu'on en était presque venus à se haïr mutuellement, et puis, un jour, nous avons finalement trouvé un meuble qui nous mettait tous les deux d'accord. Un vrai miracle. À part le fait que nous avons dû attendre encore trois mois pour la livraison. Toute cette affaire avait engendré beaucoup de frustrations, mais une fois que le meuble est arrivé, nous étions tous deux très satisfaits.

MUSCLER LA RELATION DE COUPLE

Ce que nous avons finalement choisi ensemble était beaucoup mieux que ce que j'aurais pris si j'étais allé tout seul dans les boutiques. En faisant un effort sur moi-même pour inclure et respecter les goûts et les désirs de Bonnie, j'avais atteint un résultat final bien supérieur à ce que j'aurais obtenu tout seul. En exerçant notre patience et notre souplesse, nous avons pu tous les deux donner plus de tonus à notre relation de couple.

Cette expérience est devenue l'exemple type de tous nos conflits à venir. Je me suis rendu compte que, même si j'avais l'impression que je ne pouvais pas obtenir ce dont j'avais envie, avec de la persistance et la volonté de satisfaire nos souhaits, même contradictoires, nous finirions par avoir plus. Au début, je n'appréciais pas vraiment les étagères vitrines, mais aujourd'hui, elles me plaisent et j'en suis très satisfait. Et Bonnie adore l'écran de 90 centimètres de notre télévision.

Quand nous avons réussi à résoudre ce problème, je me suis rendu compte que nous étions beaucoup plus proches que nous ne l'avions jamais été auparavant. Nous avions beaucoup plus confiance l'un en l'autre. La force, la patience, la foi en notre couple et la souplesse qu'il nous avait fallu à chacun pour trouver une solution gagnante pour tous les deux a rendu les autres difficultés beaucoup plus faciles à résoudre.

LE PARTENARIAT, ET COMMENT ALLER PLUS LOIN

Le partenariat est le dernier secret d'une relation de couple durable et passionnelle. Pour constituer un partenariat mutuellement enrichissant, il est utile de comprendre combien l'homme et la femme vivent ce partenariat différemment.

La femme se sent partenaire quand elle et son conjoint font des choses ensemble en coopérant pour atteindre le même but. Il n'y a pas de hiérarchie, ni de patron. Ils prennent toutes les décisions ensemble, et donnent autant l'un que l'autre pour les accomplir.

Pour l'homme, cette notion de partenariat est différente. Il aime avoir son propre département, où il prend tout en charge et il est très satisfait qu'elle ait le sien, où c'est elle qui dirige. Il ne veut pas qu'elle lui dise ce qu'il faut faire, et ne pense pas qu'il doit interférer avec ce qu'elle fait. Ensemble, faisant des choses différentes, avec des responsabilités différentes, ils forment un partenariat où les deux protagonistes s'épaulent pour accomplir la tâche.

Quand ils sont conscients de cette différence, l'homme et la femme peuvent constituer le partenariat qu'ils veulent. En utilisant l'acte sexuel comme métaphore, on peut facilement entrevoir la solution. Quand il fait l'amour, l'homme quitte son propre monde pour entrer dans celui de la femme. Ce qui leur apporte à tous deux beaucoup de plaisir. Puis, assez naturellement, il retourne dans son monde (ou son domaine), la laissant seule dans son monde (ou domaine). Ensuite, il revient et repart du monde de sa partenaire. De la même manière, pour constituer un partenariat satisfaisant pour chacun, le couple peut avoir des territoires plus ou moins définis, et l'homme peut occasionnellement venir dans celui de la femme et l'aider d'égal à égal.

Au fur et à mesure qu'il raffine son habileté à coopérer et à faire des choses dans le domaine réservé de sa partenaire, l'homme va lentement, mais sûrement l'inviter, elle, dans son propre domaine. S'inspirer de cette ligne de conduite générale peut être très utile, en particulier quand les deux personnes d'un couple travaillent de conserve.

Pour qu'un partenariat se développe et ne soit pas juste une fin en soi, il faut qu'il serve à aller plus loin. Pour que la passion s'épanouisse, les conjoints doivent partager un intérêt commun et travailler à le concrétiser.

Nous sommes tous venus au monde avec des dons à offrir et des buts à atteindre qui dépassent notre bonheur personnel. Ils ne révolutionneront peut-être pas le monde, mais ils sont là. Pour que notre relation de couple se développe avec amour et passion, l'amour que nous partageons doit être dirigé vers un but plus élevé.

Avoir des enfants est un accomplissement naturel de ce besoin. Ensemble, les deux parents se donnent mutuellement pour pouvoir donner à leurs enfants plus qu'ils n'ont eux-mêmes reçu.

Lorsque les enfants ont grandi et qu'ils quittent le foyer, les couples doivent rechercher une nouvelle raison d'être. Quand, en partenariat, nous servons notre famille, notre communauté ou plus généralement le monde des humains, notre amour peut continuer à s'épanouir sans limites.

LA FORCE DU PARDON

Pour ouvrir complètement nos cœurs et vivre toute une vie d'amour, la plus importante de toutes les qualités est le pardon. Lorsqu'on pardonne ses erreurs à son partenaire, on ne devient pas seulement capable d'aimer plus encore, on peut aussi se pardonner à soi-même de ne pas être parfait.

Quand, dans une relation de couple, on ne pardonne pas, notre amour est limité dans tous nos rapports humains. On peut toujours aimer d'autres personnes, mais pas autant. Quand notre cœur est bloqué dans notre relation de couple, il bat plus faiblement pour toutes nos autres relations. Le pardon signifie se débarrasser de la peine.

Le pardon nous permet de donner de nouveau notre amour et nous aide à nous libérer pour donner et recevoir de l'amour. Quand on se referme sur soi, on perd de deux façons.

Plus on aime quelqu'un, plus on souffre quand on ne lui pardonne pas. Beaucoup de gens finissent par se suicider à cause de l'insupportable chagrin qu'ils éprouvent à ne pas pardonner à ceux qu'ils aiment. La plus grande peine qu'on puisse endurer est celle de ne pas pouvoir aimer celui ou celle que l'on aime.

Cette douleur morale insoutenable rend les gens fous et est souvent responsable de toute cette violence et cette folie qui règnent dans le monde en général et dans notre vie conjugale en particulier. C'est cette douleur en effet, provoquée par le refoulement de notre amour, qui pousse de nombreuses personnes à l'abus d'alcool et de drogues, à la violence incontrôlée.

Nous gardons avec entêtement notre amertume et nos ressentiments, non pas parce que nous n'aimons plus, mais parce que nous ne savons pas comment pardonner. Si nous n'étions pas capables d'amour, cesser d'aimer quelqu'un ne serait absolument pas douloureux. Plus nous sommes remplis d'amour, plus il est pénible de ne pas accorder notre pardon.

COMMENT APPRENDRE À PARDONNER

Si quand nous étions enfants, nos parents nous avaient demandé de leur pardonner quand ils commettaient des erreurs, nous saurions comment ne pas garder de ressentiment. Si nous les avions observés s'absoudre mutuellement de leurs torts, nous saurions mieux comment ne plus en vouloir aux autres. Si nous avions vécu dans une ambiance où nous étions régulièrement pardonnés pour nos bêtises, nous ne saurions pas seulement comment on peut oublier les torts d'autrui, mais aussi nous connaîtrions de première main la puissance du pardon pour transformer les autres.

C'est parce que nos parents ne savaient pas comment il fallait pardonner qu'il nous arrive souvent de ne pas comprendre ce qu'oublier les fautes des autres représente vraiment. Du point de vue de nos affects, nous associons le pardon à une démission devant les fautes des autres, comme si on se disait : après tout, ce n'était pas si grave que ça.

Par exemple, disons que je suis en retard et que vous êtes furieux contre moi. Si je vous donne une raison valable pour mon retard, ou que je m'excuse, vous allez me pardonner plus facilement. Si je vous dis, par exemple, que ma voiture est tombée en panne sur la route en venant vous voir. Et que c'est pour ça que je ne suis pas à l'heure au rendez-vous. Certainement, vous aurez plus facilement tendance à oublier mon tort. Mieux encore, disons qu'une voiture a pris feu à côté de moi et que je me suis arrêté pour sauver un enfant qui risquait de mourir. Avec une aussi « bonne » raison d'être en retard, je serais immédiatement pardonné. Mais là où le pardon est vraiment efficace, c'est quand il vous est arrivé quelque chose de vraiment terrible ou qui vous a fait vraiment de la peine et que la personne responsable n'avait aucune excuse valable.

Le vrai pardon part du principe qu'une terrible erreur a été commise mais que la personne responsable mérite pourtant toujours mon amour et mon respect. Cela ne veut pas dire que je passe sur sa conduite, ou que je l'excuse de quelque manière que ce soit.

Quand on pardonne à quelqu'un, cela veut dire que l'on accepte qu'une faute a été commise, mais que l'on souhaite la corriger et surtout qu'elle ne se reproduise plus.

Le processus du pardon peut se résumer en seize messages dont l'énumération vous est donnée plus bas. Avant de lire cette liste, prenez un moment pour réfléchir à quelque chose que vous avez trouvé pratiquement impossible à pardonner. Quand vous lirez tout bas ou à haute voix ces phrases, imaginez que la personne qui vous a blessé est debout en face de vous.

1 – Ce que tu as fait est ta faute et non la mienne.

2 – Je ne suis pas responsable de ce que tu as fait.

3 – Ce que tu as fait n'est pas bien. Je ne méritais pas d'être traité de la sorte.

4 – Il n'y a aucune raison valable à ce que tu as fait.

5 – Tu n'as aucune excuse, et je ne veux plus jamais subir ce genre de traitement.

6 – Je ne l'accepte pas.

7 – C'était très douloureux pour moi.

ET :

8 – Je ne veux pas passer le reste de ma vie à te punir pour ça.

9 – Je peux voir qu'au fond de mon cœur, même

si ce que tu as fait est « mal », tu es toujours quelqu'un de bien.

10 – Je suis prêt(e) à retrouver la partie la meilleure en toi, celle qui fait de son mieux. Personne n'est parfait.

11 – Je ne vais pas retenir mon amour pour toi.

12 – Je te donnerai sans condition mon amour, mais je vais me protéger pour que cela ne se reproduise plus.

13 – Il faudra du temps pour rétablir la confiance, mais je suis prêt(e) à te donner une seconde chance.

14 – Peut-être que je ne suis pas prêt à te donner une seconde chance, mais je te souhaite sincèrement du bonheur avec quelqu'un d'autre.

15 – J'exprime ma douleur. Tu n'es plus responsable pour ce que je ressens. Je te pardonne et te souhaite le bonheur.

16 – Je suis responsable de ce que je ressens. Je suis une personne affectueuse et je peux être aimé(e) tel(le) que je suis.

Quand le pardon est assimilé et exprimé, on se retrouve soulagé d'un poids énorme. En prononçant ces trois petits mots : « Je te pardonne », quantité de vies et de relations de couples ont été sauvées du naufrage.

La force du pardon, nous l'avons tous en nous, mais comme toutes les autres qualités humaines, nous devons la perfectionner. Au début, cela prend du temps. Nous faisons de gros efforts pour pardonner à notre partenaire, puis soudain, le lendemain, nous lui mettons à nouveau tout sur le dos. C'est le processus normal. La maîtrise de ce nouvel art de vivre en couple qui est le pardon demande du temps, mais avec la pratique, il vient tout naturellement.

372

Au début, voici une petite phrase utile que l'on peut mettre noir sur blanc, ou avoir en tête : « Personne n'est parfait, je te pardonne de ne pas être parfait(e). Ce que tu as fait n'est pas bien. Personne ne mérite d'être traité comme je l'ai été par toi. Ce que tu as fait n'est pas bien et je te pardonne. Je te pardonne de n'être pas parfait. Je te pardonne de me pas me donner l'amour et le respect que je mérite. Je te pardonne de ne pas t'en être rendu compte. Je te souhaite l'attention et le respect que mérite tout être humain. Je te pardonne d'avoir commis cette faute. »

LE MESSAGE DU PARDON

Le message du Christ en croix à l'humanité était un message de pardon. Pour s'élever au-dessus de la mort, au-delà de la douleur, il faut pardonner. Ses mots furent les suivants : « Père, pardonnez-leur, car il ne savent pas ce qu'ils font. » Dans cette simple phrase, il y a tout le secret du pardon.

Nous pouvons commencer à pardonner à notre partenaire, ou à d'autres qui nous font du mal quand nous comprenons qu'ils ne savent pas ce qu'ils font.

Je me souviens du jour où j'ai vécu le pardon absolu. Ma fille Lauren avait deux ans. Elle jouait avec sa nourriture. Je n'arrêtais pas de lui dire d'arrêter tout de suite, mais elle continuait quand même. Après quelques minutes, elle tenait un spaghetti dans sa main et elle le faisait tomber sur le tapis.

Au fond de moi-même, j'étais furieux parce qu'elle salissait tout et que j'allais devoir nettoyer. Cependant, en même temps, je lui pardonnais totalement. J'étais en colère contre elle, mais mon cœur était totalement ouvert et rempli d'amour pour elle.

Je me demandais comment ce miracle pouvait se produire et c'est alors que je me suis souvenu des paroles du Christ : « Père, pardonnez-leur car ils ne savent pas ce qu'ils font. »

À ce moment-là, ce n'était pas difficile de lui pardonner, car elle ne savait évidemment pas ce qu'elle faisait en laissant tomber les spaghettis. J'imagine qu'elle croyait faire une œuvre d'art ! En tout cas, elle ne se rendait pas compte qu'elle me posait un problème.

En ma qualité de thérapeute, j'ai souvent constaté que les gens agissent et réagissent sans amour quand ils ne savent pas qu'ils peuvent faire autrement. Les gens gardent des ressentiments par ignorance et innocence. Quand ils savent comment s'y prendre mieux, ils agissent tout autrement. Personne ne veut, au fond de lui-même, retenir son amour et punir l'autre. En fait ils ne savent pas comment faire lorsqu'une autre personne leur manque d'une façon ou d'une autre du respect auquel tout être humain a droit.

Les idées exprimées dans ce livre et mes autres livres disséquant les différences entre l'homme et la femme ont aidé beaucoup de personnes parce qu'elles sont basées sur le principe du pardon des offenses.

On ne peut adresser de reproches à personne. Votre père et votre mère ne doivent pas être critiqués parce qu'ils ne pouvaient pas prévoir ce que vous savez aujourd'hui sur les méthodes assurant la réussite de votre vie de couple. On ne reprochera rien aux hommes parce qu'ils « viennent de Mars » – et ne comprennent pas les femmes. On ne critiquera pas les femmes parce qu'elles « viennent de Vénus » – et ne comprennent pas les hommes. Nous avons tous des problèmes parce que « nous ne savons pas ce que nous faisons ». Une fois que nous avons assimilé cette vérité pourtant très simple, dans notre esprit comme dans notre cœur, nos fautes et les fautes de notre partenaire sont pardonnables et pardonnées.

Les anges se réjouissent dans le ciel chaque fois que vous accordez votre pardon. Quand vous choisissez d'aimer au lieu de fermer votre cœur, vous apportez une petite étincelle de sacré dans notre sombre univers ravagé par les conflits de toutes natures. Vous allégez la charge de culpabilité qui pèse sur les épaules des autres et vous les aidez à pardonner à leur tour.

Lorsque l'homme et la femme échouent dans leur vie de couple, ce n'est pas par manque d'amour. Nous sommes tous venus au monde avec de l'amour plein nos cœurs et une destinée à accomplir. Nous vivons la douleur dans notre conjugalité quand nous ne savons pas comment partager notre tendresse de façon parlante et efficace. Nous n'avons pas à notre disposition les techniques permettant d'y parvenir.

Parfois, l'amour n'est pas exprimé parce qu'il est enfoui au fond de nous-même ou enfermé dans la forteresse de notre cœur. Nous cachant derrière une muraille, nous évitons la douleur, mais passons aussi à côté de l'amour.

Tant de personnes sont emprisonnées en elles-mêmes. Elles ne savent pas comment trouver l'amour et à plus forte raison comment le répandre autour d'elles. Des trésors de tendresse sont ainsi gaspillés sur les chemins de la vie quand personne ne nous a jamais enseigné les outils de base indispensables à la communication et au partage de l'amour.

UN TEMPS POUR L'ESPOIR

Peut-être pour la première fois dans l'Histoire entrons-nous dans une époque où nous avons les moyens de maîtriser les puissances de l'amour. Le passage au nouveau millénaire est une période de grand espoir pour les relations humaines et pour notre planète. Il n'y a pas si longtemps, « la survie » était la seule motivation de l'humanité dans son ensemble. Lentement, mais sûrement, au cours des derniers millénaires, l'amour a grandi pour occuper une place de premier rang. Il peut devenir la force qui nous guide et qui se trouve en chacun de nous. L'insatisfaction générale qui règne dans les relations entre les hommes et les femmes dans le couple est le symptôme d'un monde malade et avide de biens matériels. La douleur des nations est la douleur que nous ressentons quand nous ne pouvons pas partager notre amour.

On ne peut plus aujourd'hui faire la sourde oreille à la voix qui s'élève de notre for intérieur. Nous avons tous, au fond de notre cœur, soif d'amour. La transformation a déjà commencé. L'amour est déjà là, partout.

Forts de notre nouvelle compréhension de ce que nos mères ne pouvaient pas nous dire et de ce que nos pères ne savaient pas, nous sommes aujourd'hui bien mieux préparés à aimer nos partenaires dans la vie. Avec la pratique, ce nouvel amour qui est à notre disposition peut améliorer considérablement nos relations de couple.

J'ai grand espoir que, en appliquant ces différentes méthodes d'amélioration des relations conjugales, vous pourrez non seulement pardonner à votre partenaire, quand il ou elle oublie d'utiliser ses compétences relationnelles, mais vous pourrez en outre pardonner à vous-même et à vos parents.

N'oubliez pas que même si vos parents avaient pu vous en apprendre plus long à ce sujet, vous ne fileriez quand même pas le parfait amour avec votre compagne ou votre compagnon. Les gens les plus intelligents et qui réussissent le mieux ont aussi des problèmes dans leurs relations intimes et dans leurs familles. Il n'y a pas de honte à devoir apprendre et à pratiquer de nouvelles techniques. Nous devons tous nous y efforcer. Bien que nous soyons nés avec la capacité d'aimer, c'est tout un savoir-faire qu'il nous faut acquérir et raffiner.

CONTRIBUER À UN MONDE MEILLEUR

En maîtrisant les secrets de la passion et en nous efforçant de pardonner, non seulement nous construisons une vie entière d'amour pour nous-même et notre entourage, mais nous apportons notre contribution à la construction d'un monde meilleur.

La pratique de ces nouvelles méthodes et l'apprentissage de l'harmonisation des valeurs dissonantes ne sont pas seulement la solution idéale pour constituer des relations de couple plus passionnées, elles contribuent aussi directement à l'édification d'un monde plus pacifique.

Imaginez un monde où les familles ne sont pas détruites par les divorces et où les voisins ne se détestent pas. Un tel monde harmonieux est possible. Chaque amélioration dans votre relation de couple aide à rendre ce rêve réalisable. La paix et la prospérité deviennent une réalité chaque fois qu'elles sont plus concrètes dans votre vie quotidienne.

Il est naïf d'imaginer que l'on peut établir la paix dans le monde quand on n'est pas capable de faire la paix avec les personnes qu'on aime. Quand nos dirigeants seront aptes à mener des vies familiales faites d'amour et d'enrichissement mutuel, ils auront acquis le savoir-faire pour négocier la paix dans le monde.

En apprenant à résoudre les différences entre les hommes et les femmes, nous contribuons de manière tangible à abaisser la tension globale entre les peuples et nous permettons, à nous-mêmes comme aux autres, de nous intéresser aux particularités culturelles de nos frères humains et de les comprendre.

Quand nous nous rendons compte, dans nos relations conjugales, que nos différences sont en fait superficielles, et qu'aux tréfonds de notre âme, nous constituons une seule entité, nous pouvons dépasser les conflits et les guerres et aborder nos problèmes avec une nouvelle vision qui tout à la fois respecte et harmonise les dissemblances.

Comme dans une relation entre un homme et une femme, la solution ne consiste pas à nier qu'il existe des dissemblances. Les conflits ne sont résolus que lorsque l'on honore et respecte chacun, et qu'on trouve des moyens imaginatifs pour que chacun voie ses besoins assouvis.

Chaque fois que nous prenons des mesures, parfois difficiles, pour résoudre de façon positive nos relations personnelles, nous préparons la voie à l'harmonie dans le monde. Chaque effort, chaque tentative que vous faites va permettre aux autres d'emboîter plus aisément leurs pas dans les vôtres.

Merci de m'avoir permis de faire avec vous un brin de route à vos côtés pendant votre voyage en ce monde. Je vous souhaite, à vous et à tous ceux qui vous sont chers, de vivre une vie entière remplie d'amour. Et dans votre quotidien, que vous fassiez partager aux autres les plaisirs d'un univers de tendresse.

Remerciements

Je remercie ma femme, Bonnie, pour avoir une fois de plus partagé cette grande aventure qu'est la rédaction d'un livre. Je lui suis reconnaissant de sa patience et de son soutien inaltérables qui m'ont aidé à devenir un époux aimant et un père affectueux. Je tiens aussi à lui dire ma gratitude non seulement pour m'avoir autorisé à partager avec d'autres des épisodes de notre histoire, mais aussi pour avoir continué à élargir la sphère de ma compréhension et de mon admiration pour le point de vue féminin. La sagesse de ses suggestions et commentaires a enrichi et complété la trame de cet ouvrage.

Je remercie nos trois filles, Shannon, Juliet et Lauren, pour leur amour et leur admiration. La joie d'être parent aide à désamorcer la pression de cette vie extrêmement active qui est la mienne. Je leur rends grâce pour leur chaleur, leur perspicacité et leur considération pour ce que je fais. Je voudrais en particulier remercier Lauren d'avoir peint cette pancarte dans mon bureau : « S'il te plaît, papa, termine-le ! Hourra ! »

Je sais gré à mon père, David Gray, d'avoir assisté à mes séminaires sur la relation de couple. Ses encouragements et sa confiance en moi et en mon travail m'ont toujours été et me sont toujours d'un grand secours. Ce qu'il m'a dit en toute candeur sur ce qui avait marché et n'avait pas marché dans son mariage m'a permis de mieux comprendre ce qui séparait nos deux générations. Même s'il ne savait pas qu'il était possible de développer des attitudes permettant une plus grande intimité dans le couple, il a fait de son mieux, et grâce à lui je me suis rendu compte qu'on pouvait commettre des erreurs et rester quand même digne d'être aimé. Sa gentillesse, son charme et sa générosité restent gravés dans le cœur de bien des gens.

Je tiens aussi à remercier ma mère, Virginia Gray, pour toutes les conversations si pétillantes d'intelligence et d'humour que nous avons eues sur la façon dont les femmes et les hommes de sa génération se conduisaient et réagissaient dans leur vie conjugale. Les temps ont changé, c'est certain. Je lui sais gré de m'avoir autorisé à partager avec d'autres certaines choses à propos de son couple et soutenu avec tendresse dans tout ce que j'ai entrepris.

Je dis merci à mes cinq frères et sœur pour toutes nos longues discussions au cœur de la nuit pendant les réunions de famille. Je suis reconnaissant à mon frère aîné, David, et à sa femme, Doris, pour leur lucidité et la considération qu'ils ont montrée envers mes idées novatrices, et aussi pour les défis qu'ils m'ont lancés. Merci à mon frère William et à sa femme, Edwina, pour avoir partagé avec moi un point de vue plus classique. Merci à mon frère Robert pour ses idées aussi brillantes que spirituelles qui étayent si bien les miennes. Merci à mon frère Tom pour ses encouragements et la fierté qu'il tire de mes succès. Je tiens à lui dire ma gratitude pour toutes ces discussions en tête à tête que nous avons eues tous les deux. Je remercie ma sœur, Virginia, pour son ouverture d'esprit et l'intérêt affectueux qu'elle prend à ma vie, et aussi du regard franc et lucide qu'elle porte sur sa propre féminité. Je remercie mon regretté frère cadet, Jimmy, pour son amour et sa générosité d'esprit. Son souvenir vit en moi et m'aide à traverser les épreuves semées sur ma route.

Je suis reconnaissant à Lucille Brixey de m'avoir soutenu toujours très affectueusement depuis mes six ans. Elle a toujours été là pour moi, et l'est encore. Dans sa librairie de Houston, l'Aquarian Age Bookshelf, cela fait dix ans que mes livres font la vitrine. Je la remercie d'avoir toujours cru en moi.

Je remercie mon agent, Patti Breitman, pour son aide précieuse, son inventivité et son enthousiasme qui ont guidé ma plume depuis la conception de cet ouvrage. Elle est mon ange gardien. Je tiens aussi à exprimer ma gratitude à Carole Bidnick, qui nous a mis en contact, Patti et moi, dès le début de notre premier projet : *Les hommes viennent de Mars, les femmes viennent de Vénus.*

Je voudrais dire merci à Susan Moldow pour son remarquable travail éditorial, et même si elle n'a participé qu'au début de ce projet, la justesse de ses commentaires a eu une influence capitale sur son développement. Je remercie Nancy Peske pour ses avis d'expert et sa créativité éditoriale d'un bout à l'autre de ce travail. Je voudrais exprimer ma gratitude à Carolyne Fireside pour ses contributions éditoriales. Je suis reconnaissant à Jack McKeown de l'intérêt et des encouragements qu'il a prodigués à ce projet depuis le départ, et à toute l'équipe de Harper-Collins de leur compréhension.

Je remercie Michael Nagarian et sa femme, Susan, pour la formidable organisation de tant de séminaires. Merci à Michael pour les heures supplémentaires qu'il a passées à mettre au point nos séances et pour m'avoir aidé à développer et à tester mes idées. Je suis reconnaissant à de nombreuses personnes qui ont mis tout leur cœur à promouvoir et organiser les séminaires qui me permettent d'enseigner ce que je professe dans cet ouvrage : Elly et Ian Coren à Santa Cruz ; Ellis et Consuel Goldrit à

Santa Cruz ; Sandee Mac à Houston ; Richi et Debra Mudd à Honolulu ; Garry Francell des Heart Seminars à Honolulu ; Bill et Judy Elbring de *Life Partners* à San Francisco ; David Farlow et Juli Ricksecher à San Diego ; David et Marc Obstfeld à Detroit ; Fred Kleiner et Mary Wright à Washington ; Clark et Dotti Bartells à Seattle ; Earlene et Jim Carillo à Las Vegas ; Bart et Merril Berens à Los Angeles ; Grace Merrick de la Dallas Unity Church.

Je suis reconnaissant à Richard Cohn et à Cindy Black comme à toute l'équipe de Beyond Words Publishing de leur aide formidable dans la promotion et la publication de mon livre *Men, Women and Relationships*, qui a été le germe des idées développées dans ce livre.

Je remercie Ramy El-Batrawi de Genesis Nuborn Associates et sa femme, Ronda, d'avoir créé et continué à produire les publicités télévisuelles mettant à la portée de tous les présentations audio et vidéo de mes séminaires.

J'exprime toute ma gratitude à son assistante, Ariana Husband, pour son dur travail, son dévouement et son efficacité dans la gestion de mon emploi du temps et de mon bureau.

Je tiens à remercier mon ostéopathe, Terry Safford, de m'avoir fait un bien fou deux fois par semaine pendant les six mois les plus intenses de ce projet. Je remercie aussi Raymond Himmel pour ses nombreuses séances d'acuponcture qui m'ont miraculeusement sauvé en fin de livre du vertige et de l'épuisement. Je dis merci à Renee Swisko pour ses stupéfiantes cures qui ont eu un effet extrêmement bénéfique autant sur moi que sur ma famille.

Je remercie mes amis et associés pour leur soutien et leurs encouragements : Clifford McGuire, Jime Kennedy et Anna Everest, John et Bonnie Grey, Reggie et Andrea Henkart, Lee et Joyce Shapiro, Marcia Sutton, Gabriel Grunfeld, Harold Bloomfield et Sirah Vettese, Jordan Paul, Lenny Eiger, Charles Wood, Jacques Earley, Chris Johns, Mike Bosch et Doug Aarons.

Je suis reconnaissant à Oprah Winfrey pour la chaleur de son appui et de son accueil sur le plateau de son émission qui m'a permis de partager mes idées avec trente millions de téléspectateurs.

Je tiens à exprimer ma gratitude aux milliers de gens qui ont participé à mes séminaires sur la relation de couple, qui par leur présence et leurs récits m'ont exhorté à écrire ce livre. Leur soutien sans faille, ainsi que les milliers d'appels et de lettres de mes lecteurs, continuent de me pousser à prolonger la réflexion entamée.

Au vu de l'énorme succès de mes ouvrages précédents, je voudrais remercier les millions de lecteurs qui non seulement ont partagé mes livres avec d'autres, mais continuent aussi grâce à eux à améliorer leur vie conjugale.

Je remercie Notre Seigneur de m'avoir permis de laisser ma marque ici-bas et de m'inspirer cette sagesse simple mais efficace transcrite dans ces pages.

Table des matières

Autres œuvres de John Gray

The Secrets of Successful Relationships
  Healing the Heart
  Enregistrements en langue anglaise effectués au cours des séminaires de l'auteur sur les relations de couple.

Private Session
  Logiciel d'autoanalyse et d'autoexploration de ses sentiments.

Intimacy Advocate
  Lettre bimestrielle pour les couples et les célibataires.

Understanding Family Systems
  Document audiovisuel pour parents et conseillers d'éducation enregistré à l'université de San Francisco.

What You Feel, You Can Heal – A Guide for Enriching Relationships

Men, Women, and Relationships : Making Peace whith the Opposite Sex

What Your Mother Couldn't Tell You & Your Father

Didn't Know : Advanced Relationship Skills for Better Communication and Lasting Intimacy

Mars and Venus Together Forever : Relationship Skills for Lasting Love

Mars and Venus in Love : Inspiring and Heartfelt Stories of Relationships that Work

Mars and Venus on a Date

Les ateliers Mars-Vénus

Il existe des ateliers de formation qui permettent d'approfondir toutes les notions expliquées dans cet ouvrage ainsi que dans les autres ouvrages de John Gray.

Ces ateliers sont des moments privilégiés qui nous aident à mieux comprendre et à intégrer tout ce qui est dit.

Ce qu'en dit John Gray :
« Ces extraordinaires ateliers vous donneront l'occasion d'améliorer de manière permanente vos relations et votre vie. »

Ce que les participants pensent des ateliers :
« Cet atelier nous permet de grandir, de mieux vivre notre vie quotidienne à travers de meilleures relations. Un grand merci pour cet enseignement précieux. »

Joëlle

« Cet atelier m'a fait évoluer dans la compréhension du langage de l'autre. Moins théorique que le livre, il permet de mettre en pratique des éléments qui n'étaient que compris. »

Marc

« Très intéressant, voire passionnant de par le sujet mais aussi de par la qualité de l'animateur. »

Éric

« J'ai pris conscience que mon mari ne fonctionnait pas comme moi. Je serai donc beaucoup plus indulgente pour certaines choses que je ne comprenais pas et qui m'énervaient. J'ai appris plein de petits trucs qui vont me faciliter le quotidien. »

Martine

Pour connaître les dates et lieux de ces ateliers qui ont lieu en France, en Belgique et en Suisse, téléphonez au numéro suivant :

00 32 75 45 76 65.

Ou bien écrivez à l'adresse suivante :

ILYO
À l'attention de M. Paul Dewandre
avenue Coghen, 278
B-1180 Bruxelles.

Direction littéraire
Huguette Maure

assistée de
Marie Dreyfuss

normandie
roto
impression
s.a.s.

61250 Lonrai

Reproduit et achevé d'imprimer en août 2002
N° d'édition : 02105 / N° d'impression : 021459
Dépôt légal : septembre 2002
Imprimé en France

ISBN 2-7382-1662-5